Tomas Svoboda · Das Hypnosebuch

Tomas Svoboda

Das Hypnosebuch

Individuelle Anwendungsformen
für Selbsthilfe
und therapeutische Praxis

Kösel-Verlag München

CIP-Kurztitelaufnahme der Deutschen Bibliothek

Svoboda, Tomas:
Das Hypnosebuch : individuelle Anwendungsformen
für Selbsthilfe u. therapeut. Praxis / Tomas
Svoboda. – München : Kösel, 1984.
  ISBN 3-466-34093-4

ISBN 3-466-34093-4
© 1984 by Kösel-Verlag GmbH & Co., München.
Printed in Germany. Alle Rechte vorbehalten.
Gesamtherstellung: Kösel, Kempten.
Umschlag: Günther Oberhauser, München.

Inhalt

5

Vorwort

Dieses Buch entstand aus der Erfahrung, daß die Anwendung zeitgemäßer hypnotischer Verfahren in der Psychotherapie und in der psychologischen Grundlagenforschung nicht nur gut möglich ist, sondern eine echte Bereicherung des anerkannten Instrumentariums bedeutet. Die Methoden sind leicht zu erlernen, erweisen sich als sehr wirksam, und lassen sich zudem ohne weiteres in die unterschiedlichsten Erklärungsmodelle und Anschauungsweisen integrieren.

Ich hoffe, daß der Praktiker in diesem Buch neue, fruchtbare Anregungen findet. Die vielen Wortlautaufzeichnungen und Hinweise aus der Praxis können von ihm jederzeit nach eigenem Ermessen sofort und sicher eingesetzt werden. Dieses Buch ist aber auch für die bestimmt, die sich mit der weitverbreiteten Meinung von Hypnose als einem Wundermittel und Machtinstrument nicht zufrieden geben wollen, sondern fundierte Informationen suchen.

Dieses Buch besteht aus zwei großen Teilen. Im ersten Teil finden Sie neben einer Beschreibung der Phänomene und der verschiedenen theoretischen Überlegungen zum Wesen von Hypnose vor allem praxisorientierte Texte und Erläuterungen, die vorgelesen oder mit eigenen Worten wiedergegeben werden können. Sie sind durch Pfeile ▶ kenntlich gemacht und werden Sie zum Teil ohne jede Vorübung dazu befähigen, Menschen, die damit einverstanden sind, den Zustand einer hypnotischen Trance erleben zu lassen. Es handelt sich hier noch nicht um direkt therapeutische Hypnoseanwendungen, es wird nur die sogenannte *neutrale* oder *Leer*hypnose durchgeführt. Da sie sich hervorragend zur Entspannung eignet, kann ich diesen Teil jedem ernsthaft bemühten und gutgewillten Autodidakten ohne Vorbehalte empfehlen.

Der zweite Teil hingegen vermittelt ausschließlich klinische Methoden der Hypnose und kann verantwortungsvoll nur von

Fachleuchten autodidaktisch eingesetzt werden. Denn während es recht einfach ist, jemanden zu hynotisieren, ist für die therapeutische Anwendung von Hypnose eine fundierte Ausbildung die unerläßliche Voraussetzung. Hypnose sollte niemals von Menschen gehandhabt werden, welche von ihrem Beruf und von ihren Fähigkeiten her nicht imstande sind, die behandelten Störungen und Probleme auch ohne Hypnose therapeutisch anzugehen.

Die hier vorgestellten vergangenheitsbezogenen und zukunfts- oder gegenwartsorientierten Verfahren und Techniken der klinischen Hypnose sind alle hoch effektiv. Sie sind nicht an bestimmte Krankheitsbilder gebunden. Nichts erscheint mir verkehrter, als eine Indikationsliste für die einzelnen Methoden aufzustellen. Denn erst in der individuellen menschlichen Begegnung kann letztendlich die Wahl getroffen oder eine zuvor gefällte Entscheidung korrigiert werden. Und erst die Begeisterung auf der Grundlage soliden Fachwissens bringt den tatsächlichen Fortschritt und den Erfolg, wobei die gewählte Vorgehensweise immer wieder Wandlungen unterworfen sein wird.

In diesem Sinne wünsche ich Ihnen keine Angst vor den eigenen Fähigkeiten.

Erster Teil: Neutrale Hypnose – Phänomene, Theorien und Methoden

> *»Das Kreiseln mit deinem Verbündeten wird deine Vorstellung von der Welt verändern«, sagte Don Juan. »Diese Vorstellung ist alles; und wenn die sich verändert, dann verändert sich die Welt selbst.«*
> *(Castaneda)*

1 Einführung

Wenn man hierzulande daran interessiert ist, Entspannung zu erlernen, wird man in den meisten Fällen mit Autogenem Training, mit Progressiver Muskelentspannung oder mit Yoga vertraut gemacht. Bei jeder dieser Methoden wie auch bei deren Ableitungen und Verschmelzungen (wie z. B. Integrierte Entspannung oder Autogenes Yoga) wird von Anfang an – richtigerweise, wie ich meine – der Zeitfaktor betont. Dem Klienten wird gesagt, daß er einige Wochen bis Monate unter begleitender Anleitung fortlaufend an sich selbst arbeiten muß, bis er sich mühelos ganzheitlich entspannen kann. Das ist einsichtig, denn der Therapeut will ja seinen Klienten dahin führen, wo dieser sich auf die eigene innere Kraft zu verlassen weiß.

Mitunter geschieht es jedoch, daß beide sich diese Zeit ersparen möchten, weil die Entspannung an sich nicht das eigentliche Ziel darstellt, sondern den Ausgangspunkt der Therapie markiert. Oder es scheint angebracht, den Klienten bereits in der ersten Sitzung eine möglichst komplexe Entspannung erleben zu lassen, damit er für die nächste Zeit stark genug motiviert ist. Oder man möchte unterwegs helfen. So hatte ich eine Klientin, die trotz mehrjähriger Entspannungserfahrungen mit dem Autogenen

Training außerstande war, die Empfindung der Wärme aus den Armen in die Hände zu leiten.

In all solchen Fällen ist es durchweg angemessen, eines der hypnotischen Verfahren zu erproben. Die erwähnte Klientin erlebte in einer einzigen hypnotischen Sitzung von ca. 10 Minuten, wie sie wirklich alles geschehen lassen konnte – und die Wärme strömte plötzlich auch in die Hände.

Falls nichts anderes geschieht, als daß der Mensch in Hypnose versetzt (= Induktion), dieser Zustand vertieft und der Mensch anschließend wieder zurückgeführt wird, spricht man von *neutraler* oder *Leer*-Hypnose. Erfahrungsgemäß wird es jedoch von den meisten Klienten als unangenehm und künstlich abgebrochen empfunden, wenn sie sofort nach der Vertiefung der hypnotischen Trance zurückkommen sollen. Daher empfiehlt es sich, an dieser Stelle zumindest einige Instruktionen zur Ruhe und Gelassenheit auszusprechen (wie etwa im Autogenen Training), und mit der Rückführung etwas abzuwarten. Direkte therapeutische Nutzungen der Trance werden Sie im zweiten Teil dieses Buches kennenlernen.

Doch bevor das alles so weit ist, bevor überhaupt die ersten Worte einer hypnotischen Induktion gesprochen werden, wird ganz gewiß eine ganz bestimmte Frage auftauchen. Die Frage lautet: *Was ist Hypnose?* Sie taucht nicht nur im Kopf desjenigen auf, der hypnotisiert werden soll. Hat wirklich jeder Hypnotiseur sie für sich bereits gelöst? Er sollte sich seiner Antwort sicher genug sein, sonst verliert er sehr schnell seine Sicherheit und Glaubwürdigkeit als jemand, der mit Hypnose umzugehen weiß. Was also ist Hypnose?

Um die Antwort zu finden, versuche ich zunächst, die hypnotische Trance vom Sehen her (als der Hypnotisierende) und vom Erzählen her (als der Hypnotisierte) zu erfassen. Mit anderen Worten, ich frage, was in der Hypnose alles *konkret* passiert.

2 Phänomene

Wenn von Hypnose die Rede ist, kommen jedem von uns automatisch bestimmte Verhaltens- und Erlebensweisen in den Sinn. Gewöhnlich werden in dem Zusammenhang immer wieder körperliche Unbeweglichkeit und geistige Abwesenheit genannt. Das ist aber nur eine auf das Minimum reduzierte Beschreibung einer Fülle von Ereignissen, welchen man in Hypnose begegnet. Zu den wesentlichen hypnotischen Phänomenen gehören:

Hypnoider Zustand ist gekennzeichnet durch eine gewisse Loslösung (Dissoziation) vom Alltag und durch körperliche und geistig-seelische Entspannung. Die Aufmerksamkeit wendet sich stärker realitätsfremden Ebenen zu, kritisches Denken ist reduziert. Nicht-Wirkliches wird zur Realität. Der hypnoide Zustand tritt z. B. spontan bei der Lektüre eines besonders spannenden Buches ein.

Katalepsie bedeutet einen besonderen unwillkürlichen Muskeltonus. So bleiben Gliedmaßen in fast jeder Position, in die sie zuvor gebracht wurden (als wären sie aus Wachs).

Dissoziation umschreibt den Umstand, daß sich ein hypnotisierter Mensch von der momentanen Realität loslösen kann. Der Zustand ist vergleichbar mit Träumen, in denen man sich selbst bei irgendwelchen Handlungen »zuschaut«. Dissoziierte Körperteile sind grundsätzlich schmerzunempfindlich, ohne daß dabei Anästhesie eingeleitet worden wäre.

Amnesie nennt man das Vergessen bestimmter Tatsachen. Sie kann nach der hypnotischen Sitzung spontan auftreten, viel öfter wird sie jedoch durch entsprechende posthypnotische Suggestionen herbeigeführt. Das Vergessen ist keinesfalls absolut – gute hypnotische Personen sind imstande, sich in einer anderen Sitzung das vermeintlich Vergessene zu vergegenwärtigen.

Hypermnesie ist das Gegenteil zu Amnesie – man kann sich hier an längst vergessene Ereignisse sehr detailliert erinnern.

Hypnotische Analgesie und *Anästhesie* bedeuten Mangel an Schmerzbewußtheit und Empfindungslosigkeit. Elektromyographische Messungen zeigen zwar an, daß die schmerzauslösende Gewebereizung fortbesteht, doch wird sie nunmehr von der hypnotisierten Person als nicht-schmerzhaft interpretiert und erlebt.

Revivification und *Altersregression:* In der Revivification erlebt die hypnotisierte Person tatsächlich Vergangenes aus ihrem Leben; alle späteren Erinnerungen, die sich auf die Zeit nach der revivifizierten Altersstufe beziehen, sind dabei gelöscht (also auch die Gegenwart der therapeutischen Situation). In der Altersregression dagegen, in der frühere Lebensabschnitte, vor allem aus der Kindheit, wieder erlebt werden, spielt die Person eine Rolle; sie simuliert die Vergangenheit, sie tut »als ob«.

Altersprogression bzw. Pseudo-Orientierung in der Zeit ermöglicht in der klinischen Praxis eine Versetzung des Klienten in die Zukunft, wobei er mehr oder weniger präzise den Zeitpunkt anzugeben vermag, wann seine Störung verschwunden sein soll. Eine andere Möglichkeit ist, daß man den Klienten ein ihm real bevorstehendes unangenehmes Erlebnis (z. B. Operation) als eine Erinnerung beschreiben läßt, um bei negativen Schilderungen im voraus entsprechende therapeutische Maßnahmen zu ergreifen. In jedem Falle ist es angebracht, posthypnotische Amnesie zu suggerieren, weil eine solche Vorwegnahme der Zukunft der üblichen Erlebensweise widerspricht und mit der Rückkehr zum normalen Bewußtsein daher der zu folgende therapeutische Erfolg etwa durch Zweifel rasch zunichte gemacht würde.

Hypnotische Träume haben den Vorteil, daß sie formal (Wann?) und inhaltlich (Was?) weitgehend manipuliert werden können. Besonders bei gut hypnotisierbaren Menschen gibt es kaum Unterschiede zwischen dem induzierten und den normalen Traum.

Halluzinationen: Man unterscheidet zwischen positiven und negativen Halluzinationen. Bei positiven Halluzinationen erlebt man in einem festgelegten Rahmen mehr, als tatsächlich vorhanden ist (z. B. statt einem Stuhl zwei), bei negativen Halluzinationen wird umgekehrt etwas tatsächlich Vorhandenes nicht wahrgenommen (z. B. statt einem Stuhl keiner).

Zeitverzerrung: Das subjektive Zeiterleben kann bedeutsam beeinflußt werden. So kann man z. B. die gleiche Zeitspanne von einigen Minuten einmal als »stundenlang« empfinden (Zeitausdehnung), bei einer anderen Gelegenheit geht sie »flugs« vorbei (Zeitverdichtung).

Somnambulismus ist eine der tiefsten Stufen der Hypnose. Er ist im allgemeinen mit Spontanamnesie verbunden. Das auffälligste Zeichen der Somnambulen ist ihre Fähigkeit, auch bei geöffneten Augen tief entspannt und stark suggestibel zu bleiben, also sich weiter in einer anderen Wirklichkeit zu befinden.

Posthypnotische Suggestionen sind Empfindungen oder Handlungen, die als Folge spezifischer Suggestionen *nach* der Beendigung der eigentlichen hypnotischen Sitzung vollzogen werden. Sie werden in ihrer Qualität mit Zwangshandlungen verglichen.

Viele der genannten Phänomene dienen dem Therapeuten als Anhaltspunkte für die Bewertung der Tiefe der Trance (zur Messung von Hypnose vgl. Anhang). In diesem Zusammenhang hat man von Indikatoren der *Klinischen Trance* gesprochen und sie folgendermaßen eingeteilt (Crasilneck und Hall, 1975, S. 53):

Stadium	*Merkmale*
Hypnoider Zustand	Flattern der Augenlider
	Körperliche Entspannung
	Schließen der Augen
	Empfindungen muskulärer Schlaffheit (Lethargie)
Leichte Trance	Unfähigkeit, die Augen zu öffnen (Augenkatalepsie)
	Langsame, regelmäßige Atmung
	Fortschreitende Vertiefung der Schlaffheit, Katalepsie

Mittlere Trance	Anästhesie der Hand
	Partielle Amnesie
	Halluzinationen in Trance
Tiefe Trance (Somnambulismus)	Fähigkeit, die Augen zu öffnen, ohne dadurch die Trance zu unterbrechen
	Praktisch vollständige Amnesie
	Ausgedehnte Anästhesie
	Posthypnotische Anästhesie und Analgesie
	Altersregression
	Posthypnotische positive und negative Halluzinationen

Eines darf man aber nie außer acht lassen: Auch wenn die hier genannten Phänomene als Erscheinungsweisen der Hypnose bezeichnet werden, ist ihr Auftreten nicht ausschließlich an das Vorhandensein eines besonderen Bewußtseinszustandes gebunden, der Hypnose heißt. Sie treten ebenso gut auf der nichthypnotischen Ebene auf – im Alltag selbst.

Wenn also nicht einmal eindeutige deskriptive Wesensmerkmale auszumachen sind, welche die Existenz eines besonderen, hypnotischen Zustandes belegten – wie will man (sich) dann Hypnose *erklären?*

3 Erklärungsansätze

Es gibt sehr viele Hypnosetheorien. Jeder Autor, der eine Erklärung suchte, fand bislang eine eigene, auch wenn ihre Originalität nur durch eine neue Begriffswahl begründet sein mag. Zuweilen erging es Hypnose fast wie dem Konton, dem Chaos, in einer alten chinesischen Geschichte (Suzuki, 1972):

»Die Freunde des Chaos verdankten ihm vieles von dem, was sie erreicht hatten, und wollten sich nun erkenntlich zeigen. Sie beobachteten, daß das Chaos keine Sinnesorgane hatte, um die Außenwelt zu unterscheiden. So gaben sie ihm an einem Tag Augen, am nächsten Tag eine Nase, und innerhalb einer Woche vollendeten sie das Werk, das Chaos in eine fühlende Person wie sie selbst zu verwandeln. Während sie einander zu ihrem Erfolg gratulierten, starb das Chaos.«

Das Chaos starb – Hypnose dagegen erschien bisher immer wieder in einem neuen Licht, das neue Schatten, neue Rätsel (auf)warf.

Es ist nicht meine Absicht, hier nun die Vorzüge einer besonderen Theorie anhand der Unzulänglichkeiten der anderen darzulegen. Ich will vielmehr eine breit angelegte, und doch überschaubare Auswahl so treffen, wie sie dem deutschen Leser noch nicht vorliegt. Dabei klammere ich von vornherein solche Ansätze aus, die rein physiologisch begründet sind und objektiv widerlegt werden konnten (Sarbin und Slagle, 1980), ebenso jene, die auf einem zu spezifischen Gedankengut aufbauen, wodurch sie sich einer allgemein verständlichen Darstellung ohne längere Einführung entziehen. Schließlich lasse ich in dieser Zusammenfassung die inzwischen als überholt geltenden Theorien unberücksichtigt.

Hypnose als Schlaf

Hypnose wurde seit jeher mit Schlaf assoziiert. Bevor Braid (1843) den Namen aus dem Griechischen (hypnos = schlafen) ableitete, hatte man bereits von »Somnambulismus«, »Luzidität« und »Tempelschlaf« gesprochen.

Diese Anschauung wurde dann von Pawlow aufgegriffen (1973; vgl. Chertok, 1973 und Hoskovec, 1969). Er hielt Hypnose für einen partiellen Schlaf und stellte die Behauptung auf, daß es im zentralen Nervensystem bestimmte kortikale Prozesse gibt, welche in Hypnose wie im Schlaf vorzufinden sind. Bei beiden liegt eine neurale Hemmung der Hirnhemisphären vor, die zustande kommt, indem man einen bewegungslos verharrenden Menschen einem schwachen Reiz monoton, ohne Verstärkung und lange genug aussetzt. Während jedoch im Schlaf diese Hemmung

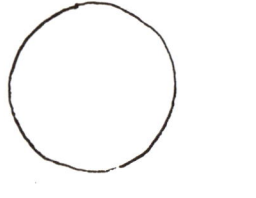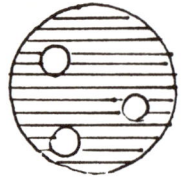

| Wachzustand | Hypnose | Schlaf |

vollständig und fortwährend ist, verbleiben in Hypnose auf der Gehirnrinde *Wachpunkte,* die die Verbindung zwischen dem Hypnotiseur und dem Hypnotisierten ermöglichen.

Pawlow unterteilt die Hypnose in drei Phasen, welche geradlinig angeordnet und allesamt zwischen dem Wachzustand und dem Schlaf angesiedelt sind: die Phase des Reizausgleiches, die paradoxe Phase und die ultraparadoxe Phase. Die Eingabe von Suggestionen soll während der paradoxen Phase erfolgen, weil hier ein schwacher Reiz zu einer starken Reaktion führt, wogegen ein starker Reiz eine schwache oder keine Reaktion hervorruft.

Hypnose als Hypersuggestibilität

Diese Theorie wurde aus dem ideomotorischen Prinzip entwickkelt (Hull, 1933). Es besagt, daß jeder Gedanke einer Bewegung eben jene Bewegung zumindest teilweise hervorruft. Die entscheidende Bedingung dafür, daß als Folge des Gedankens ein unmittelbares Handeln stattfinden kann, ist die Abwesenheit jeder konkurrierenden Idee.

Das einzige, was offensichtlich Hypnose als solche kennzeichnet und was überhaupt dazu berechtigt, Hypnose als einen besonderen Zustand zu bezeichnen, sei ihre allgemeine Hypersuggestibilität. Infolge dessen unterscheiden sich der hypnotische und der normale Zustand eigentlich nur quantitativ und nicht qualitativ. Hull ist davon überzeugt, daß es keine ausschließlich hypnotischen Phänomene gibt; qualitativ gesehen könne man die gleiche Wirkung mit denselben Suggestionen auch im normalen Bewußtseinszustand erreichen. Die Beeinflußbarkeit in hypnotischer Trance scheint ihm etwa doppelt so hoch zu sein als im Normalzustand.

Hypnose als konditionierte Reaktion

Ein weiterer Erklärungsansatz betrachtet Hypnose als einen Vorgang, bei dem konditionierte symbolische Reize (d. h. Worte) die Hauptrolle spielen, und der deshalb abstrakte Konditionierung genannt wird (Welch, 1947). Man kann sich darunter eine Ereignisfolge vorstellen, an der zwei Personen (A und B) beteiligt sind. Person A leitet die Konditionierung ein, indem sie eine Behauptung aufstellt. Daraufhin vollzieht Person B eine Handlung oder ein Erlebnis, die oder das in der Behauptung von A direkt oder indirekt beinhaltet ist. Die Reaktion von B hat unmittelbar zu erfolgen. Damit wird bei B die Bereitschaft angelegt, *reflexartig* auf andere Feststellungen von A zu reagieren, wenn diese auf der Anfangssuggestion aufbauen. Ausschlaggebend ist dabei, ob es dem Hypnotiseur gelingt, den Klienten von der Richtigkeit und der Angemessenheit seiner Suggestionen zu überzeugen. Der Nachweis geschieht durch konkretes Erleben des Gesagten, z. B. bei Suggestionen zum Schließen der Augen durch den als unwillkürlich empfundenen Augenschluß (1). Bei Katalepsie der rechten Hand (2) z. B. besteht die Möglichkeit, die abstrakte Konditionierung auf der vorangegangenen Erfahrung des Augenschlusses (1) aufzubauen. Am Ende einer solchen Konditionierungskette mögen schließlich negative Halluzinationen (4) stehen, die auf einer Anästhesie des rechten Armes (3) beruhen. Diese wiederum stützt sich auf die Katalepsie der rechten Hand (2), die ihrerseits nur deshalb geschah, weil der Klient die Suggestionen zum Augenschluß (1) erfolgreich vollzog.

Hypnose als Regression

Die Idee einer primitiven phylogenetischen Reaktion wurde zum Ausgangspunkt einer Theorie, die Hypnose als Rückgang zu einfachen mentalen Funktionen unserer stammesgeschichtlichen Urahnen ansieht (Meares, 1960a). Dabei werden fremde Gedanken im Wege der Suggestion, also einer unkritischen Übernahme, akzeptiert. In diesem Zustand atavistischer Regression seien das logische Denken und die kritische Bewertung fast völlig ausgeschaltet.

Als eine herbeigeführte Regression, in der ein untergeordneter Teil des Ich seine Realitätsbindungen und damit seine Autonomie der Umwelt gegenüber verliert, ist Hypnose aus psychoanalytischer Sicht definiert worden (Gill und Brenman, 1959). Mit dem Abbau der Realitätsbindungen erfolgt eine psychologische Desorientierung in Raum und Zeit und dadurch bedingt die Suche nach einer starken Figur, die Schutz- und Betreuungsfunktion übernimmt (Gill, 1972). Der Verlust der Autonomie, auch als »Regression in Diensten des Ich« bezeichnet, sei jedoch ausdrücklich nur auf ein Subsystem des Ich beschränkt. Das Gesamt-Ich bleibe stets »still im Hintergrund«, d. h. in einem nicht-hypnotischen, realitätsbezogenen Kontakt zu dem Hypnotiseur. Es erlaube dem Hypnotiseur auch nur, das fragliche Subsystem zeit- und versuchsweise zu kontrollieren, und es behalte sich vor, dem Hypnotiseur je nach dem aktuellen Stand der Dinge mehr oder weniger Kontrolle über das Subsystem zuzugestehen. Vereinfacht ausgedrückt geschieht im hypnotischen Zustand nichts anderes, als daß sich der Klient selbst auf Anweisungen des Hypnotiseurs hin kontrolliert.

Hypnose als Dissoziation

Die Beobachtung, daß viele Phänomene der Hysterie und der multiplen Persönlichkeit in Hypnose verstärkt werden können, führte dazu, Hypnose für eine krankhafte Erscheinung zu halten (Janet, 1925). Dabei wird davon ausgegangen, daß das Bewußtsein aus zwei miteinander verbundenen Teilen besteht. In Hysterie wie in Hypnose komme es zu einer Trennung der beiden Teile, die nun nicht mehr gemeinsam, sondern nebeneinander arbeiten (das Bewußtsein und das Mit-Bewußtsein).
Jahre später tauchte Dissoziation, diesmal jedoch nicht im pathologischen Sinne, als Erklärung für Hypnose in der von Hilgard (1975, 1977) entwickelten *Neodissoziationstheorie* wieder auf. Sie geht von der Existenz einer gemeinsamen Hierarchie kognitiver Systeme aus, die zu jedem Zeitpunkt gleichzeitig in einem bestimmten Menschen tätig sind. In Hypnose werde die hierarchische Anordnung dieser Systeme derart umgewandelt, daß einige von den anderen getrennt, dissoziiert werden. Weil Dissoziation in verschiedenen Graden vorkommen kann, erlaubt es diese Theorie, auch so unterschiedlichen Phänomenen wie etwa der Bewegung eines Fingers als Antwort auf ein posthypnotisches Signal oder einer mehrstündigen Halluzination Rechnung zu tragen. In Versuchen zur Schmerzreduktion in Hypnose wurde

mit Hilfe des automatischen Schreibens beziehungsweise des automatischen Redens entdeckt, daß ein kognitives System der Versuchsperson die Bewußtheit des Schmerzerlebnisses äußerte, obwohl die Versuchsperson selbst während der hypnotischen Analgesie keinen Schmerz schilderte. Jenes kognitive System bezeichnet Hilgard metaphorisch als versteckten, stillen Beobachter.

Hypnose als eine besondere Bewußtseinsstufe

Als einer von mehreren veränderten kognitiven Bewußtseinszuständen, die allesamt zwischen dem normalen Wachzustand und den psychotischen, vor allem halluzinatorischen Zuständen liegen, wird Hypnose im Rahmen einer ich-psychologischen Theorie eingestuft (Fromm, 1977). Sie stützt sich vor allem auf die Begriffe »Ich-Aktivität und -Passivität« (Fromm, 1972) und »Ich-Rezeptivität« (Deikman, 1971). Das Ich ist aktiv, wenn der Mensch seine Wahl so treffen kann, wie sie seinem freien Willen entspricht; das Ich ist passiv, wenn es seine Autonomie (und damit die Freiheit der Wahl) an das Es, an die Umwelt oder an das Über-Ich verliert; das Ich ist rezeptiv, wenn kritisches und zielgerichtetes Denken und Realitätsbezogenheit weitgehend aufgegeben werden und der Mensch das Material aus seinem Unbewußten frei in das Bewußte übergehen läßt. Hypnose ist nach dieser Theorie zu verstehen als ein Zustand stark fokussierter Aufmerksamkeitskathexis und zugleich ein Zustand, in welchem Ich-Aktivität vorhanden und darüber hinaus erhöhte Ich-Rezeptivität und damit auch Beeinflußbarkeit zu verzeichnen ist. Der Begriff »Kathexis« steht für die Konzentration eines Wunsches auf ein Objekt oder die dafür aufgewandte psychische Energie.

Klassifizierung des Wachzustandes und einiger veränderter Bewußt-seinszustände anhand der Aufmerksamkeitsorientierung

Zustand	Grad der Aufmerksamkeit/ Wachheit[a]	Ich-Aktivität/ Rezeptivität[b]
Wach und normal konzentriert	N	a
Wach und fasziniert	F	a
Freies Assoziieren	UF	r
Tagträumen	UF	r
Träumen	ÜW	a/r
Psychedelische Drogen	ÜW	r
Hypnose	F	r > a
Selbsthypnose	F	a/r
Biofeedback	F	a/r
Transzendentale Meditation	F	a/r
Konzentrative Meditation	F	a
Satipatthana	E	r
Klassischer Vipaśyāna	E	a

[a] N = normale, durchschnittliche Aufmerksamkeit; F = fokussiert – Aufmerksamkeitskathexis auf wenige Objekte eingeengt; UF = unfokussiert – offene Objektwahl; E = expansiv – Aufmerksamkeitskathexis auf viele Objekte ausgeweitet; ÜW = überwach mit eingeengtem Aufmerksamkeitsfluß.

[b] a = Ich-Aktivität; r = Ich-Rezeptivität; a/r = Wechsel zwischen Aktivität und Rezeptivität; r > a = Rezeptivität ausgeprägter als Aktivität

aus: Fromm, 1977, S. 382

Hypnose als Rollenhandeln

Im Gegensatz zur überwiegenden Mehrzahl der anderen Erklärungsansätze ist die am Rollenhandeln orientierte Hypnose-Forschung stets bemüht, Hypnose weniger aus dem rein subjektiven Erleben heraus zu ergründen als vielmehr aus der Situation, in der sie stattfindet (Sarbin, 1950; Sarbin und Coe, 1972; Coe und Sarbin, 1977). Zur Bestimmungsvariable wird dabei die Dimension des *organischen Inbegriffenseins* gemacht: Je größer die Bemühungen und die physiologische Beteiligung eines Menschen sind, desto wahrscheinlicher sei es, daß sich das Selbst und die gespielte Rolle vereinigen. Auf der letzten Stufe könne die Wirkung gar irreversibel bleiben wie z. B. beim Voodoo-Tod.

Null. Keine Beteiligung

    I. Gelegentliches Rollenverhalten

      II. Ritualhandlungen

        III. Intensives Beschäftigtsein

          IV. Klassisches Hypnoseverhalten

            V. Konversionsreaktionen

              VI. Extase

                VII. Objekt der Magie
                     und Hexerei

                (manchmal unwiderkehrbar)

Rolle und Selbst getrennt	Rolle und Selbst vereint
Keine Beteiligung	Maximale Beteiligung
Wenige organische Systeme	Gesamter Organismus
Keine Anstrengung	Große Anstrengung

aus: Sarbin und Coe, 1972, S.71

Unzufriedenheit damit, daß man Hypnose gewöhnlich mit Phänomenen erklärt, die ihrerseits Hypnose voraussetzen (»Er ist hypnotisiert, weil er die Augen nicht öffnen kann« – »Er kann die Augen nicht öffnen, weil er hypnotisiert ist«), hat dann auch dazu geführt, Hypnose mit Hilfe des Konzeptes der *geglaubten Vorstellungen* zu erfassen (Sarbin und Coe, 1972). Dieser Ansatz unterscheidet auf ausschließlich deskriptiver Ebene zwischen Menschen, die Vorgestelltes von Wirklichem trennen können, und Menschen, die dazu nicht in der Lage sind oder es nicht wollen. Somit sei es möglich, z. B. halluziniertes Material einerseits als künstlerisches Werk, andererseits als pathologische Leistung einzuordnen.

Eine Weiterentwicklung stellt das *Kontext-Modell* dar (Coe und Sarbin, 1977), das sich noch stärker an das Theatralische anlehnt, indem der dramaturgische Standpunkt hervorgehoben und die hypnotische Situation in Begriffen wie Bühne, Zuschauer und Charakterrollen analysiert wird. Den beiden Hauptdarstellern (dem Hypnotisierenden und dem Hypnotisierten) liege, da sie ja freiwillig diese eigenartige Beziehung eingegangen seien, besonders daran, die eigene Glaubwürdigkeit vor dem Publikum und vor sich selbst durch entsprechende Handlungen zu erhöhen.

Hypnose als Realitätsverkennung

Auf subjektive Erfahrungen des hypnotisierten Menschen konzentriert sich dieser Ansatz. Zunächst von verschiedenen Wesensmerkmalen von Hypnose ausgehend (Orne, 1959), beschränkt sich die Betrachtung inzwischen auf den verbalen Erfahrungsreport des Klienten (Orne 1966, 1971). So kann die Wirklichkeit der hypnotischen Trance anhand subjektiven Erlebens des Hypnotisierten konsequent festgehalten werden.

Hypnose ist demnach einfach dann gegeben, wenn der Klient an das Erlebnis glaubt. Die besonderen Erfahrungen, welche den hypnotischen Zustand am besten kennzeichnen, seien die der

Gedächtnis-, der Wahrnehmungs- und der Empfindungsstörungen, weshalb Orne mitunter auch den Ausdruck »vorübergehender Wahn« benutze (Sheehan und Perry, 1976).

Im weiteren Verlauf seiner Forschungen definiert Orne (1977) Hypnose als einen Zustand, in dem Menschen imstande seien, auf geeignete Suggestionen mit den oben genannten Realitätsverkennungen zu reagieren. Diese neutral zu verstehende Beschreibung könnte man ohne Schwierigkeiten mit der Meinung von Sarbin vereinbaren: Auch hier ist es entscheidend, ob der hypnotisierte Mensch seine Rolle als echt empfindet und darin derart intensiv aufgeht, daß er zwischen der Phantasie und der Realität nicht mehr zu unterscheiden vermag.

Hypnose als Alltag

Mit einer Vielzahl von Experimenten (bis 1968 allein 72 veröffentlichte Arbeiten) hat T. X. Barber seine Auffassung untermauert, Hypnose bedeute keinen besonderen Bewußtseinszustand, sondern stelle eine zwischenmenschliche Beziehung dar, die sich aus einer begrenzten Anzahl von ineinander übergreifenden, einzeln überschaubaren Vorgängen zusammensetze (1958, 1969, 1974, 1977).

Der Grundgedanke dieses Ansatzes aus den sechziger Jahren stellt die herrschende Meinung der Unvereinbarkeit von Hypnose und normalem Wachzustand in Frage. Er besagt: Eine Hypothese, die einen theoretischen Begriff (Hypnose) beinhaltet, der nicht unabhängig von dem ihn verursachenden Verhalten existiert, ist immer weniger befriedigend als eine funktionale Darstellung, welche auf ein solches Konzept schlichtweg verzichtet. Als erster hat Barber jene tautologische oder Zirkeldefinition angegriffen, die später auch Sarbin und Coe kritisieren. Barbers Fragestellung lautet daher nicht: »Was ist die Natur, die Essenz oder das Wesen von Hypnose?« Statt dessen fragt er, welche abhängigen Variablen in der sogenannten hypnotischen Induk-

(1)	(2)	(3)	(4)
Variablen, die mit Induktionsverfahren zusammenhängen	Vermittelnde Variablen erster Ordnung	Vermittelnde Variablen zweiter Ordnung	Ausgangsvariablen
1. Definieren der Situation als Hypnose 2. Beseitigung von Ängsten und Vorurteilen 3. Sicherung der Zusammenarbeit 4. Instruktionen zum Schließen der Augen beim Klienten 5. Suggestionen von Entspannung, Schlaf und Hypnose 6. Wiederholen und Variieren des Wortlautes und der Betonung der Suggestionen 7. Verbinden von Suggestionen mit aktuellen Ereignissen 8. Abfangen oder Umdeuten von Fehlleistungen des Klienten bei Befolgung der Suggestionen	Positive Einstellungen, Motivation und Erwartungen	Denken und Imaginieren was suggeriert wird	1. Ansprechbarkeit auf Testsuggestionen (Armlevitation, Katalepsie, Altersregression, Analgesie, Halluzination, Amnesie usw.) 2. »Hypnotische« Erscheinungsweise des Klienten 3. Veränderungen der Körperempfindungen 4. Selbstbericht des Klienten, hypnotisiert gewesen zu sein

aus: Barber u. a., 1974, S. 21

tion auftreten und welche unabhängigen Variablen, die sogenannten hypnotischen Verhaltensweisen, mit ihnen ursächlich
zusammenhängen. In der Praxis werden Einzelanordnungen auf
ihre Effektivität hin untersucht, und es wird die optimale Grup-
pierung von unabhängigen Variablen in bezug auf die hypnotische Wirkung gesucht.

Neuerdings konzentriert Barber sich auf die Erforschung der
Wirksamkeit von kognitiven Prozessen und der Bedeutung der
Imagination für Hypnose. Er nennt diesen Standpunkt *kognitiv-
behavioral*. Menschen zeigen demnach dann sogenannte hypnotische Verhaltensweisen, wenn sie positive Einstellungen, Moti-
vationen und Erwartungen in bezug auf die Testsituation haben,
die bei ihnen zu einer Bereitwilligkeit führen, das zu denken und
zu imaginieren, was ihnen suggeriert wird.

Barber glaubt, daß in der Zukunft eine allgemeine Theorie der
Prozesse sozialer Einflüsse imstande sein werde, das gesamte
hypnotische Verhalten zu erklären. Stets um Anschaulichkeit
und um empirische Zugänglichkeit bemüht, schlägt er anstelle
des für ihn unfruchtbaren Begriffes »Hypnose« den der »menschlichen Entwicklungsmöglichkeiten« vor.

Auch Erickson ist von diesen, den Menschen innewohnenden,
meist jedoch verkannten Kräften, überzeugt. Für ihn, dessen
immenses klinisch-experimentelles Werk die gängigen Denk-
schemata sprengt und sich aufgrund dessen jeder Nachahmung
durch schlichte Technikübertragung entzieht, bedeutet Hypnose
vor allem uneingeschränktes Akzeptieren des Alltages seiner
Klienten: Der hypnotische Zustand sei ein Erlebnis, das dem
Klienten alleine gehöre und nur bei Beachtung seiner gesamten
Individualität zustande kommen könne (1977). Einfach gesprochen sei Hypnose nicht mehr als ein besonderer Zustand der
Bewußtheit, in dem sich ein bestimmtes Alltagsverhalten in
reiner Form zeige (Erickson, 1970). Dieses spezielle, aber nicht
ungewöhnliche Verhalten könne dann zu Tage treten, wenn die
Aufmerksamkeit und das Denken nach innen geleitet werden, wo
sie das Wesen aller Lebenserfahrungen aktivieren, die der

Mensch sein Leben lang machte. In dem besonderen Zustand der Bewußtheit, den man Hypnose nennt, können die verschiedensten Typen des Alltagsverhaltens gefunden werden – in Stärke und Beziehungen untereinander zwar verändert, aber immer *im Rahmen des Normalen*. In Hypnose könne keine Transzendenz von Fähigkeiten und kein Einpflanzen von neuen Begabungen veranlaßt werden; es könne lediglich eine stärkere und bessere Nutzung von bereits vorhandenen Möglichkeiten erreicht werden, auch wenn diese Befähigungen bislang nicht als solche erkannt bzw. eingesetzt wurden.

Obwohl Erickson sich seit mehr als 40 Jahren mit Hypnose beschäftigt hat, ist er nicht immer in der Lage gewesen, zu begründen, wie und warum seine Suggestionen bei dem Patienten ankommen. Sehr oft seien es nämlich Suggestionen, die das Unbewußte selbst ansprechen und schließlich bewirken, daß der Patient sein Problem löst, ohne zu wissen, wie er es eigentlich machte (Rossi, 1976).

Neuerdings scheint die Sichtweise von Hypnose als einem Alltagsereignis eine physiologische Bestätigung durch die *ultradiane* Theorie hypnotischer Erlebnisse zu erfahren (Rossi 1982), die auf nachweisbaren Ähnlichkeiten zwischen den mannigfaltigen, mehrmals am Tage vorkommenden Kreisläufen im menschlichen Organismus und dem Verhalten in Hypnose basiert. »Ultradianen Zyklus« nennt man ein multioscilatorisches System von psychophysiologischen Prozessen, das viele Funktionen des Parasympathicus und der rechten Hirnhemisphäre beinhaltet, die periodisch jede 90 bis 100 Minuten ablaufen. Zu den bisher experimentell untersuchten Variablen gehören z. B. die REM-Phasen (diejenigen Phasen im Schlafzyklus, in denen schnelle Augenbewegungen auftreten) beim Träumen und die Ruhe-Phasen im Wachzustand, die Atmung, die periphäre Durchblutung und der Muskeltonus. Rossi kommt zu der Überzeugung, daß es sich beim hypnotischen Verhalten um den natürlichen biologischen Ausdruck der Ruhephase eines ultradianen Zyklus handele.

Schlußbetrachtung

Sicherlich beinhaltet jede Sichtweise ein Körnchen Wahrheit über Hypnose. Doch der Stand der Dinge wird durch zwei übergreifende Sachverhalte noch komplizierter. Zum einen befassen sich nämlich nicht alle Theorien mit demselben Aspekt. Einige erklären die Induktion, einige beschäftigen sich mit dem bereits etablierten hypnotischen Zustand, und einige erläutern die hypnotische Beeinflußbarkeit. Zum anderen gibt es da grundsätzliche Unstimmigkeiten in dem methodologischen Zugang (Shor, 1972). Eine zweifache Gefahr wird gesehen: erstens, daß man nicht genügend wissenschaftliche Skepsis und Distanz behält, und zweitens, daß man die Ergebnisse durch zu große persönliche Distanz nicht genügend katalysiert. Akademische Experimentalforscher sind im allgemeinen gegen die letztere, klinische Forscher gegen die erstere Gefahr nicht gefeit.

Dennoch – das Phänomen, was seine wahre Ursache auch sein mag, läßt sich sinnvoll handhaben und nutzen. Darin gleicht es derart »selbstverständlichen« Erscheinungen wie z. B. der Elektrizität.

4 Einleitendes Gespräch

Wie bei den Experten herrschen auch bei den Laien die unterschiedlichsten Meinungen über das Wesen von Hypnose. Als erstes müssen Hypnotiseur und Klient daher versuchen, sich eine gemeinsame Basis zu erarbeiten.

Anläßlich verschiedener Hypnosekurse wurden mir von Fachkollegen folgende Attribute von Hypnose genannt:

Geheimnisvoll	Zeitlos
Voll auf sich selbst bezogen	Faszinierend
	Mystisch
Weggetreten, bewußtlos	Unseriös
Außer Kontrolle sein	Entspannend
Ausgeliefert sein	Schläfrig
Ohnmächtig	Gezielte Konzentration
Beängstigend	Beruhigend
Erzählen müssen	Sich gehen lassen
Bewußt bei einer Sache sein	Vergangenheit wiederholen
Wirklichkeitsfremd	Betrug
Entspannend	

Verschiedene Klienten vertraten die Meinungen:

Hypnose verrate Leichtgläubigkeit;
Sie hätten Angst davor, nicht mehr zurückzukommen;
Hypnose habe mit Schwachsinn zu tun;
Man könne mit Hypnose wahre Wunder bewirken;
In Hypnose sei man ein anderer Mensch;
Bei Menschen mit starkem Willen könne es nicht wirken;
Nur Männer seien gute Hypnotiseure;
Beim Hypnotisieren werde der Mensch schlagartig von Wachsein auf Hypnose umgeschaltet;
Es gäbe nur eine Hypnose, und die sei eine Mischung aus Schlaf, Bewußtlosigkeit und Folgsamkeit.

Die beiden Partner in der Hypnose sollten möglichst bald ihre Standpunkte abklären und so die Möglichkeit schaffen, sich auf einer gemeinsamen Ebene zu einigen. Etwaige Mißverständnisse und Vorurteile sollten auf jeden Fall bereinigt werden. Sonst fühlen, denken und handeln sie aneinander vorbei, und die Therapie nimmt ein jähes Ende.

Eine Klientin wollte, daß ich sie hypnotisiere, um ihr später bestimmte Suggestionen einzugeben. Sie sprach zuerst davon, daß für sie Hypnose ein Abschalten des Bewußten bedeute, daß sie sich nach der Sitzung an nichts erinnern dürfe (Amnesie) und daß sie nur aufgrund der Amnesie wissen könne, ob sie hypnotisiert war. Vier Sitzungen lang trainierte ich mit ihr die Amnesie, wobei mir gewisse Unstimmigkeiten auffielen. Nach der vierten Sitzung gab dann die Klientin zu, daß sie sich *niemals so weit* gehen ließe, daß sie keine bewußte Kontrolle über jeden Augenblick des Geschehens mehr ausüben könnte.

Für ein sinnvolles Arbeiten sollten, je nach den speziellen Gegebenheiten und in geeigneter Form, folgende Punkte klargestellt werden:

- Hypnose ist kein Allheil- oder Wundermittel;
- da aus freier Entscheidung geschehen, kann sie auch jederzeit frei beendet werden (vgl. Kapitel 9);
- Empfänglichkeit für Hypnose hat mit Leichtgläubigkeit und Hörigkeit nichts zu tun;
- vor allem normal intelligente Menschen lassen sich gut hypnotisieren; der starke Wille erlaubt es ihnen sogar noch besser, da sie sich dann nicht so leicht ablenken lassen;
- die Person des Hypnotiseurs ist nicht an ein bestimmtes Geschlecht oder Alter gebunden und setzt auch keine besonderen psychischen Kräfte voraus;
- keiner wird etwas gegen seinen Willen erzählen oder tun;
- es ist kein Schlaf.

Falls der Klient irgendwelche Zweifel hat, ist es nach meiner Erfahrung am besten, wenn der Therapeut offen über die eigene

Auffassung von Hypnose redet. Mir persönlich ist es dabei wichtig, dem Klienten folgendes zu sagen:

- Hypnose ist eine subjektive, sehr private Erfahrung, die von Mensch zu Mensch und von Situation zu Situation unterschiedlich ausfällt.
- Am ehesten kann man es mit dem Erleben zwischen Wachheit und Schlaf vergleichen, wenn der Körper angenehm entspannt ist und Sie sich innerlich frei fühlen. Während die hier freigewordene psychische Energie üblicherweise wirkungslos verpufft, kann sie in Hypnose gezielt zu Ihrem Wohl eingesetzt werden.
- Es ist ein Bewußtseinszustand, bei dem die Aufmerksamkeit auf ganz bestimmte, wenige Dinge eingestellt ist, welche von innen und von Ihnen kommen. Würde man die Aufmerksamkeit im Alltag mit normaler Sonnenstrahlung gleichstellen, dann ähnelt Hypnose der Strahlenbündelung durch ein Sammelglas oder im Laser.
- Sie werden dabei keinen Verlust Ihrer eigenen Identität und auch keine Willens- oder Machtlosigkeit erleben. Von Anfang an bestimmen Sie, was Sie wollen.

Der Klient kann es vom Hypnotiseur erwarten, daß er sich nicht hinter Überlegungen verschanzt, die ihm eigentlich fremd sind, sondern daß er ihm seine eigenen Überzeugungen mitteilt. Und er kann es erwarten, daß er die Hilfe von ihm bekommt, die er braucht. Bei einer 15jährigen Kopfschmerzpatientin sah die Hilfestellung so aus (Greenleaf, 1974):

Nachdem sich die Patientin bei anderen psychotherapeutischen Versuchen unentschlossen zeigte, spricht der Autor mit ihr über Hypnose:
Therapeut (T): »Sag' mal, warst Du schon 'mal hypnotisiert?«
Klientin (K): »Nein.«
T: »Gut. Hmm, was, glaubst Du, würde dabei passieren?«
K: »Ich weiß es nicht.«

T: »Ah-hah. Würdest Du es probieren?«

K: »Kann sein.«

T: »Du weißt nicht so recht?«

K: »Nein.«

T: »Du hast also eine Ahnung davon, wie es sein könnte, und Du magst den Gedanken an das, was Du darüber weißt, nicht besonders leiden.«

K: »Mm-hmm.«

T: »Was denkst Du davon?«

K: »Ich weiß nicht, was ich dabei tun würde oder so...«

T: »Was würdest Du dabei tun?«

K: »Ich weiß es wirklich nicht.«

T: »Was könnte dabei schlimmstenfalls passieren?«

K: »Ich weiß nicht. ... Vielleicht würde ich nicht ich bleiben, würde ein anderer Mensch.«

T: »Gut. Gibt's da nun irgendeinen ganz bestimmten Teil Deines Ich, der für Dich so wichtig ist, daß Du ihn um keinen Preis verändern würdest, weil Du sonst Deine Identität verlierst?«

K: »Tja...«

T: »Ist der Kopfschmerz so ein Teil?«

K: »Was meinen Sie damit?«

T: »Kannst Du es nicht haben, ihn zu verlieren?«

K: »Oh, ich wäre glücklich, wenn er wegwäre.«

T: »Gut; und wie wäre es, wenn das Herz nicht so schnell schlagen würde?«

K: »Ich wäre noch immer ich.«

T: »Und wie wäre es, wenn der ganze Körper mehr entspannt als angespannt wäre?«

K: »Ich wäre noch immer ich.«

T: »Gut; und wie wäre es, wenn Du Dich noch sicherer und geborgener fühlen würdest als sonst?«

K: »Ich wäre noch immer ich.«

T: »Und wie wäre es, wenn Du Dir etwas vorstellen und Dich darauf konzentrieren würdest, wie man es beim Träumen tut?«

K: »Ich wäre noch immer ich.«

T: »Wie wäre es dann, wenn Du vollkommen wach alles aufnehmen würdest, was gesagt wird, und darüber entscheiden würdest, ob es Dir etwas gibt oder ob es völlig nutzlos ist?«

K: »Ich wäre noch immer ich.«

T: »Wenn Du also voll bewußt und gleichzeitig tief entspannt wärest, würdest Du weiter Du selbst bleiben. Und wenn Du immer die Wahl hättest, was Du tun willst, wärest Du weiter Du selbst. Stimmt es?«

K: »Hmm.«

T: »Gut, dann kannst du Hypnose erfahren. Weil es all das bedeutet, was Du akzeptieren kannst: Bewußtheit, Entspannung und eigene Entscheidung. Willst Du es ausprobieren?«

K: »Also gut.«

Äußert der Klient dagegen Erwartungen, mit denen Sie ganz oder teilweise übereinstimmen, brauchen Sie seine Haltung lediglich entsprechend zu verstärken.

K: »Ich glaube, daß ich dabei wieder ruhig werden kann, so wie im Schlaf.«

T: »Ich bin davon überzeugt, daß Sie sich danach tatsächlich besser und ruhiger fühlen werden. Aber Sie schlafen dabei nicht. Manchmal kann man sich nach der Sitzung an das Vorgekommene zwar nicht oder kaum noch erinnern, aber Sie schlafen dabei nicht. Ein Ingenieur sagte mir kürzlich nach seiner ersten Hypnose, daß, obwohl sich sein Körper wie im Schlaf völlig auflöste, sein Bewußtsein wachblieb und alles noch aufmerksamer aufnahm als sonst, so perfekt wie ein Computer. Er wußte, daß es so war, auch wenn er keine Einzelheiten erzählen konnte. Und er war davon angenehm überrascht.«

Bei grundsätzlich bereiten Personen kann es auch schon genügen, die Hypnose etwa so einzuleiten:

▶ Bevor wir gleich anfangen, möchte ich noch zwei ganz wichtige Punkte hervorheben. Erstens: Entscheidend ist, was Sie hier erleben oder tun, und nicht was ich sage oder tue. Es kann nur das geschehen, womit Sie einverstanden sind. Und zweitens: Lassen Sie bitte alles einfach so geschehen, wie es kommen mag. Versuchen Sie nicht, etwas bewußt zu beeinflussen, um dadurch vielleicht sich selbst oder mir einen Gefallen zu tun.

Das einleitende Gespräch dient dem Zwecke, eine optimale Motivations- und Erwartungshaltung bei dem Klienten zu erzielen. Manchmal kann es jedoch für die weitere Arbeit sehr hilfreich sein, dem Klienten das Gesagte gewissermaßen unverbindlich vorzuführen. In einem solchem Falle sind die Wachsuggestionen am besten geeignet.

5 Wachsuggestionen oder Suggestibilitätsprüfung

Unter Suggestionen werden hier ganz allgemein von einem Menschen exklusive akzeptierte, alles andere ausschließende Gedanken verstanden. Der Vorgang ist bekannt als Mono-Ideismus: Wenn sich ein Mensch auf nur einen Gedanken konzentriert, der z. B. mit einer Muskelbewegung assoziiert ist, wird der Muskulatur ein Nervenimpuls vermittelt, und diese vollzieht dann die entsprechende Bewegung nicht nur ohne jede bewußte Willensanstrengung, sondern manchmal auch unabhängig vom Willen.

Die Wachsuggestionen sind Suggestionen, die dem Klienten ohne vorherige hypnotische Induktion gegeben werden. Von fortgeschrittenen Hypnosetherapeuten eher sporadisch eingesetzt, sind sie bestens dafür geeignet, die leisen Zweifel eines Anfängers an seiner Fähigkeit zu hypnotisieren zu beseitigen und ihm die notwendigen Fertigkeiten beizubringen. Zu Beginn sagt man dabei etwa: »Ich möchte Ihnen jetzt zeigen, wie solche starken Gedanken, die wir als Suggestionen bezeichnen und die Sie ganz bestimmt gelten lassen können, funktionieren. Würden Sie nun bitte . . . (Anweisungen der Wachsuggestion).«

Für den Klienten kann eine solche Vorübung zweierlei Effekt haben. Einmal erlebt er unmittelbar, was ein von ihm angenommener, emotional neutraler Gedanke vermag. Durch die Demonstration erfährt der Klient also direkt, welche Kraft schon ganz unauffällige Gedanken in sich tragen. Zum anderen haben bestimmte Wachsuggestionen eine Anwärmewirkung – sie erleichtern wesentlich die nachfolgende Induktion, wenn sie beide dieselben Elemente beinhalten, wie es z. B. bei der Handlevitation der Fall ist.

Noch etwas zur Handhabung der vorliegenden Wortlaute:

1. Nachdem Sie den Text mindestens einmal sorgfältig und hörbar alleine für sich vorgetragen haben, wiederholen Sie ihn so

lange frei, bis Sie das zugrundeliegende Muster auswendig beherrschen. Beachten Sie, daß sich die Stimme dabei vor allem durch Ruhe und eine gewisse Monotonie auszeichnet. Die Wirkung wird dann durch die Betonung bestimmter Schlüsselwörter (»...und Sie sind entspannt, *tief* entspannt...«), den Einsatz von Pausen auch inmitten eines Satzes (»...und Sie... fühlen sich ganz wohl...«) und durch nachdrückliche Lebendigkeit der Stimme (im Sinne von Appellcharakter) beim Vortragen wichtiger Passagen zusätzlich verstärkt.

2. Gewöhnen Sie es sich an, *jede Suggestion eindeutig zu Ende zu führen,* ungeachtet dessen, ob und wie der Klient darauf reagiert hat. So hieße es beim Augenschluß, wenn der Klient die Augen geschlossen hat: »Gut, und jetzt können Sie die Augen wieder öffnen und voll da sein. – Öffnen Sie die Augen!« Wenn der Klient die Augen offen hat, würden Sie sagen: »Gut, die Augen bleiben offen und Sie sind jetzt wieder voll da!« In jedem Falle machen Sie dem Klienten bewußt, daß – und gegebenenfalls wann – die Suggestion beendet ist.

3. Sollten Sie einmal eine Suggestion falsch formuliert oder eingesetzt, nur unvollkommen rückgängig gemacht oder ganz vergessen haben, sie abzurufen, *geraten Sie nicht in Panik.* Sagen Sie dem Klienten, er möchte noch einige Minuten da bleiben, wo er jetzt ist, sich einfach weiter wohlfühlen, und überlegen Sie sich in aller Ruhe der Reihe nach die vorangegangenen Schritte. Nachdem Sie den Fehler gefunden haben, setzen Sie die Sitzung fort und geben dem Klienten richtige Instruktionen, als wäre überhaupt nichts passiert. War die Trance bereits beendet, geben Sie z. B. vor, die Suggestionen noch einmal festigen zu wollen, und wiederholen Sie das Verfahren mit der Korrektur. Seien Sie zuversichtlich: Der Klient wird sich am etwaigen Widerspruch kaum stören.

Die nun angeführten Übungen lassen sich zum Teil auch mit mehreren Menschen gleichzeitig durchführen; wo dies möglich ist, finden Sie es vermerkt. Wenn das Verfahren meiner Erfahrung nach schon gewisse Fertigkeiten voraussetzt, habe ich das dazugeschrieben. Ansonsten ist die Reihenfolge unwesentlich. Sie können sich ganz von persönlichen Präferenzen leiten lassen.

Rückwärtsfall

Sie bitten den Klienten aufzustehen und sich mit dem Rücken zu Ihnen vor Sie zu stellen, etwa einen Schritt von Ihnen entfernt. Seine Füße sollen den Boden flach berühren – Schuhe mit hohen Absätzen müssen deshalb ausgezogen werden. Dann sagen Sie:

▶ Stellen Sie sich bitte so hin, daß sich die Fersen berühren und die Füße V-förmig geöffnet bleiben ... und die Arme hängen lose am Oberkörper herab, die Schultern ganz locker (hier können Sie sachte mit Ihren Händen über seine Arme von den Schultern bis zu den Unterarmen gleiten) ... und Sie schauen nach vorne, halten den Kopf aufrecht ... und Sie wissen, daß ich hinter Ihnen stehe, kaum einen Schritt von Ihnen entfernt, so daß ich Sie jederzeit auffangen kann. Und jetzt schließen Sie bitte die Augen, ganz normal die Augen schließen, und bleiben einfach eine Weile da stehen, nach innen konzentriert, auf den eigenen Körper eingestellt. (Sie warten, bis ein leichtes Schwanken des Körpers sichtbar wird; eventuell wiederholen Sie die Aufforderung zur Konzentration nach innen.) Gut, wenn Sie nun in Ihren Körper hineinspüren, finden Sie darin eine ganze Reihe von Bewegungen, welche Sie von Ihrer Mitte fortführen – und wieder zurückbringen (hier passen Sie Ihre Worte dem tatsächlichen Geschehen an) ... und je stärker Sie sich darauf konzentrieren, desto deutlicher erleben Sie, wie all diese Bewegungen in einer einzigen zusammenfließen, in eine Richtung ziehen, von der Mitte aus nach hinten, und Sie wissen, daß ich hinter Ihnen stehe, so daß Sie die Bewegung einfach geschehen lassen können, und mit jedem Schwanken, mit jedem Ausschlag fällt der Körper noch weiter nach hinten, immer weiter und weiter nach hinten, er kippt nach hinten, er sinkt nach hinten, er gleitet nach hinten, immer weiter und weiter nach hinten ... (Sie fahren fort, bis der Klient das Gleichgewicht verliert und Sie ihn, je nach Körpergröße und -gewicht, bei den Schultern oder bei den Schulterblättern abstützen, wie in Abb. 1 gezeigt).

Abb. 1

Manchmal werden Sie erleben, daß sich der Klient immer wieder gerade rechtzeitig seiner schrägen Lage bewußt wird und sich von neuem aufrichtet. Sie können ihm dann helfen, indem Sie bei ansetzender Rückwärtsbewegung sagen: »Ich helfe Ihnen jetzt, damit Sie es auch wirklich erlebt haben, wie es ist, wenn Sie sich so leicht haben nach hinten fallen lassen ...« und gleichzeitig fassen Sie den Klienten an den Schultern und ziehen ihn sanft so weit an sich heran, bis er das Gleichgewicht verloren hat.
Wenn die Körperschwingungen stets sehr unauffällig bleiben, können Sie vielleicht so eingreifen: »Ich zeige Ihnen jetzt, wie es ist, wenn Sie nach hinten fallen ...« und dabei ziehen Sie den Klienten an sich heran.
Wenn der Klient sich gar entgegengesetzt bewegt, d. h. nach vorne fällt, können Sie außer sofortigem Abbruch auch die Richtung nach vorne aufgreifen und Ihre Anweisungen entsprechend umändern, wobei Sie für den Moment des Gleichgewichts-

verlustes einen ganz normalen Schritt nach vorne suggerieren, wie wenn man stolpert.

In jedem Falle unterhalten Sie sich nach dem Versuch mit der Person darüber, was und wie sie es empfunden hat.

Anwendung in der Gruppe:
Zunächst lassen Sie die interessierten Personen sich paarweise aufstellen, wie im Einzelversuch. Die Paare stehen alle nebeneinander, in der Vorderreihe sind die Versuchspersonen. Dann weisen Sie die hintere Reihe an, daß die Instruktionen zum Fallen *ausschließlich* für die vordere Reihe gelten, und zeigen den Personen, wie sie ihren Vordermann abstützen sollen, falls er fällt. Nun beginnen Sie, der Vorderreihe die gewohnten Anweisungen zu geben, so lange, bis mindestens eine Person nach hinten fällt. Je nach Ansprechbarkeit der anderen machen Sie dann noch weiter oder Sie hören auf.

Semaphor oder Armschwere

Der Klient soll es sich im Sitzen bequem machen, den Oberkörper und den Kopf aufrecht halten, die Arme waagerecht vor sich gestreckt. Die Arme schweben scheinbar mühelos in der Luft, auch die Hände und die Finger sind ganz locker, 20–30 cm voneinander entfernt. Am einfachsten und verständlichsten ist es, wenn Sie selbst diese Stellung vormachen und zugleich kommentieren. Dann fahren Sie fort:

▶ Schließen Sie bitte die Augen und konzentrieren sich zwei oder drei Atemzüge lang nur auf Ihre Ruhe, auf Ihr Befinden. . . .
Stellen Sie sich jetzt ganz intensiv einen Luftballon vor, der mit einem starken Seil am rechten Handgelenk festgebunden ist. Stellen Sie sich vor, daß dieser riesige Luftballon – oder es sind gleich mehrere, ich weiß es nicht – mit Leichtgas gefüllt ist und daß er mit großer Kraft den rechten Arm nach oben zieht, immer

höher und höher. Sie sehen den Luftballon ganz deutlich, sehen ganz deutlich seine Farbe und seine Größe, und wie er festgebunden ist an Ihrem rechten Handgelenk. Sie sehen und Sie spüren ganz deutlich, wie er Ihren rechten Arm langsam doch beständig nach oben zieht, immer höher und höher, er zieht den rechten Arm mit ungeheurer Kraft immer höher und höher.

... Und jetzt stellen Sie sich ein sehr schweres Gewicht vor, das mit einem starken Seil am linken Handgelenk befestigt ist. Das Gewicht ist so schwer, so furchtbar schwer, wie aus Blei, und es ist am linken Handgelenk mit einem starken Seil festgebunden. Sie sehen dieses Gewicht ganz deutlich, sehen ganz deutlich seine Farbe und seine Form, und wie es festgebunden ist an Ihrem linken Handgelenk. Sie sehen und Sie spüren ganz deutlich, wie es Ihren linken Arm immer tiefer nach unten zieht, einfach nach unten. Das Gewicht ist so schwer, daß Sie den linken Arm kaum noch halten können, daß Sie den linken Arm gleich nicht mehr halten können – und er wird nach unten gezogen, sinkt immer tiefer und tiefer. (Je nach Bedarf: Stellen Sie sich die beiden Szenen abwechselnd vor. Denken Sie dabei nicht an die Position der beiden Arme, stellen Sie sich nur den Luftballon und das Gewicht vor.)

... Und nun öffnen Sie die Augen und schauen sich Ihre Arme an.

Wenn Sie die Levitation des rechten Armes auslassen, heißt die Übung nicht mehr »Semaphor«, sondern »Armschwere«. Die Armschwere wird dann für den dominanten Arm (meist rechts) suggeriert.

Die Armbewegungen sind unterschiedlich ausgeprägt, in der Mehrzahl der Versuche ist jedoch das Sinken des linken Armes auffälliger als das Steigen des rechten Armes. Häufig kann auch nur die Abwärtsbewegung links registriert werden.

Anwendung in der Gruppe:
entspricht der Einzelanwendung.

Augenkatalepsie

Der Klient kann stehen, sitzen oder liegen. Sie sagen ihm:
▶ Schließen Sie bitte ganz normal Ihre Augen und entspannen
Sie sich. (Sobald dies geschehen ist, legen Sie eine Fingerspitze
leicht 1–2 cm oberhalb der Nasenwurzel auf seine Stirn und sagen
dabei:) Ich berühre jetzt Ihre Stirn auf einer Stelle, auf die Sie sich
von innen konzentrieren. Sie versuchen nun, meine Fingerspitze
durch Ihre Stirn zu sehen. Die Augen bleiben dabei geschlossen,
und die Augenlider werden dabei noch schwerer, sie werden sehr
schwer, wie aus Blei. Die Augenlider sind wie zusammengeklebt. Ich werde Ihnen gleich sagen, daß Sie versuchen können,
Ihre Augen zu öffnen, doch Sie werden finden, daß es sehr
schwierig ist, daß es so gut wie unmöglich ist, weil die Augenlider so fest geschlossen sind, als wären sie zusammengeklebt.
Und sie sind schwer, sehr schwer, wie aus Blei. Sie kleben
zusammen. Sie halten zusammen. Sie sind wie zusammenver-
wachsen. Schwer wie Blei. Fest geschlossen. Und *jetzt* kleben sie
so fest, daß Sie die Augen *nicht mehr* öffnen können. Versuchen
Sie es – doch je mehr Sie sich anstrengen, desto fester kleben sie
zusammen. Die Augen bleiben zu. (Der Versuch wird dann
beendet mit den Worten:) . . . Gut, Sie brauchen sich jetzt nicht
mehr anzustrengen. Öffnen Sie ganz normal die Augen.
Wenn Sie merken, daß der Klient die Suggestion nicht befolgt
und im Begriff ist, *unmittelbar nach* der Herausforderung die
Augen zu öffnen, sagen Sie am besten sofort: »Gut, hören Sie
auf, es weiter zu versuchen, und öffnen Sie einfach die Augen.«
Normalerweise sind Sie in der Lage zu verfolgen, ob und wie gut
der Klient den Punkt anschauen kann: Sie sehen die Rollbewe-
gungen seiner Augen unter den Augenlidern. Wenn Sie den
Eindruck haben, daß der Klient Ihre Hilfestellung nicht mehr
benötigt, ziehen Sie die Hand wieder zurück.
Trotz erreichter Augenkatalepsie müssen die Augenlider nicht
unbedingt fest geschlossen bleiben. Bei einigen Menschen öffnen sie sich einen Spalt, was jedoch unwesentlich ist. Es ist dann
aber günstiger, es in die Suggestion aufzunehmen, indem Sie

z. B. sagen: »Die Augen bleiben dabei auf ihre Art und Weise geschlossen«, oder: »Die Augenlider sind so schwer, sie berühren sich dabei fast«.

Anwendung in der Gruppe:
entspricht dem Gesagten im wesentlichen. Es fällt jedoch die Berührung Ihres Fingers als Fixierungspunkt weg. Statt dessen sollen sich die Leute auf einen imaginären Punkt auf ihrer Stirn konzentrieren.

Kohnstamm-»Test«

Der Kohnstamm-»Test« ist ein Verfahren, das weniger von der Suggestion als von tatsächlich gegebenen neuro-muskulären Mechanismen getragen wird; trotzdem ist es eine sehr eindrucksvolle Demonstration der Macht einer Suggestion. Darüber hinaus erleichtert es in vielen Fällen das Erleben der Armlevitation (unwillkürliches Steigen des Armes).

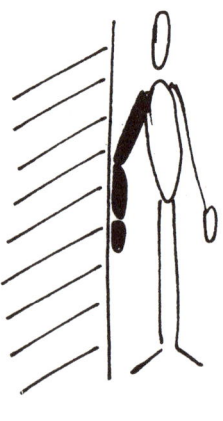

Abb. 2

Der Klient soll sich seitlich an eine Wand stellen, die der Wand zugewandte Hand fest zur Faust ballen, und dann mit dem ganzen Arm versuchen, die Wand wegzudrücken. Er soll nur den Arm benutzen, der Körper bleibt möglichst entspannt und unbeteiligt. In dieser Phase stehen Sie direkt vor dem Klienten und feuern ihn an, drängen darauf, daß er wirklich sein Bestes gibt.

Nach gut einer Minute sagen Sie ihm, daß er sich nun von der Wand lösen und zur Raummitte oder zu den anderen hinüber schauen möchte. Anschließend sagen Sie ihm:

▶ Und nun konzentrieren Sie sich bitte auf das Gefühl in Ihrem Arm. Wenn Sie wollen, können Sie auch hinschauen, aber Sie brauchen Ihre Augen nicht, um festzustellen, daß sich der Arm anders anfühlt als der andere . . . als sonst. Er ist plötzlich leichter geworden, viel leichter als sonst, vielleicht wiegt er jetzt überhaupt nichts, und so fängt er auch gleich an . . . (oder, falls schon geschehen: . . . und so hat er auch schon begonnen . . .) . . . nach oben zu steigen, immer weiter nach oben, ganz leicht, ganz von alleine, nach oben, und Sie lassen es einfach geschehen (usw.).

Meist genügt es, wenn der Klient eine sichtbare Lageveränderung des levitierenden Armes erlebt. Sie können aber auch mit Ihren Anweisungen fortfahren, bis der Arm die Horizontale erreicht hat. Den Versuch beenden Sie jederzeit durch leichte Berührung des Armes und gleichzeitige Instruktion: »Danke, das genügt. Der Arm ist wieder normal schwer, ganz normal, wie der andere.«

Pendel

Ein Pendel ist ein runder, an einem Ende spitz zulaufender Gegenstand aus Messing, dessen anderes Ende an einem Faden befestigt ist. Pendel gibt es in verschiedenen Formen, Größen und Gewichten. Ein behelfsmäßiges Pendel (besonders für Gruppenversuche) kann leicht aus einem Fingerring oder aus einer Schraubenmutter, an einen 20–30 cm langen Faden gebunden, hergestellt werden. Bei schwereren Pendeln können Sie am Faden einige Knoten machen, um das Ausgleiten des Pendels zu verhindern.

Der Faden wird von dem Klienten zwischen dem Daumen und dem Zeigefinger der dominanten Hand so gehalten, daß sich das Pendel etwa 1 cm über der Kreismitte befindet, wenn eine Pendelscheibe benutzt wird. Der Unterarm, das Handgelenk und die Finger sollen ganz locker gehalten werden.

Das Pendel kann sich in vier Richtungen bewegen: vor und zurück (»von Ihnen weg und auf Sie zu«); links und rechts; kreisförmig dem Uhrzeigersinn nach; und kreisförmig dem Uhrzeigersinn entgegen.

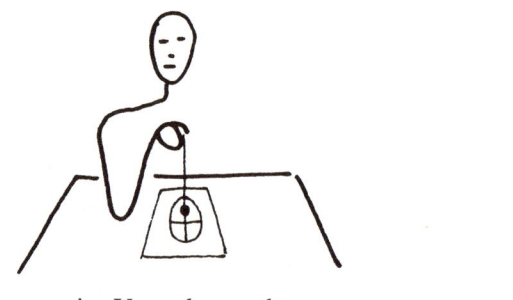

eine Versuchsanordnung

Pendelscheibe

Abb. 3

Es ist möglich, den Klienten diese vier Grundbewegungen zunächst ganz bewußt durchführen zu lassen. Vor allem für Sie bedeutet es eine unauffällige Hilfe, denn Sie bekommen dadurch eine Vergleichsmöglichkeit für den eigentlichen Versuch. Die bewußte, willkürliche Pendelbewegung wird nämlich in der Regel durch eine grobmotorische, ruckartige Handbewegung eingeleitet, während die unwillkürliche Pendelbewegung viel sanfter, kaum sichtbar von der Hand ausgeführt wird. Die Suggestion lautet dann:

▶ Schauen Sie jetzt nur auf das Pendel. Konzentrieren Sie sich ausschließlich auf das Pendel ... und auf meine Stimme. Alles andere ist unwesentlich, nur das Pendel und meine Stimme ... Sie sehen nichts anderes als das Pendel und hören dabei meine Stimme ... (Sie fahren in dieser Art fort, bis das Pendel nicht mehr ganz still steht. Dann heißt es:) Sie konzentrieren sich nur auf das Pendel ... und auf einmal merken Sie, daß es sich bewegt. Die Bewegung fällt kaum auf, sie ist sehr klein, aber sie ist da. Und wenn Sie sich weiter nur auf das Pendel einstellen und meine Stimme hören, können Sie sehen und erleben, wie sich das Pendel bewegt. Es bewegt sich ... (hier wird die tatsächliche Bewegung des Pendels genannt) ... und seine Bewegung wird immer deutlicher und deutlicher, immer größer und größer, sie nimmt noch mehr zu, und jetzt sehen Sie ganz deutlich, wie sich das Pendel bewegt. Außer dem Pendel und außer meiner Stimme ist jetzt alles unwichtig, Sie brauchen sich nur auf das Pendel und auf meine Stimme zu konzentrieren, um zu sehen ... (usw.)

Bevor das Pendel in andere Richtungen geleitet wird, kann es auch per Anweisung zum Stillstand über der Mitte gebracht werden.
Beendet wird das Pendeln mit »Sie können jetzt aufhören«, wobei Sie der Versuchsperson das Pendel gegebenenfalls aus der Hand nehmen. Manche Menschen entwickeln beim Pendeln spontan Trance, und die Berührung führt sie schneller zurück.
Viele Menschen sind nach dem Pendelversuch für einen Moment sprachlos – für Sie ein Beweis mehr dafür, daß es sich um ein echtes Erlebnis handelt.

Anwendung in der Gruppe:
unterscheidet sich von der Einzelanwendung meist in der Versuchsanordnung und immer an den Textstellen, wo von der Bewegung des Pendels die Rede ist. Stehen nicht ausreichend

Tischplätze zur Verfügung, sollen die Teilnehmer den Oberkörper so weit nach vorne beugen, daß sie den Ellbogen auf ihrem Oberschenkel abstützen können. Die Pendelscheibe wird auf den Boden zwischen die Füße gelegt. Es ist sehr wichtig, daß der Ellbogen wirklich bequem aufliegt, sonst lenken die dadurch verursachten Schmerzen den Teilnehmer vollkommen ab.

Da Sie die Bewegungsrichtung nicht vorgeben, ist es nicht möglich, eine bestimmte Bewegung aufzugreifen oder zu verstärken. Deswegen sprechen Sie ganz unverbindlich von »Ihrer Bewegung«, die »auf einmal da ist«, und die »Sie immer deutlicher sehen«, und so weiter. Bevor Sie den Gruppenversuch beenden, können Sie noch den Stillstand des Pendels, das heißt seine Rückkehr zur Mitte, suggerieren.

Rückwärtszug

Hierfür wird eine gewisse Übung vorausgesetzt. Der Klient stellt sich vor Sie wie bei dem einfachen Fallversuch nach hinten. Sie neigen sich nun so weit nach vorne, bis Sie ihn fast berühren, und Sie strecken Ihre Arme so weit wie möglich aus (vgl. Abb. 4a), ohne den Klienten irgendwo anzufassen. Die Hände werden ganz locker gehalten, so daß sich die Finger nach innen beugen. Ihre Finger dienen dem Klienten als Fixierungspunkte. Den folgenden Wortlaut müssen Sie mit dem Bewegungsablauf, der in den Abbildungen 4b und 4c gezeigt wird, in Einklang bringen:

▶ Schauen Sie jetzt bitte auf meine Finger. Ich fange gleich an, meine Hände zurückzuziehen, und wenn das geschieht, werden Sie auch erleben können, daß Sie nach hinten gezogen werden. Als wäre da eine Kraft, die Sie anzieht. Schauen Sie ganz genau auf meine Finger, alles andere ist jetzt unwesentlich, nur Ihre Konzentration auf meine Finger, die nach hinten gezogen werden . . . (Sie beginnen nun tatsächlich, Ihre Hände zunächst sehr langsam zurückzuziehen; mit einsetzender Reaktion des Klienten

beschleunigen Sie dann Ihre Bewegung) . . . und die Empfindung, nach hinten gezogen zu werden, nach hinten zu fallen,
ganz von alleine, eine Kraft, die Sie nach hinten zieht, immer
weiter nach hinten, bis Sie sich schließlich . . . *fallen lassen.*

a   b   c

Abb. 4

Das Zurücknehmen der Hände geschieht auf einer Waagerechten, zwischen den Bewegungen, die in den Abbildungen 4 a und
4 b gezeigt sind, und die Ellbogen werden auswärts gebeugt. Es
soll auch hier zu keiner Berührung des Klienten kommen.
Gleichzeitig richten Sie Ihren Körper auf und beginnen, einen
Schritt rückwärts zu machen. Sobald Ihre Hände seine Schläfen
passiert haben, plazieren Sie sie derart, daß Sie den Klienten
beim Verlust des Gleichgewichtes bequem abstützen können
(vgl. Abb. 4c).

Handlevitation durch Striche

Auch hierfür sollten Sie schon gewisse Fertigkeiten erlangt haben. Sie brauchen zu diesem Versuch einen Stuhl mit Armlehnen. Der Klient setzt sich so hin, daß der Versuchsarm bequem auf der Armlehne liegt; die Hand kann auch lose über den Rand hängen. Sie setzen sich seitlich daneben und sagen ihm:

▶ Konzentrieren Sie sich jetzt bitte auf Ihre (rechte/linke) Hand. Schauen Sie nicht mehr mich an, sondern nur und ausschließlich Ihre Hand. Ich werde gleich beginnen, mit meiner Hand über Ihren Unterarm und Ihre Hand zu streichen, ohne Sie zu berühren. Und ich möchte, daß Sie ganz deutlich die Empfindungen wahrnehmen, welche Sie in Ihrem Arm und in Ihrer Hand spüren. Es wird darunter auch ein Gefühl sein, daß Sie überraschen wird, angenehm überraschen . . .«

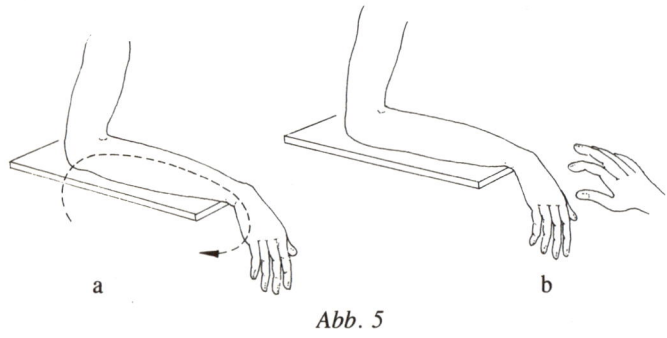

a   b

Abb. 5

Sie haben bereits begonnen, Ihre Hand kreisförmig zu bewegen (vgl. Abb. 5a). Die Striche werden langsam, 1–2 cm über den Unterarm, gezogen; die Rückkehr zum Ellbogen kann schneller, keinesfalls aber überhastet vollzogen werden. Vor allem wenn es die Raumtemperatur zuläßt, lassen Sie eventuell zu Beginn des Versuches den Klienten den Ärmel hochkrempeln.

▶ . . . und es ist vollkommen unwichtig, ob Sie noch weiter mit Ihren Augen hinschauen, oder ob sich die Augen schließen (geschlossen haben), denn das Gefühl kommt ganz von alleine. Ohne Ihr bewußtes Zutun können Sie dann ein Strömen verspüren, ein wohltuendes Strömen. Einige Leute vergleichen es mit wohligem elektrischem Strom, der durch den Arm . . . kribbelt und prickelt, andere sprechen von einem Wärmestrahl, der mit meiner Hand . . . zieht, immer weiter nach oben zieht, bis in die Fingerspitzen hinein. Wenn Sie sich jetzt so darauf konzentrieren, wie ich es Ihnen erzählt habe, werden Sie gleich merken, wie irgendwo in der Hand sich ein Muskel so weit gelöst hat, daß er zu zittern beginnt. Mit dem nächsten Strich kann dann das Zittern noch spürbarer werden und bis zu den Fingern vordringen, bis in die Finger hinein. Es spielt keine Rolle, welcher Finger sich zunächst hebt, einfach alles geschehen lassen, einen Finger hochsteigen lassen, und wie der Finger steigt, zieht er die anderen Finger nach, kurz zögernd noch und doch bestimmt, auch die anderen Finger lösen sich. Die ganze Hand löst sich . . . steigt nach oben. Beim nächsten Strich können sich unsere Hände schließlich . . . berühren.

Die Worte der Suggestion müssen sorgfältig gewählt und auf das von Ihnen beobachtete Verhalten der Hand abgestimmt werden. Die Stichworte sind hier der Reihe nach: Ruhe – unbestimmtes Muskelzittern – Fingerzuckungen – Fingerlevitation – Handlevitation.
Das Berühren in Form eines leichten Klapses auf den Handrükken ist ein sehr gutes nicht-sprachliches Zeichen zur Beendigung des Experiments. Wenn Sie noch gleichzeitig dazu sagen »Danke. Wie war es für Sie?«, weiß der Klient auf jeden Fall, daß es zu Ende ist. Und die neutrale Fragestellung erlaubt es ihm, über subjektive Erlebnisse auch dann zu reden, wenn sie Ihrer Suggestion widersprechen. Wodurch wiederum Sie Informationen bekommen, die Sie bei der Wahl der geeigneten Induktionsmethode bestens verwerten können.

Die kommende Passage stellt eine Alternativmöglichkeit dar, welche Sie jederzeit einsetzen und von der Sie jederzeit wieder zurück zu den Strichen wechseln können. Sie unterbrechen die Bewegung Ihrer Hand und halten sie nun locker über der Hand der Versuchsperson, etwa 5–10 cm entfernt (vgl. Abb 5b). Gleichzeitig sagen Sie:

▶ Ich halte nun meine Hand über Ihrer Hand an. Sie können meine Hand spüren, obwohl wir einander noch nicht berühren, so wie die Magnetnadel den Magnetpol spürt und findet, und sich vorstellen, daß meine Hand ein Magnet ist, der festgehalten wird, während Ihre Hand ein anderer Magnet ist, der sich frei bewegen kann, und die beiden ziehen sich jetzt gegenseitig an. Gleich wird Sie dieses Gefühl überraschen, von dem ich vorhin gesprochen habe, das Gefühl von Leichtigkeit, Schwere-losigkeit. Die Anziehungskraft zwischen Ihrer Hand und meiner Hand macht sich zunächst meist in den Fingern bemerkbar, beginnt in einem Finger mit einer winzigen Muskelbewegung, Muskelzuckung, einem kurzen, kaum sichtbaren, und doch so spürbaren Muskel-zittern. Der Finger fängt dann tatsächlich an, in die Höhe zu steigen, und mit jedem Augenblick wird die Kraft stärker, sie wirkt noch stärker. Auch die anderen Finger folgen dem einen, und sie tragen die ganze Hand mit, sie heben die ganze Hand in die Höhe, dahin, wo meine Hand festgehalten wird, bis sie sich schließlich . . . berühren.

Auch in diesem Falle beenden Sie den Versuch am sinnvollsten mit dem Klaps auf den Handrücken und mit einer Frage zu dem soeben Erlebten.

Gestatten die bisher beschriebenen Verfahren keine zuverlässige Vorhersage der Fähigkeit zu hypnotischer Trance (das gilt übri-gens für die anderen traditionellen Wachsuggestionen in glei-chem Maße, so daß sich die Schlußfolgerung aufdrängt, der beste Test zur Feststellung hypnotischer Beeinflußbarkeit sei Hypnose selbst), wird dagegen dem Augenrolltest ein anderer Stellenwert zugeschrieben.

Augenrolltest

Besonders im klinischen Bereich soll der Augenrolltest von Spiegel (1972, 1977) eine echte, relevante Entscheidungshilfe bieten. Der Augenrolltest als solcher ist ein Teil des von Spiegel entwickelten Hypnotic Induction Profile, einer neuartigen Methode zur Messung verschiedener Aspekte der hypnotischen Trance (vgl. Anhang). Er behauptet, durch den Augenrolltest werde das biologische Trancepotential des Menschen bestimmt. Mit anderen Worten: Bei Menschen, die den Wert »Null« erreichen, sei mit extrem geringer Hypnotisierbarkeit zu rechnen, und man sollte sich deshalb gleich überlegen, ob man – besonders als Anfänger – in diesem konkreten Falle auf Hypnose nicht besser verzichtet.

Der Test ist sehr leicht durchführbar:

Der Klient soll zunächst die Augäpfel nach oben drehen und zu den Augenbrauen beziehungsweise zum Kopfscheitel hochschauen. Nachdem seine Augen die Endstellung eingenommen haben (was manchmal mit beidseitigem Schielen nach innen verbunden ist), wird er angewiesen, die Augen langsam zu schließen. Je nach Lage der Augen im Augenblick des Sinkens der Augenlider wird der subjektive Testwert ermittelt.

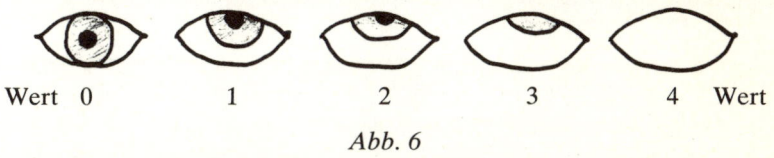

Wert 0   1   2   3   4 Wert

Abb. 6

Es wird auch für zulässig gehalten, dem Klienten nachzuhelfen, indem man einen Finger auf seine Stirnmitte legt (Wain, 1980).

Die nun kommenden Kapitel machen Sie mit den unterschiedlichsten Techniken zur Handhabung der neutralen Hypnose vertraut. Dies geht konkret in der Art vor sich, daß Sie zunächst zwei komplette Übungstexte für Ihre ersten Sitzungen kennenlernen (Kapitel 6), an die sich der Anfänger unbedingt halten sollte.

Denn nur so ist gewährleistet, daß er das Handwerk gründlich und ohne Fehler erlernt.

Daraufhin folgt eine eingehende Darstellung der einzelnen Hypnotisierungsphasen und der dafür geeigneten Methoden. Im einzelnen sind es die Induktion (Kapitel 7), die Vertiefung (Kapitel 8) und schließlich die Rückführung (Kapitel 9). Solange Sie die Übergänge harmonisch fließend gestalten, lassen sich die jeweiligen Verfahren untereinander beliebig zusammenstellen.

Zuletzt noch ein ganz persönlicher Rat: Bleiben Sie bitte selbstkritisch und nehmen Sie sich – nicht nur als Anfänger – lieber etwas mehr Zeit zum Einüben der Texte aus dem 6. Kapitel, statt nach dem ersten Erfolg gleich aus dem Stegreif arbeiten zu wollen. Durch Selbstüberschätzung aus Ungeduld, Oberflächlichkeit oder Eigensucht werden Sie keinem der Beteiligten einen Gefallen tun. Ich selbst hatte schon weit über 100 Sitzungen mit je einer der beiden Anleitungen in der Hand durchgeführt, bis ich mich der Sache auch ohne Papier gewachsen fühlte.

6 Übungstexte für direkte und indirekte Hypnose

Wenn Sie und Ihr Gegenüber durch das Gespräch und durch die Vorübungen eine gemeinsame Verständigungsgrundlage gefunden haben, können Sie zu einer Hypnoseinduktion übergehen. Es ist zweckmäßig, die Induktion noch in derselben Sitzung durchzuführen, um die günstige innere Bereitschaft des anderen zu nutzen. Allerdings ist dabei zu beachten, daß Sie dafür am Anfang gut 15–30 Minuten benötigen werden. Deshalb sollten Sie sich für die erste Hypnosesitzung grundsätzlich eine Stunde reservieren. Später, mit anderen Verfahren, dauert die Induktion einschließlich der Vertiefung oft nicht mehr so lange. Doch dazu müssen Sie über ein gewisses sprachliches Repertoire verfügen (*wie* man es sagt, ist wichtiger, als *was* man sagt) und eine innere Sicherheit haben, die Sie am besten mit den zwei unten angeführten Methoden aufbauen.

Noch ein Hinweis zur Durchführung selbst: Die Wachsuggestionen haben Sie sich so angeeignet, daß Sie das zugrundeliegende Schema erfaßt und in der aktuellen Situation mit eigenen Worten ausführlich wiedergegeben haben. Hier gehen Sie anders vor: Zunächst lesen Sie die beiden Übungstexte sorgfältig durch und entscheiden sich für einen der beiden. Wenn Sie dann mit dem Klienten arbeiten, lesen Sie den Wortlaut vom Blatt ab. Mit zunehmender Anzahl der Sitzungen werden Sie immer mehr Stellen des Originaltextes frei erzählen, bis Sie eines Tages auf die Vorlage völlig verzichten.

Da der Klient zu Beginn die Augen offen hält, sieht er natürlich den Text in Ihrer Hand. Irgendwelchen Zweifeln an Ihrer Kompetenz beugen Sie dadurch vor, daß Sie ihm sagen:

▶ Ich werde Ihnen jetzt etwas vorlesen, was Ihnen dabei helfen wird, sich stufenweise zu entspannen und den Zustand einer hypnotischen Trance zu erreichen. Sie sind sicher auch selbst daran interessiert, das Erlebnis möglichst voll zu behalten. Dieser Text kann Ihnen dabei gut helfen, weil er in einzelne Stufen eingeteilt ist. Und das wird Ihnen das Erinnern wesentlich erleichtern, wenn es dann überhaupt noch von Bedeutung ist.

Direkte Hypnose

Wenn eine Hypnose als »direkte« bezeichnet wird, heißt dies, daß sie auf dem klassischen Muster mit relativ simplen, festgelegten Verhaltens- und Erlebensweisen bei dem Klienten basiert. Die Entfaltung von Phantasien, die der Klient als eigenes Vehikel zur Intensivierung der Suggestionen einsetzen kann, wird nicht besonders gefördert. Die vorliegende Version entstand in Anlehnung an ein bewährtes Instrument der modernen experimentellen Hypnoseforschung, die Stanfordsche Skala zur Feststellung hypnotischer Beeinflußbarkeit (Einzelheiten dazu im Anhang).

Vorbereitung
Der Klient liegt oder sitzt bequem in einem Lehnstuhl mit Kopfstütze, auf einer Liege oder auf dem Boden. Sie sitzen daneben. Der Raum ist möglichst ruhig und angenehm warm. Die Beleuchtung ist gedämpft, es bereitet Ihnen aber keine Mühe, auch winzige Details wie Flattern der Augenlider beim Klienten zu erkennen.
Der Übungstext besteht aus zwei parallelen Teilen mit je gleich vielen Stufen. Die Absicht des Teiles A ist es in erster Linie, einen unwillkürlichen Augenschluß zu bewirken. Wenn Sie merken, daß die Augen offensichtlich von alleine zugefallen sind, beenden Sie sinnvoll den soeben vorgetragenen Absatz und wechseln zum Alternativteil B. Einmal zum B-Teil übergegangen, kehren Sie nicht mehr zum A-Teil zurück. Zeitlich gesehen beginnt Hypnose mit dem Augenschluß, also dann, wenn Sie vom A-Teil zum B-Teil wechseln.
Wichtig: Denken Sie immer daran, daß Sie genug Zeit haben,

auch beim Umblättern von einem Teil zum anderen. Versuchen Sie, über etwaige Versprecher oder logische Ungereimtheiten souverän hinwegzugehen, der Klient wird sich dann am ehesten daran nicht stören. (Die Ungereimtheiten werden von geübten Therapeuten sogar gewollt eingesetzt, als sogenannte Konfusions- oder Verwirrungstechniken zur Hypnoseinduktion.)

Induktion und Vertiefung
▶ Suchen Sie sich eine Stelle aus, wo Sie jetzt hinschauen... (verschiedene Stellen aufzählen wie die Wand, das Tapetenmuster, die Deckenleuchte, die eigene Hand usw.). Haben Sie so eine Stelle? – Gut, das ist das, was ich von nun an als das *Ziel* bezeichnen werde.

A 1:
Sie machen es sich ganz bequem, den Blick auf das Ziel gerichtet, während Sie mir zuhören. Was ich Ihnen jetzt erzähle, wird Ihnen dabei helfen, sich zu lösen und den Zustand der Hypnose zu erleben. Sie brauchen dafür nichts Besonderes zu tun – Sie konzentrieren sich einfach weiter auf Ihr Ziel und hören mir zu. Sie halten den Kopf so, daß es Ihnen keine Schwierigkeiten bereitet, sich auf das Ziel zu konzentrieren, und gleichzeitig hören Sie auf Ihre Art und Weise alles, was ich Ihnen sage. Ob Sie nun hypnotisiert werden, hängt teils davon ab, ob Sie dazu überhaupt Lust haben, und teils davon, ob Sie imstande sind, sich auf das Ziel und auf meine Worte gleichzeitig zu konzentrieren. Sie können nur dann hypnotisiert werden, wenn Sie es auch tatsächlich wollen! Gut, und so ... wenn Sie es wollen, lassen Sie jetzt alles einfach zu. Alles einfach geschehen lassen. Wenn Sie mir aufmerksam genug zuhören und wenn Sie daran denken, was ich Ihnen erzähle, können Sie ohne Schwierigkeiten erleben, wie es ist, wenn man hypnotisiert ist. Es passiert dabei eigentlich gar nichts Besonderes. Es ist nur ein Zustand, in dem man ganz stark an einem bestimmten Ding interessiert ist. Sie sind gewissermaßen auch dann hypnotisiert, wenn Sie etwas lesen, sehen oder hören und daran so stark teilnehmen, daß Sie alles andere vergessen, auch die Zeit vergessen. Und Sie werden jetzt, egal

wie stark Sie alles andere vergessen, irgendwo im Vordergrund oder im Hintergrund immer eine Stimme hören, meine Stimme, auf die Sie sich jederzeit beziehen können, um weiter zu kommen. Alles, was Sie jetzt zu tun brauchen, ist, mir weiter aufmerksam zuzuhören und weiter mitzugehen. Es wird nichts passieren, was Sie nicht möchten, womit Sie nicht einverstanden wären. Im Gegenteil – viele Leute sagen, daß das Erlebnis sehr interessant ist.

(. . . Sind die Augen geschlossen, weiter mit *B 2*)

A 2:

Ganz entspannt. Keine Anspannung. Konzentrieren Sie sich weiter auf Ihr Ziel. Schauen Sie es so fest an, wie es nur geht. Wenn Sie das Ziel aus den Augen verlieren, ist es nicht weiter schlimm . . . Sie können wieder zurückschauen, auf das Ziel zurückkommen. Nach einiger Zeit sehen Sie vielleicht das Ziel verschwommen . . . oder es bewegt sich . . . oder es ändert auf einmal die Farbe. Das ist alles in Ordnung. Was auch passiert, Sie nehmen alles wahr und können es einfach geschehen lassen. Schauen Sie weiter auf das Ziel. Die Augen sind jetzt müde, die Augenlider sind schwer, sie sind sehr schwer, wie aus Blei. Und Sie haben bald keine Lust mehr, die Augen noch offen zu halten, und die Augen schließen sich dann ganz von alleine. Ganz von alleine geschlossen. Nachdem es passiert ist, fühlen Sie sich noch wohler und genießen das Gefühl einer immer größer werdenden Ruhe noch mehr, sind noch tiefer entspannt.

(. . . Sind die Augen geschlossen, weiter mit *B 3*)

A 3:

Ganz entspannt. Entspannen Sie jeden Muskel Ihres Körpers. Während Sie weiter auf das Ziel schauen, konzentrieren Sie sich mit dem inneren Auge auf Ihren Körper und entspannen ihn, nach und nach den ganzen Körper sich lösen lassen. Sie beginnen in den Füßen . . . ganz entspannt . . . die Muskeln der Beine ganz entspannt . . . das Gesäß . . . der Bauchraum . . . der Brustraum . . . der Rücken . . . ganz entspannt. Die Finger . . . die Hände . . . die Arme . . . der Nacken und die Schultern . . . ganz entspannt. Entspannen Sie alle Muskeln Ihres Körpers. Der Geist bleibt weiterhin wach, vielleicht noch wacher als sonst, doch der Körper ist müde und entspannt, müde und entspannt. Ganz entspannt, tief entspannt, immer tiefer und tiefer, immer tiefer entspannt.

(... Sind die Augen geschlossen, weiter mit *B 4*)

A 4:

Sie entspannen sich immer tiefer und tiefer, und plötzlich verspüren Sie ein Gefühl von angenehmer Schwere im ganzen Körper. Vielleicht haben Sie es schon vorher verspürt, ich weiß es nicht, diese angenehme Schwere ist auf einmal da gewesen. Und die Schwere breitet sich aus in den Beinen und in den Armen ... in den Füßen und in den Händen ... im ganzen Körper. Ihr ganzer Körper fühlt sich so schwer an, wird immer schwerer und schwerer. Wie aus Blei. Vor allem die Augen fühlen sich so schwer an. Schwer und müde. Ganz schwer und bleiern müde. Der Atem wird langsam und gleichmäßig, langsam und gleichmäßig. Sie fühlen, wie Ihr Körper müde wird und losläßt ... sich treiben läßt ... sich fallen läßt. Und die Augen werden dabei immer müder und müder, immer schwerer und schwerer, sie lassen nach und nach los, sie fallen nach und nach zu.

(... Sind die Augen geschlossen, weiter mit *B 5*)

A 5:

Die Augen sind vom langen Hinsehen müde. Die Schwere in den Augenlidern nimmt noch zu. Bald werden Sie Ihre Augen nicht mehr offen halten können. Die Augenlider werden zu schwer, um sie noch offen zu halten. Die Augen sind müde geworden von dem langen Hinsehen und fangen an, vor Anstrengung zu brennen, vor Anstrengung zu tränen. Die Anstrengung in den Augen wird immer größer und größer, sie nimmt noch zu. Und dabei ist es so schön, die Augen sich einfach schließen zu lassen, ganz von alleine sich schließen zu lassen, sich dabei ganz zu entspannen, und einfach alles geschehen zu lassen. Sie werden bald an Ihre Grenzen stoßen. Die Anstrengung in den Augen wird so groß sein, die Augen werden so müde und so schwer sein, und dann werden sich die Augen auch von alleine schließen, ganz von alleine. Wenn es so weit ist, lassen Sie sie einfach zu.

(... Sind die Augen geschlossen, weiter mit *B 6*)
A 6:
Die Augenlider sind schwer. Wie aus Blei. Sie werden immer schwerer und schwerer, sie wiegen immer mehr und mehr. Und sie werden nach unten gezogen, immer tiefer und tiefer nach unten gezogen, sie sinken, sie gleiten, sie fallen immer tiefer und tiefer. Die Augenlider sind mit einem schweren Gewicht belastet, schwer wie Blei, sie sind aus Blei. Und die Augen blinzeln, sie blinzeln, sie sehen immer weniger und weniger ... sie fallen zu ... sie schließen sich ... sie fallen zu ... sie sind zu.
(... Sind Augen noch immer geöffnet)
Die Augen würden sich sicher in Kürze von alleine schließen, denn Sie haben sich bis jetzt auf das Ziel konzentriert, und das ist sehr anstrengend. Aber Sie brauchen sich nicht mehr anzustrengen. Auch wenn sich Ihre Augen bis jetzt nicht völlig geschlossen haben, Sie haben sich gut auf das Ziel konzentriert und konnten dabei ruhig und entspannt werden. Und so können Sie nun die Augen einfach schließen. Schließen Sie jetzt bitte die Augen. ... Genau, die Augen sind jetzt ganz normal geschlossen.
A 7:
ist identisch mit *B 7* und führt eine Vertiefung der hypnotischen Trance herbei. Blättern Sie daher bitte zu *B 7* um.

Sind Augen bereits zugefallen, sagen Sie als Überleitung von *A* zu *B:*
▶ Sie sind jetzt schon angenehm entspannt, aber Sie können sich noch mehr entspannen, noch viel mehr, nachdem die Augen geschlossen sind. Sie lassen die Augen so lange zu, bis ich Ihnen sagen werde, daß Sie sie wieder aufmachen können. Bis dahin werden die Augen einfach zu bleiben.
B 2:
Ganz entspannt. Keine Anspannung. Sie hören meine Stimme. Versuchen Sie, nur meine Stimme zu hören. Sollten Sie zwischendurch, jetzt vielleicht, an etwas anderes denken, ist es nicht weiter schlimm ... denken Sie wieder an meine Stimme. Nach einiger Zeit hören Sie möglicherweise meine Stimme ganz leise,

oder sie ist wie weg, oder sie ändert sich irgendwie. Das ist alles in Ordnung. Wenn Sie sich jetzt entspannt fühlen, den Körper gar irgendwie müde finden, ist es auch in Ordnung. Was auch passiert, Sie nehmen alles wahr und können es einfach geschehen lassen. Dabei konzentrieren Sie sich weiter auf meine Stimme und entspannen sich tiefer und tiefer, immer tiefer entspannt.

B 3:

Ganz entspannt. Entspannen Sie jeden Muskel Ihres Körpers. Entspannen Sie die Muskeln der Füße . . . die Muskeln der Beine . . . das Gesäß . . . den Bauchraum . . . den Brustraum . . . den Rücken . . . Ganz entspannt. Die Finger . . . die Hände . . . die Arme . . . der Nacken . . . die Schultern . . . ganz entspannt. Entspannen Sie alle Muskeln Ihres Körpers. Der Geist bleibt weiterhin wach, vielleicht noch wacher als sonst, doch der Körper ist müde und entspannt, müde und entspannt. Ganz entspannt, tief entspannt, immer tiefer und tiefer, immer tiefer entspannt.

B 4:

Sie entspannen sich immer tiefer und tiefer, und plötzlich verspüren Sie ein Gefühl von angenehmer Schwere im ganzen Körper. Vielleicht haben Sie es schon vorher verspürt, ich weiß es nicht, diese angenehme Schwere ist auf einmal da gewesen. Und die Schwere breitet sich aus in den Beinen und in den Armen . . . in den Füßen und in den Händen . . . im ganzen Körper. Ihr ganzer Körper fühlt sich so schwer an, wird immer schwerer und schwerer. Wie aus Blei. Sie fühlen, wie Ihr Körper müde wird und losläßt . . . sich treiben läßt . . . sich fallen läßt. Der Atem wird dabei langsam und gleichmäßig, langsam und gleichmäßig. Und der Körper entspannt sich noch mehr, er entspannt sich noch mehr.

B 5:

Sie sind entspannt, ganz entspannt. Aber Sie können sich noch mehr entspannen – Sie brauchen dabei nur Ihrem Wunsch nach vollkommener Entspannung nachzugeben. Gleich werden Sie den Zustand einer tiefen, vollkommenen Entspannung erreichen.

Sie spüren eine angenehme Schwere und eine wohlig strömende Wärme im ganzen Körper. Außer meiner Stimme ist alles unwichtig. Sie hören nichts anderes als meine Stimme. Und dabei entspannen Sie sich noch tiefer, immer mehr und mehr entspannt, und die Schwere und die Wärme und die Ruhe nehmen noch zu.

B 6:

Sie sind entspannt, tief entspannt. Es ist angenehm warm und schwer, Sie fühlen sich angenehm warm und schwer. Ganz ruhig. Der Körper ist müde und gelöst. Müde und gelöst. Sie wollen nichts anderes, als sich zu entspannen. Sie hören dabei immer meine Stimme, und wie sie kommt, das spielt keine Rolle. All das, was Sie im Alltag beschäftigt, bleibt jetzt da, wo der Alltag ist – einfach draußen geblieben, während Sie sich wohl fühlen, sich immer tiefer und tiefer entspannen, und alles aufnehmen, was ich erzähle.

B 7:

Ich fange gleich an, langsam von 1 bis 20 zu zählen. Mit jeder Zahl werden Sie immer tiefer gehen, immer tiefer sinken, immer tiefer fallen, immer weiter treiben, immer weiter schweben, in eine wohltuende, angenehme Trance, eine tiefe Entspannung voller Ruhe, Friede, Gelassenheit und Gelöstheit. In einen Zustand, in dem Sie imstande sind, all das zu erleben, was ich Ihnen erzählen werde. Und die Augen bleiben dabei so lange zu, bis ich Ihnen sagen werde, daß Sie sie wieder öffnen können. Gut, ich zähle jetzt von 1 bis 20.

1 – die Ruhe ist tief . . . 2 – tief, immer tiefer und tiefer, die Ruhe tut gut . . . 3 – 4 – tiefer und tiefer, immer tiefer und tiefer wird die Ruhe . . . 5 – 6 – 7 – Sie versenken sich in die Ruhe, eine tiefe Ruhe ohne Zeit, ohne Grenzen. Nichts stört Sie dabei. Sie hören nur meine Stimme, und alles andere ist unwesentlich . . . 8 – 9 – 10 – der halbe Weg . . . 11 – 12 – Sie brauchen nichts anderes zu tun, als weiter auf meine Stimme zu achten und auf das, was Sie erleben . . . 13 – 14 – 15 – und obwohl Sie so tief entspannt sind, hören Sie mich auf Ihre Art und Weise ganz deutlich. Sie werden mich immer hören, egal wie tief Sie Ihre Entspannung empfinden

... 16 – 17 – 18 – einfach tief in sich gefunden ... 19 – versunken
... 20! *Tief entspannt!* Sie werden erst dann zurückkommen,
wenn ich es Ihnen sagen werde. Bis dahin genießen Sie Ihre
Entspannung und fühlen sich dabei wohl.

Rückführung

▶ Ich fange gleich an, rückwärts zu zählen, von 20 bis 1. Sie
werden dabei schrittweise zurückkommen, in den Zustand des
normalen Bewußtseins zurückkehren, und wenn ich 5 sage,
werden Sie die Augen öffnen und spätestens bei 1 wieder voll da
sein, in Ihrem gewohnten Alltag.
Nachdem Sie die Augen geöffnet haben, werden Sie sich wohl
fühlen. Sie werden keinen Kopfschmerz und keine unangenehme
Empfindung oder Erinnerung haben. Sie werden sich einfach
wohl fühlen.
Ich fange jetzt an: 20 – 19 – 18 – 17 – 16 – 15 – 14 – 13 – 12 – 11 –
10 – der halbe Weg – 9 – 8 – 7 – 6 – 5 – die Augen gehen auf – 4 –
3 – 2 – 1! *Ganz wach!* Sie fühlen sich gleich frisch! Jedes Gefühl
von Müdigkeit geht gleich vorbei! Voll da!

Schwierigkeiten

Soweit der Augenschluß noch vor den letzten direkten Aufforde-
rungen in *A 6* erfolgt ist, führen Sie die Hypnosesitzung genau
nach dem Übungstext durch. Gelegentlich geschieht der Augenschluß jedoch nur auf die direkte Anweisung hin oder er bleibt
ganz aus. Bevor Sie dann mit *B 7* weitergehen, hilft es, zu sagen:

▶ Die meisten Menschen entspannen sich mit geschlossenen
Augen viel leichter als mit offenen. Es gibt jedoch auch Leute,
die sich nur mit offenen Augen in Trance versetzen können. Falls
Sie es als angenehmer empfinden, die Augen offen zu halten, um
dabei immer tiefer nach innen zu kommen, tun Sie es einfach so.
Und wenn Sie spüren, daß Sie momentan auf diesem Wege nicht
weiter kommen, atmen Sie tief durch und schauen Sie mich
wieder an.

Falls der letztgenannte Fall auftritt, unterhalten Sie sich mit dem Klienten darüber, was ihn daran gehindert hat, sich zu lösen, und überlegen Sie mit ihm andere Entspannungsmöglichkeiten, die seinen Bedürfnissen besser entsprechen könnten (siehe Kapitel 7; außerdem die Methode der Fraktionierung im Kapitel 8).

Es kommt selten vor, daß der Klient nicht mit Wohlbefinden, sondern mit Mißempfindungen (Kopfschmerzen) zurückkommt. Falls Sie nicht in der Lage sind beziehungsweise es in vorliegender Situation für unnötig erachten, die persönliche Bedeutung der Störung zu hinterfragen, tun Sie zumindest folgendes: Führen Sie die Person noch einmal in die Trance und sprechen Sie mit Nachdruck über das Verschwinden der Störung mit der Rückkehr in den Alltag. Bei körperlichen Beschwerden überprüfen Sie außerdem die Körperlage und -haltung des Klienten während der Trance. Ein extrem tief hängender Kopf beim Sitzen kann ebenfalls die Ursache heftiger Nacken- und Hinterkopfschmerzen sein.

Indirekte Hypnose

Diese Methode ist dadurch gekennzeichnet, daß der Hypnotiseur nicht nur ein Verhalten oder Empfinden schrittweise vorgibt, das der Klient genau nach den Anweisungen erfahren müßte. Dem Klienten ist es im Gegenteil erlaubt, selbst unter mehreren Möglichkeiten diejenige zu bestimmen, die er als hypnotisch akzeptiert und erleben möchte. Dies verringert naturgemäß die Wahrscheinlichkeit eines Mißerfolges oder Widerstandes wesentlich. Anleitungen dieser Art gehen weit über das hinaus, was die klassische Hypnose kennt. Erickson, ein wahrer Meister in der Arbeit mit indirekten Methoden, hat z. B. eine Handlevitation folgendermaßen induziert:

▶ Sie werden gleich erleben, daß Ihre rechte Hand, aber es mag auch die linke sein, ganz leicht wird und nach oben steigt, oder sie wird schwer und drückt fest nach unten, oder sie bewegt sich in keiner bestimmten Richtung, überhaupt nicht. Wir wollen einfach abwarten und sehen, was geschehen wird. Vielleicht ist der Daumen der erste, oder Sie spüren, daß etwas im kleinen Finger vor sich geht, oder es fällt Ihnen ein anderer Finger auf. Aber das eigentlich Wichtige ist nicht, ob Ihre Hand nach oben steigt oder nach unten drückt oder ruhig und reglos da liegen bleibt. Das einzig Wichtige ist Ihre Bereitschaft, all das zu spüren, was Sie in Ihrer Hand entdecken.

Der Übungstext der indirekten Hypnose wurde in Anlehnung an den Bericht von J. Barber über seine Methode zu schneller Analgesieinduktion (1977) konzipiert.

Vorbereitung
Raum, Körperhaltung und Sitzanordnung wie bei direkter Hypnose. Beim Vorlesen können Sie den Text beliebig erweitern oder kürzen, entsprechend dem Verhalten des Klienten und nach Ihrer persönlichen Einschätzung seiner Trancetiefe. Dem Augenschluß wird hier keine solche Bedeutung zugemessen wie im vorherigen Text. Es ist auch möglich, die Augen offen zu halten und dennoch eine andere (hypnotische) Bewußtseinsebene zu erfahren.

Induktion und Vertiefung
▶ Ich möchte Ihnen jetzt etwas erzählen, und ich glaube, daß Sie sich dabei noch besser entspannen können als sonst. Ich bin mir auch sicher, daß Sie wirklich den Eindruck gewinnen werden, daß alles, was passiert, durch Sie zustande kommt. Und vielleicht auch den Eindruck, als wäre überhaupt nichts Besonderes passiert. Doch das können Sie erst danach beurteilen, und so lassen Sie sich überraschen, wie Sie sich entspannen werden. Im Moment mögen Sie bereits etwas entspannt sein, aber ich bezweifle, daß Sie all die kleinen, feinen Veränderungen wahrnehmen, die sich da abspielen. Und doch sind es gerade diese winzig kleinen Veränderungen, welche die Entspannung überhaupt ermöglichen.

Gut, und nun ... der wirklich beste Anfang für eine tiefe Entspannung ist, es sich ganz bequem zu machen ... so wie Sie da sitzen, ganz bequem. Ich möchte jetzt, daß Sie erleben, wie Sie sich durch einen einfachen, bewußten, tiefen Atemzug noch mehr entspannen. Versuchen Sie es ... einfach bewußt tief durchatmen. Vielleicht merken Sie schon, wie warm sich der Nacken und die Schultern dabei anfühlen ... Gut, und nun atmen Sie noch viermal tief ein ... und aus ... tief durchgeatmet, und während Sie ausatmen, merken Sie ... wie wohl sich die Schultern fühlen können, wenn sie sich so sanft auf- und nieder-wiegen ... und merken, wie wohl sich die Augen fühlen können, nachdem sie sich dazu entschlossen haben, sich ganz von alleine zu schließen, ganz von alleine ... und wenn es dann passiert ist, lassen Sie sie zu. Sie erleben alles ganz klar, und merken auch, während Sie ausatmen, wie die Ruhe und Entspannung sich zu senken beginnt ... wie Sie beginnen, sich in die Ruhe und Entspannung zu versenken ...

Gut, atmen Sie weiter bewußt, ruhig und regelmäßig, und nun möchte ich, daß Sie sich eine Treppe vorstellen – eine Treppe, die Ihnen gefällt, so, wie sie Ihnen einfällt. Die Treppe hat 20 Stufen, und Sie stehen am Anfang, vor der ersten Stufe. Fast alle Menschen finden Treppen, welche abwärts führen. Wenn aber Ihre Treppe anders ist, braucht es Sie nicht zu verwirren. Sie werden dann dem, was ich sage, das entnehmen, was Sie brauchen, um weiter zu kommen, um sich noch mehr und noch tiefer zu entspannen. Ich weiß nicht, ob Sie die ganze Treppe sehen oder nur einen Teil davon, doch es spielt keine Rolle, denn Sie wissen, daß die Treppe 20 Stufen hat. Und ich werde gleich anfangen, von 1 bis 20 zu zählen, und – wie Sie wohl schon geahnt haben – Sie werden mit jeder Zahl weiter kommen, mit jeder Zahl eine Stufe tiefer gehen, je höher die Zahl, desto weniger Stufen noch bis 20. Während ich zähle, brauchen Sie nichts anderes zu tun als zu erfahren, wie Sie sich mit jeder Stufe noch mehr entspannen ... nicht beurteilen und überprüfen, sondern einfach spüren und merken ...

Ich fange jetzt an. Sie stehen am Anfang Ihrer Treppe ... 1 – eine

Stufe tiefer ... mit dem nächsten Schritt ... 2 – auf der zweiten Stufe, zwei Stufen tiefer ... 3 – und indem Sie nun Ihren Körper noch stärker empfinden, merken Sie wahrscheinlich, daß er noch nicht vollständig entspannt ist ... vielleicht fühlen sich die Schultern gelöster als der Nacken an ... die Beine gelöster als die Arme ... aber das ist nebensächlich ... einfach alles erleben, wie Sie es erleben können ... 4 – und nun lösen sich vielleicht wirklich alle Teile Ihres Körpers ... ich weiß nicht, ob Sie schon diese angenehme, wohltuende, friedliche, sanfte Schwere hinter der Stirn bemerkt haben ... sie wird mit jedem Atemzug größer und größer ... dann beginnt sie, nach unten zu fließen, wie ein Strom ... über die Augen, über das Gesicht, über die Lippen, in den Mund herein, und weiter nach unten, in den Körper ... ruhig und angenehm schwer ... 5 – ein Viertel des Weges, und Sie haben nun wohl auch begonnen, Ihre Entspannung richtig zu genießen, indem Sie alles geschehen lassen ... 6 – vielleicht merken Sie jetzt, daß all das, was Sie sonst gestört hätte, was Sie möglicherweise noch kurz zuvor gestört hat, irgendwie anders, weniger, ferner geworden ist ... daß alle Geräusche, die Sie hören können, irgendwie zu Ihrer Ruhe und Entspannung gehören, sie noch vertiefen ... alles, was Sie merken, gehört zu Ihrem Erlebnis von Ruhe und Entspannung ... 7 – der Weg führt weiter ... vielleicht fällt Ihnen auf, daß die wohltuende Schwere noch weiter fließt ... weiter strömt ... durch die Schultern in die Arme hinein ... es kann sein, daß sich dabei der eine Arm schwerer als der andere anfühlt ... oder auch nicht, vielleicht fühlen sie sich beide gleich an ... angenehm schwer ... vielleicht so schwer, daß Sie sie kaum noch spüren ... nicht mehr spüren ... ganz schwerelos ... oder doch anders, ich weiß es nicht, und es ist wirklich nur eine Nebensache ... 8 – acht Stufen weiter, und es mag gut sein, daß Sie irgendwo in Ihrem Körper ein leises Kribbeln, ein leises Prickeln empfinden oder es wundert Sie, daß die Augenlider vor lauter Schwere ganz sachte vibrieren können ... 9 – der Atem ruhig und regelmäßig, wie der ewige Wechsel von Gezeiten ... die Entspannung durchdringt Ihr gesamtes Wesen, jede einzelne Körperzelle nimmt die Ruhe auf ... 10 – der halbe Weg ... Sie wundern sich vielleicht, was noch geschehen mag, ob überhaupt etwas geschieht ... und doch wissen Sie, daß es alles eigentlich vollkommen belanglos ist, keine Rolle spielt, ob und was geschieht, während die Entspannung weiter wächst, Sie fühlen sich dabei einfach wohl ... 11 – es ist jetzt nicht mehr nötig, sich von außen stören zu lassen, Sie lassen sich weiter in die Entspannung gleiten, gehen zu sich selbst, und was von draußen kommt, kann an Ihnen vorbeiziehen, wieder hinausgehen ... 12 – ich weiß nicht, ob Sie überhaupt merken, wie einfach Sie meine Stimme wahrnehmen können, auch wenn sich Ihr Bewußtes mit anderen Dingen beschäftigen mag ... 13 – dreizehn Stufen nach unten gekommen, und das Wohlgefühl der Ruhe und Entspannung nimmt noch zu ... 14 – Sie brauchen nicht einmal auf Ihren Körper zu achten, der Stuhl stützt ihn sicher, es ist angenehm warm darin ... sicher ... geborgen ... 15 – drei Viertel des Weges vorbei ... tiefer und tiefer entspannt ... nichts tun müssen ... einfach genießen ... 16 – vielleicht wundern Sie sich, was am Ende der Treppe kommt ... und doch lassen Sie sich überraschen, es von alleine kommen ... nichts stört Sie dabei ... 17 – die Empfindungen mögen noch stärker geworden sein ... die Schwere ... oder die Schwerelosigkeit ... die Ruhe ... das Strömen ... der Friede ... das Pulsieren ... die Entspannung ... noch tiefer ... 18 – zwei Stufen vom Ende getrennt, wo alles eigentlich erst beginnt, sich einfach überraschen lassen ... 19 – und es genießen, unterwegs zu sein, auf dem Wege zu sich selbst ... 20 – tief entspannt, wunderbar entspannt, mit jedem Atemzug die Ruhe und die Kraft schöpfen, die Sie benötigen, um von da aus, wo Sie sich jetzt gefunden haben, zu beginnen ...

Rückführung

▶ Gut, ich werde jetzt gleich anfangen, von 20 bis 1 zu zählen. Sie werden mit jeder Zahl einen Schritt zurückkommen, in den Alltag zurück. Ich möchte, daß Sie den Rückweg genauso bewußt erleben wie den Weg in die Trance. Sie werden dafür genug Zeit haben, während ich langsam rückwärts zähle. Und nachdem Sie zurückgekommen sind, werden Sie all das mitgebracht haben, was Sie jetzt mitbringen dürfen. Ich weiß nicht, was es genau sein wird, aber Sie werden auf jeden Fall Ihre Ruhe, innere Kraft und geistige Wachheit und Frische mitbringen. Sie werden sich danach wohlfühlen. Da Sie den Weg jetzt noch einmal so bewußt erleben werden, wird es Ihnen bei jeder Wiederholung sehr leicht fallen, den Einstieg in Ihre Trance zu finden. Immer dann, wenn Sie es wollen, werden Sie es sich bequem machen, die Augen schließen, den Atem bewußt erleben und einer Stimme erlauben, für Sie und mit Ihnen von 1 bis 20 zu zählen. Bei 20 werden Sie dann tief entspannt sein, gleich oder sogar noch tiefer als jetzt. Doch nun führt der Weg wieder zurück, und Sie fühlen sich weiterhin wohl, innerlich stark und ausgeglichen, und sind geistig frisch und voll da. So werden Sie sich auch gleich wieder im Alltag fühlen. Mit jeder Zahl einen Schritt zurück, bei 5 werden die Augen beginnen, sich zu öffnen, und bei 1 werden Sie voll da sein, in dem Zustand des normalen Bewußtseins.

Und nun fange ich an: 20 – 19 – 18 – 17 – 16 – 15 – 14 – 13 – 12 – 11 – 10 – der halbe Weg – 9 – 8 – 7 – 6 – 5 – die Augen beginnen, sich zu öffnen – 4 – 3 – 2 – 1. Sie sind wieder voll da, wenn auch etwas anders als zuvor. . . . Wie fühlen Sie sich?

Schwierigkeiten

Etwaige psychosomatische Störungen, die während der Trance unbeabsichtigt aktiviert wurden, werden wie bei direkter Hypnose angegangen, das heißt in wiederholter Trance wegsuggeriert.

Besondere Schwierigkeiten treten zuweilen im Zusammenhang mit der Vertiefung auf, welche hier mittels der Vorstellung einer Treppe mit 20 Stufen eingeleitet wird. Auch wenn die Richtung nach unten die häufigere ist, der Klient also eine Treppe erlebt, welche ihn mit jeder Stufe immer tiefer bringt, kommt es doch oft genug vor, daß die Treppe nach oben führt. Als Außenstehender werden Sie dies jedoch erst nach der Rückführung erfahren. In solchen Fällen kommt die Person meist nicht weiter, weil ihr

Konzept nicht mit dem von Ihnen übereinstimmt. In diesem Übungstext wird zwar versucht, diese Situation vorwegzunehmen – aber die beste Lösung bleibt dennoch eine Korrektur Ihrer Anweisung für die nächste Sitzung, nachdem Sie sich mit dem Klienten über seine Wünsche bezüglich der Vertiefungsmethode unterhalten haben.

Hypnose in der Gruppe

Wenn Sie in der Einzelarbeit genügend Sicherheit gewonnen haben, können Sie die beiden Hypnoseverfahren mit geringfügigen Veränderungen auch in einer Gruppe einsetzen. Die Gruppengröße ist theoretisch unbegrenzt; praktisch wird sie freilich von der Beschaffenheit des Raumes (Größe, Einrichtung, Akustik) diktiert.

Bei der *direkten* Methode besteht die Abwandlung zunächst in der Erweiterung um Suggestionen, die sich auf den Augenschluß beziehen:

▶ Während Sie mir zuhören, erleben Sie, daß Sie sich immer tiefer und tiefer entspannen, und daß Ihre Augen immer schwerer werden und sich immer mehr schließen, aber nicht alle Menschen erleben es gleich stark, wie Sie wissen. Bei dem einen fallen die Augen früher zu als bei dem anderen. Wenn es so weit ist, daß sich Ihre Augen schließen wollen, lassen Sie es einfach geschehen. Einfach alles geschehen lassen. Es wird Ihnen wahrscheinlich auffallen, daß ich auch weiterhin oft vom Schließen der Augen spreche. Wenn sich Ihre Augen geschlossen haben, brauchen Sie diese Suggestionen nicht mehr zu beachten. Die Suggestionen zum Schließen der Augen gelten dann für die anderen hier. Sie werden in der Lage sein, diese Schwere einfach auf den übrigen Körper zu übertragen, und sich dabei weiter entspannen, immer tiefer und tiefer in die Trance gehen.

Diese Suggestionen lassen Sie zwischen *A 2* und *A 3* einfließen. Außerdem arbeiten Sie bei der Gruppenhypnose nur mit dem A-Teil. Zusätzlich müssen noch die letzten Anweisungen in *A 6* verändert werden. Der Wortlaut ist dann:

▶ Die Augen haben sich nun wohl geschlossen, und wenn sie noch offen sind, würden sie sich in Kürze auch von alleine schließen. Aber Sie brauchen sich nun nicht mehr anzustrengen. Auch wenn sich Ihre Augen bis jetzt nicht völlig geschlossen haben, haben Sie sich doch gut auf das Ziel konzentriert und sind dabei gelöst, entspannt und körperlich müde geworden. Jetzt können Sie die Augen einfach schließen. Genau, die Augen sind nun ganz und gar geschlossen. Bewußt die Augen geschlossen.

Bei der *indirekten* Methode brauchen Sie im Prinzip keine Veränderungen mehr vorzunehmen. Von Vorteil mag es allerdings sein, auf die Vorstellung der Treppe noch ausführlicher einzugehen, indem Sie verschiedene Treppen im Detail beschreiben (eine Wendeltreppe – gerade – gewunden; aus: Stein – Holz – Eisen; das Geländer: fest – Tau oder Seil – nicht sichtbar; usw.). Einige Personen finden eine Treppe, die zu irgendeinem Zeitpunkt immer steiler wird, und kriegen es dann häufig mit der Angst zu tun. Eine gute Abhilfe ist es, den Gruppenteilnehmern zu Beginn und nach der Mitte der Vertiefung zu vergegenwärtigen, daß sie selbst ihre Treppe ausgesucht und bestimmt haben, daß sie ausreichend Zeit dazu haben, auf der Treppe innezuhalten, um sich in aller Ruhe umzusehen und auf die weiteren Schritte vorzubereiten, und daß die Stufen immer breit genug sind und sicheren Halt bieten, wie auch das Geländer stets rechtzeitig greifbar da ist.

Ein Schema zum Strukturieren und Überdenken der ersten Hypnosesitzung

A. Tag, Beginn, Gesamtdauer

B. Einführungsgespräch
   - Einstellungen
   - Motivation
   - Erwartungen
   - Dauer

»Was wissen Sie über Hypnose?« – »Haben Sie es schon erlebt?«
»Warum wollen Sie denn jetzt mitmachen?«
»Was versprechen Sie sich davon?«
5 Minuten

C. Wachsuggestionen

Bezeichnung der Methode; Verhalten und Auffälligkeiten des Klienten

D. Induktion von Hypnose — wie bei C.

E. Vertiefung von Hypnose — wie bei C.

F. Rückführung aus Hypnose — wie bei C.

G. Rückmeldung des Klienten
   - spontan
   - erfragt

Bemerkungen (»war das schön!«) und Körperzeichen (abwesender Blick)
»Wie war es für Sie?« oder »Wie fühlen Sie sich jetzt?«

H. Fragen an mich selbst

- »Wie war die Einführung?« – zu kurz, zu lang, gutes Gefühl usw.
- »Wie war das Hypnotisieren für mich?« – »Gab es Momente von Unsicherheit?« – »Wann, worin begründet?« – »Gab es Momente von Rat- oder Hilflosigkeit?« – »Wie überwunden?« usw.
- »Gab es Momente, wo ich irgendwie eine innere Übereinstimmung mit dem anderen verspürte?« – »Empfand er/sie es auch so ähnlich?« (Frage indirekt nach) – »Läßt sich vielleicht die Wirkung dieses Augenblickes später verfolgen (z. B. als besonderer Therapieeffekt)?«

Ein Leitfaden durch die erste Hypnosesitzung

Auf der nächsten Seite finden Sie einen Leitfaden durch die erste Hypnosesitzung, den ich nach meinen Erfahrungen erstellt habe. Ich trug darin alle Fragen zusammen, die irgendwie von Interesse sein dürften. Deshalb auch die Fragen an mich selbst. Eine Bejahung der Fragestellung nach einer inneren Übereinstimmung zwischen mir und dem anderen bedeutet ein Vorhandensein des Rapportes: Vielleicht entdecken Sie im Laufe der Zeit ganz persönliche Gesetzmäßigkeiten, die Sie weiter nutzen und ausbauen wollen.

7 Induktionsverfahren

Im letzten Kapitel haben Sie zwei verschiedene Induktionstechniken kennengelernt. Nun gibt es eine beachtliche Anzahl solcher Verfahren, und es lohnt sich ganz gewiß, mehr als jene zwei zu beherrschen. Sie werden dadurch nämlich flexibel und können auf Ihr Gegenüber viel besser eingehen. So geschieht es z. B. nicht selten, daß man erst durch einen bewußt-spontanen Wechsel der Anweisungen einem bis dahin resistenten Klienten ein Trance-Erlebnis ermöglicht. Wahrscheinlich werden Sie mit der Zeit bestimmte Methoden bevorzugt einsetzen – aber Sie sollen darauf nicht angewiesen sein! Es geht ja nicht darum, die Menschen einer Methode anzupassen; vielmehr wollen Sie dem einzelnen den im Rahmen seiner Möglichkeiten besten Weg zur Entspannung und zu sich selbst zeigen.

Im folgenden will ich Ihnen einige bewährte, interessante und auch wenig bekannte Induktionen vorstellen. Sie sind alle in der offenen, permissiven Manier gehalten, die meinen persönlichen Vorstellungen von Hypnose entspricht. Falls Sie einen anderen Stil vertreten, wird es Ihnen sicher keine Schwierigkeiten bereiten, die Anweisungen auf Ihre Art und Weise wiederzugeben. Die Induktionen sollten wie die Wachsuggestionen eingeübt, das heißt, nicht vom Blatt abgelesen werden. Für den, der noch mehr davon lernen möchte, ist vor allem Weitzenhoffers *General Techniques of Hypnotism* (1957) eine wahre Fundgrube.

Hand- oder Armlevitation

Stichworte für den Aufbau der Induktion sind die Position der Hände, die Fixierung der Augen auf die Hände, die gesteigerte Körperwahrnehmung insbesondere einer Hand, die Empfindung von Leichtigkeit oder Schwerelosigkeit der Hand, das unwillkürliche Hochsteigen der Hand oder des Armes und die Berührung des Gesichtes mit der Hand.

Die Hand- oder Armlevitation läuft etwa folgendermaßen ab (frei nach Wolberg, 1948):

▶ Machen Sie es sich (in dem Sessel, auf dem Stuhl) ganz bequem. ... Und nun legen Sie bitte Ihre Hände mit den Handflächen nach unten auf die Oberschenkel ... gut ... und konzentrieren sich auf sie. Ihre Aufmerksamkeit fließt dabei in die Hände, so wie der Atem fließt, ganz natürlich, unaufhörlich, wenn Sie einmal begonnen haben ... Sie stellen sich innerlich immer stärker auf Ihre Hände ein und merken immer deutlicher all die Dinge, die sonst auch geschehen, wenn man sich entspannt, wenn man sich löst ... nur achtet man nicht so darauf, wie Sie es jetzt tun. Deshalb können Sie jetzt auch den Kleiderstoff mit der Handfläche ganz deutlich spüren ... die Wärme zwischen dem Oberschenkel und der Hand empfinden ... und das natürliche Gewicht der Hand, wenn Sie es überhaupt als Gewicht empfinden. Sie sitzen einfach da, entspannen sich und konzentrieren sich dabei auf die Hand. Auf einmal fällt Ihnen dann auf, daß zu den Empfindungen in der Hand auch die Empfindung von Bewegung gehört ... lassen Sie sich Zeit, lassen Sie sich überraschen, ob Ihnen die Leichtigkeit, mit der die Bewegung geschieht, die Leichtigkeit der Hand zuerst in einem Finger oder im Handrücken oder im Handgelenk besonders bewußt ist. Es ist nicht mehr wichtig, ob die Augen noch offen sind ... oder sich schließen, das spielt jetzt keine Rolle mehr. Sie konzentrieren sich trotzdem weiter auf die Hand und nehmen immer stärker wahr, wie sie von sich aus ... usw.

Wie bei der Wachsuggestion zur Hand- oder Armlevitation greifen Sie nun alle Muskelzuckungen der Hände auf und deuten und verstärken sie als Leichtigkeit, aus der das Hochsteigen der Hand oder des Armes resultiert. Das Ziel ist es, eine Berührung des Gesichtes durch eine Hand zu erreichen. Das gilt hier als der Zeitpunkt, von dem an sich der Klient in geeigneter hypnotischer Trance befindet.

Einige Kunstgriffe, richtig angewendet, beschleunigen den Vorgang. Einmal können Sie sich die schlichte Tatsache zunutze machen, daß der Körper beim Einatmen leichter erlebt wird als beim Ausatmen. Von den Schultern ausgehend, wird das Gefühl von Leichtigkeit weiter an die Hände vermittelt. Also brauchen Sie während der Induktion lediglich den Atemrhythmus des Klienten zu beobachten und alle Suggestionen von Leichtigkeit oder Schwerelosigkeit auf die Einatmungsphase abzustimmen. Des weiteren können Sie jederzeit die Vorstellung eines Luftballons einbringen, der mit leichtem Gas gefüllt und an einem Finger oder am Handgelenk befestigt ist. Schließlich ist es gut möglich, die bereits sichtbare Bewegung der Hand durch körperliche Unterstützung rasch zum erfolgreichen Ende zu bringen: Sie fassen den (verbal darauf vorbereiteten) Klienten mit dem Daumen und dem Zeige- oder Mittelfinger am Handgelenk und ziehen die Hand sanft 10–20 cm mit. Dann lassen Sie los, während die Dynamik der Bewegung in seiner Hand üblicherweise aufrechterhalten bleibt. Oder Sie drücken sachte mit einer oder zwei Fingerspitzen von unten gegen den Handteller oder die Fingerspitzen, bis die Hand Ihre Geschwindigkeit übernommen hat.

Wenn der Klient den Kopf zurückgelehnt hat, kann die Hand sein Gesicht nicht erreichen, ohne daß der Arm hochgehoben wird. Sprechen Sie deshalb im geeigneten Moment das Loslösen des Ellbogens von der Unterlage an. Auch da können Sie mit Körperkontakt nachhelfen.

In der letzten Phase der Induktion, kurz bevor die Hand das Gesicht berührt, sagen Sie:

▶ Die Hand wird gleich Ihr Gesicht berühren, und in diesem Augenblick werden Sie erleben, daß Sie Ihre Trance eine ganze Stufe intensiver und tiefer erleben als bisher. Was die Hand danach macht, spielt keine Rolle mehr. Sie kann oben bleiben oder zum Oberschenkel zurückkehren. Sie kann sich auch eine andere Lage aussuchen. Sie brauchen nur auf den ersten Augenblick der Berührung zu achten, Sie werden es gleich erleben.

Der Gedanke der Progressiven Muskelentspannung liegt der Variante von Kroger (1977) zugrunde. Dabei wird davon ausgegangen, daß aus hinreichend großer bewußter Anspannung durch simples Loslassen Entspannung wird. Kroger leitet den Klienten an, mit flachen Händen (Handfläche nach unten) ganz fest gegen die Oberschenkel zu drücken, als gälte es, die Füße und die Knie durch den Boden zu stoßen. Gleichzeitig wird der Klient angehalten, insbesondere auf die Verspannung der Hände und der Finger zu achten. Nach der Anlaufphase überläßt er es dem Klienten selbst, wann er mit dem Pressen aufhören will, um Entspannung zu spüren:

▶ . . . Sie wissen, daß wenn Sie dann loslassen, die Verspannung verschwindet und von einer wohligen, schwerelosen Entspannung abgelöst wird. Vor allem aus den Händen verschwindet der Druck schlagartig, wenn Sie loslassen. Keine stumpfe Schwere mehr, sondern lockere Leichtigkeit, die Sie vielleicht ganz besonders in einer der beiden Hände spüren. Egal welche der Hände, die rechte oder die linke, sie wird gleich darauf beginnen . . . usw.

Wenn Sie sich einmal dafür entschieden haben, mit der Hand- oder Armlevitation zu arbeiten, müssen Sie auf jeden Fall Geduld mitbringen. Es ist keine Seltenheit, daß in den ersten 5 oder 15 Minuten überhaupt nichts passiert und die Hände wie versteinert auf den Oberschenkeln liegen.

Wiederholte Bewegung

Hierbei geht es um eine Methode, die sich vor allem in der Arbeit mit hypnoseresistenten Patienten bewährt hat (Meares, 1960a). Das Verfahren wird im Liegen oder im Sitzen praktiziert. Zunächst soll der Klient sich mit ganz allgemein gehaltenen Entspannungsinstruktionen lockern. Direkte Anweisungen zum Augenschluß werden nicht gegeben, doch ist es so, daß die meisten Menschen die Augen von sich aus schließen. Dann sagen Sie dem Klienten, während Sie etwas später sein Handgelenk sachte umfassen:

▶ Sie fühlen sich wohl und sind ganz entspannt. Alles andere ist jetzt unwichtig. Sie können loslassen und lassen sich jetzt auch einfach gehen, tragen, treiben . . . Sich so vollkommen loslassen, daß Sie sich um den Körper nicht mehr kümmern müssen, ihn sich selbst überlassen. Und er funktioniert weiter bestens . . . ohne jede bewußte Aufsicht . . . ganz automatisch.
(Die Instruktionen werden einige Male variiert wiederholt.) Ich fasse Sie jetzt beim Handgelenk und halte Ihre Hand hoch. Es ist alles in Ordnung. Es braucht Sie auch nicht zu stören, wo Sie nun ganz ruhig und entspannt sind und sich wohlfühlen.

Der Unterarm wird vertikal ausbalanciert, der Ellbogen bleibt auf der Unterlage. Dann beginnen Sie, den Unterarm langsam vor und zurück zu bewegen und synchron dazu monoton zu sprechen:

▶ Der Arm geht vor und zurück, vor und zurück, alles andere ist unwesentlich, vor und zurück, der Körper ganz automatisch, vor und zurück, immer weiter und weiter, vor und zurück, immer mehr und mehr, vor und zurück, ganz von alleine, vor und zurück usw.

Wenn Sie spüren, daß sich sein Arm von alleine bewegt, nehmen Sie allmählich die eigene Hand von seinem Handgelenk weg. Dabei können sie auch Ihre Hand langsam bis zum Ellbogen hinabgleiten lassen, um den Körperkontakt zu bewahren, oder Ihre Hand so halten, daß der Arm des Klienten bei jedem Ausschlag daran vorbeistreift. Das alles trägt unter Umständen dazu bei, die automatische Bewegung zu stabilisieren.
Eine Abwandlung des Schwingens ist das Rotieren. Dabei wird der Unterarm zum Kreisen gebracht. Die Situation braucht nur minimal verändert zu werden. Aus dem Ruhepunkt heraus ziehen Sie mit der Hand des Klienten spiralenartig Kreise, bis die

Bewegung deutlich genug ist und dann auch selbständig geschieht. Ersetzen Sie in Ihrer Anweisung »vor und zurück« durch »im Kreis herum« oder »ringsherum«.

Wenn Sie die automatische, wiederholte Bewegung nur als eine Phase der Sitzung ansehen, werden Sie veranlassen, daß sie spätestens mit der Vertiefung der Trance zu Ende geht, wobei sich die Hand meistens wieder zurücklegt. Andernfalls bleibt sie durch die gesamte Sitzung hindurch aufrechterhalten. Über eine sinnvolle Nutzung der Bewegung selbst für die Vertiefung erfahren Sie mehr im Kapitel 8.

Umgekehrte Handlevitation

Die Umgekehrte Handlevitation, entwickelt von Sacerdote (1970, 1978, 1981), gehört zu den sogenannten Schnellinduktionen. Bei diesen Verfahren wird die hypnotische Trance bereits in 1 bis 2 Minuten eingeleitet – gegenüber den üblichen Induktionen ein beachtlicher Vorteil, da man dadurch mehr Zeit für die Therapie oder das Experiment gewinnt. Speziell für die Umgekehrte Handlevitation gilt, daß sie – im Unterschied z. B. zur Armkatalepsie, die ebenfalls zu den Schnellinduktionen gehört – kein so hohes Maß an Erfahrung und Zuversicht erfordert, so daß sie schon mit Grundkenntnissen in der Handhabung von Hypnose benutzt werden kann.

Der Klient sitzt bequem in einem Sessel mit Kopf- und Armstützen, er lehnt seinen Kopf zurück und soll von nun an auf eine Hand schauen. Der Unterarm ruht auf der Armstütze. Sie sitzen daneben.

▶ Sie schauen jetzt einfach auf Ihre Hand . . . und ich hebe nun mit meinen Fingern die Hand hoch . . . während Sie alles mitbekommen . . .

(Gleichzeitig schieben Sie den Zeige- und Mittelfinger unter sein Handgelenk und heben die Hand und den Unterarm hoch; der Ellbogen ruht auf der Armstütze.)

Sie brauchen dabei gar nichts zu tun, nichts zu halten, Sie erleben einfach, wie meine Hand Ihre Hand stützt, und lassen sich überraschen . . . der Atem ruhig und gleichmäßig . . .

(Die Endstellung des Unterarmes variiert zwischen 30–60 Winkelgraden, die Hand soll gelöst sein – das spüren Sie am Handgelenk. Gegebenenfalls fahren Sie einmal leicht mit Ihrer freien Hand über seinen Handrücken und Finger, dies auch um seine Aufmerksamkeit noch stärker auf und in die Hand zu leiten. Außerdem bewegen Sie – für den Klienten kaum merkbar – seine Hand im Rhythmus seiner Atemzüge, mit der Einatmung nach oben und mit der Ausatmung nach unten. Der objektiv meßbare Ausschlag wird etwa 1 cm betragen.)

. . . und irgendwann werden Sie den Punkt erreicht haben, wo Sie die Hand nicht mehr mit den Augen aufnehmen müssen, weil sie die anderen, inneren Sinne noch besser erfassen . . . dann schließen sich die Augen ganz normal, und Sie können sich noch besser auf die Hand einstellen . . .

(Nun geben Sie weitere Suggestionen, die zur Leichtigkeit und zum Schweben der Hand führen sollen; oder aber Sie konzentrieren sich wortlos auf die Hand und den Atemrhythmus. Oft haben Sie auch keine Zeit mehr für solche Suggestionen, weil sich die Hand schon auf die Leichtigkeit – zuweilen gar über eine Schwere – spürbar eingestellt hat. Das ist dann der Augenblick, in dem Sie Ihre Finger sanft von dem Handgelenk des Klienten lösen sollen.)

Gleich ziehe ich meine Finger weg, und Sie lassen weiter alles geschehen, lassen sich überraschen, wo die Hand bleibt . . . die Augen jetzt ganz normal geschlossen . . . und im selben Moment, wenn Sie meine Finger nicht mehr spüren, lassen Sie den Kopf einfach zurückrollen, zur Mitte hin, finden die Mitte, die eigene Mitte, in der Trance . . .

(Ihre Finger haben sich nun gelöst.)

. . . tief entspannt.

Eine zusätzliche Hilfestellung zu Beginn der Induktion besteht darin, daß Sie dem Klienten erzählen, er könne seine Hand durch die Augen eines Künstlers betrachten und darin eine Vielfalt an Empfindungen entdecken.

Armkatalepsie

Bei der Armkatalepsie handelt es sich um eine Schnellinduktion, die für Anfänger nicht geeignet ist. Entwickelt wurde die Methode von Hartland, der sie aber nicht schriftlich niedergelegt hat. Meine Beschreibung folgt daher einem Bericht (Matheson und Grehan, 1979), den ich in modifizierter Form wiedergebe: Sie befinden sich seitlich von dem sitzenden Klienten, der jetzt ausdrücklich weiß, daß alles nur mit seiner Einwilligung passieren kann und daß alles von alleine geschehen soll, also ohne ein bewußtes Zutun seinerseits. Sie haben sich außerdem davon überzeugt, daß der Arm, mit dem Sie arbeiten werden, nicht entzündet ist und schmerzt (z. B. wegen einer Arthritis oder Bursitis). Dann sagen Sie, in dem Sie das Gesagte gleichzeitig durchführen, dem Klienten:

▶ Ich hebe jetzt Ihren Arm hoch und halte ihn da, während Sie sich einfach darauf konzentrieren.
(Den ausgestreckten Arm heben Sie von unten mit einer oder mit beiden Händen in die Waagerechte und halten ihn in dieser Position. Bei Doppelgriff stützt eine Hand den Ellbogen, die andere das Handgelenk. Daraufhin sagen Sie:)
Schließen Sie bitte ganz normal die Augen und atmen Sie tief ein ... und aus ... und lassen Sie sich mit jedem Atemzug immer weiter gehen ... treiben ... schweben ... los ...
(Beim Einatmen drücken Sie den Arm leicht nach oben und beim Ausatmen gehen Sie mit dem Arm nach unten. Bereits nach einigen wenigen Atemzügen können Sie spüren, welche Tendenz in dem Arm des Klienten vorherrscht. Ist es Katalepsie, das heißt wird der Arm immer leichter oder schwereloser, betonen Sie die Leichtigkeit des Armes mit jeder Einatmung. Bei einer – viel

seltener auftretenden – Armschwere assoziieren Sie diese Empfindung mit der Ausatmung. Wenn Sie sich sicher genug darüber sind, was nun mit dem Arm ohne Ihren Halt passieren wird, kündigen Sie bei *Armkatalepsie* an:)

Ich lasse Ihren Arm gleich los, und im selben Augenblick, wo Sie die Berührung meiner Finger nicht mehr spüren, erleben Sie, wie Sie eine ganze Stufe weitergekommen sind in Ihrer Trance . . .

(Bei *Armschwere* sagen Sie:)

Ich lasse Ihren Arm gleich los, und im selben Augenblick, wo der Arm Ihren Körper oder eine Unterlage berührt, sind Sie in Ihrer Trance eine Stufe tiefer gekommen . . .

(Das Loslassen geschieht in der jeweils geeigneten Atemphase.)

Induktion mit einer Münze

In der hier vorgestellten Variante (Crasilneck und Hall, 1975) setzt der Klient sich in einen Lehnstuhl und hält den Oberkörper aufrecht. Dann lassen Sie ihn den dominanten Arm ausstrecken und in die Horizontale bringen, wobei die offene Hand nach oben zeigt. Auf die äußere Handkante legen Sie ihm eine Münze (z. B. 50 Pfennig):

▶ Sie atmen weiter ruhig . . . regelmäßig . . . und konzentrieren sich dabei mit allen Sinnen auf die Münze. Ich werde gleich beginnen zu zählen, und dabei wird Ihre Hand anfangen sich zu drehen . . . aus der Waagerechten in die Schräge und weiter in die Senkrechte, so weit Sie kommen müssen . . . und die Münze wird herunterfallen . . . der Zug in der Hand wird immer stärker. Wenn die Münze herunterfällt . . . spätestens dann, schließen sich Ihre Augen, und Sie entspannen sich ganz tief . . . ganz gelöst und tief entspannt . . . in Ihrer Trance . . . vor allem der Arm wird sich schlagartig lösen . . . wie sich ein schweres Gewicht fallen läßt . . . schwer und entspannt . . . der ganze Körper gelöst und entspannt. Gut, und so fange ich jetzt an zu zählen . . . die Münze

82

rutscht gleich ab ... und Sie sind bei sich selbst, in Ihrer Trance ...

Falls bis zu diesem Zeitpunkt die Münze noch nicht abgerutscht ist, beginnen Sie tatsächlich, ohne Vorgabe einer bestimmten Endzahl, von 1 an zu zählen. Gleichzeitig sprechen Sie von immer größerer Drehung der Hand.

In einer anderen Version (Kroger, 1977) befindet der Klient sich in der gleichen Körperlage, er soll jedoch seine Augen bewußt schließen. Die konkreten Anweisungen lauten hier:

▶ Ich lege Ihnen jetzt eine Münze in die Hand und Sie halten sie ganz fest ... genau, Hand zur Faust geballt, und die Münze fest darin. Der Arm kann sich wieder in die gewohnte Lage zurück-drehen, so daß jetzt der Handrücken oben ist. Ich beginne gleich, von 1 bis 10 zu zählen, und spätestens bei 10 wird die Münze auf den Boden fallen. Im selben Augenblick, wo Sie den Klang des Aufschlages gehört haben, löst sich jede Anstrengung auf, und Sie finden sich in Ihrer Trance.

Gut ... und nun ... schließen Sie bitte Ihre Augen. Machen Sie die Augen ganz bewußt zu. Jetzt können Sie sich noch besser auf das Gefühl in Ihrer Hand konzentrieren und auf das, was ich Ihnen erzähle. Wenn die Münze fällt, lassen Sie sich einfach fallen ... und von dem Klang forttragen. Und ich fange jetzt an zu zählen:

1 – Die Augen sind geschlossen, auch die Finger halten noch fest zusammen. 2 – Doch gleich können Sie merken, wie die Span-nung in den Fingern nachzulassen beginnt, während die Augenli-der immer fester zusammenkleben. 3 – Oft löst sich zunächst nur ein Finger, und die anderen folgen dann. Angenehm ruhig, entspannt und gelöst. 4 – Vor allem die Finger gelöst, und die Augenlider kleben noch fester zusammen, noch fester. 5 – Sobald die Münze fällt, bleiben die Augen fest zu, und Sie sind in Ihrer Trance ... usw.

(Wenn vor 10 kein Fallen der Münze erfolgt, reagieren Sie sofort:)

10 – Öffnen Sie einfach die Hand. Finger ganz gelöst. Die Augen sind zu, und Sie spüren die Ruhe und Entspannung, die Sie jetzt bei sich gefunden haben. Was die Hand tut, das ist nun unwesentlich ... ruhig und entspannt, Sie fühlen sich wohl.

Fingerlösen

Eine Verbindung normaler physiologischer Reaktionen mit Suggestionen zu hypnotischer Induktion (ähnlich wie der Kohnstamm-Test bei Wachsuggestionen) stellt die Methode des Fingerlösens von Chiasson (1973) dar. Der Klient soll eine Hand etwa 30 cm von seinem Gesicht entfernt halten. Die Handfläche ist auswärts gedreht, die Finger sind gestreckt und werden zusammengehalten. Die Tendenz der Finger, sich in dieser Lage voneinander zu lösen, wird mit den Worten kommentiert:

▶ Sie verspüren gleich eine Kraft in Ihren Fingern, die sie auseinander drängt. Sobald sich einer der Finger von den anderen gelöst hat, löst sich Ihr Blick von den Fingern ... die Augen schließen sich, und Sie haben in Ihre Trance gefunden.

Vertieft wird die Hypnose durch eine Handlevitation, bei der das Gesicht berührt wird. Es hilft dabei sehr, dem Klienten zu sagen: »Mit jeder Ausatmung kommt die Hand noch ein Stück näher auf das Gesicht zu.«
Hierbei wird erneut eine ganz natürliche Begebenheit genützt, denn in dieser Lage gehalten, bewegt sich die Hand auf jeden Fall so, wie Sie es jetzt suggerieren. Bei jeder Ausatmung erlebt man ganz zwangsläufig eine gewisse Annäherung der Hand an das Gesicht.

Induktion mit Metronom und Pendel

Das Metronom wird so postiert, daß der Klient das Klicken nicht als störend empfindet (gegebenenfalls sperren Sie das Gerät im Schrank ein). Der Takt liegt bei 60 Schlägen pro Minute. Wenn Sie bei der Induktion lediglich die akustische Komponente nutzen wollen, müssen Sie das Metronom außerhalb der Sichtweite des Klienten aufstellen.

Der Klient kann sitzen oder liegen. Er soll vor sich schauen und sich auf eine Stelle konzentrieren, die ihm zusagt. Dann instruieren Sie ihn, daß mit jedem Taktschlag seine Augen immer schwerer werden, bis sie bald von alleine zufallen werden. Er selbst werde sich dabei wunderbar entspannen, vor allem nachdem sich seine Augen schließen konnten. Auch könne er sich vorstellen, daß der Taktgeber spreche. Nach dieser Einführung sagen Sie im Takt des Metronoms etwa folgendermaßen:

▶ Ganz – ruhig / ganz ent – spannt / Augen – zu / tief ent – spannt /
  1 – 2 / 1   – 2 / 1 – 2/ 1 –2   /
völlig ge – löst / ganz – ruhig / Sie fühlen sich – wohl / Augen
  1   – 2 / 1 – 2 / 1   – 2 / 1
– schwer   / ganz – ....   usw.
– 2   / 1 –

Ihre Anweisungen wiederholen Sie so lange, bis sich die Augen des Klienten geschlossen haben.

Mit einem Pendel, etwas oberhalb der Augen des Klienten gehalten und langsam seitlich hin und her geschwungen, erreichen Sie die gleiche Wirkung wie mit dem Metronom. Der Text muß lediglich an den Stellen verändert werden, wo Sie beim Metronom von akustischen Signalen (»mit jedem Klicken werden die Augen schwerer usw.«) sprechen; beim Pendel weisen Sie auf die einzelnen Ausschläge hin. Die Augen sollen den Lauf des Pendels unentwegt verfolgen, bis sie sich schließen.

Eine Kombination beider Verfahren ist dann gegeben, wenn Sie das Metronom für den Klienten sichtbar aufstellen und ihn direkt anweisen, der Bewegung des Metronomarmes mit den Augen zu folgen.

Zählmethoden

Die Zählmethoden sind recht sichere und zuverlässige Verfahren. Sie werden auch zur Vertiefung (Kapitel 8) und bei der Rückführung aus der Hypnose (Kapitel 9) eingesetzt. Die drei hier vorgestellten Techniken unterscheiden sich voneinander im Prinzip nur in der Wahl der Zahlenreihen; alle drei arbeiten auf dasselbe Ziel hin, den unwillkürlichen Augenschluß, der als Beginn der hypnotischen Trance verstanden wird.

Als »Augenfixierung mit Ablenkung« hat Hartland (1971) seine Methode bezeichnet. Der Klient wird gebeten, von 300 ab lautlos rückwärts zu zählen. Er soll langsam und rhythmisch so lange zählen, bis der Therapeut ihm sagt, es sei genug und er könne damit aufhören. Dabei ist es nicht wichtig, genau zu zählen. Wenn der Klient z. B. 277 findet und danach 275, soll er sich um den Fehler nicht kümmern, sondern mit 274 das Zählen fortsetzen. Das Wichtigste ist, gleichmäßig und monoton zu zählen, so wie ein Metronom den Takt schlägt.

Falls der Klient zu jenen Ausnahmen gehört, die gleichzeitig zählen und andere Gedanken haben können, soll er konstant die Zahl 7 substrahieren (300 – 293 – 286 – 279 . . .).

Das Zählen hat den Sinn, das bewußte Nachdenken über sich selbst und über die Situation so weit abzulenken, daß bestimmte unwillkürliche oder unbewußte Reaktionen (wie der Augenschluß) geschehen können. Der Therapeut sitzt dabei links von dem Klienten und hält ihm einen Bleistift so hoch vor die Augen, daß der Klient sich beim Hinschauen (Blickfixierung auf die Bleistiftspitze) anstrengen muß. Gleichzeitig leitet er ihn zum Zählen an. Während der Klient mit dem Zählen beschäftigt ist, wird ihm suggeriert, daß die Augen immer schwerer werden und wie dies passiert, bis sie sich endlich ganz von alleine schließen.

Bei einer anderen Zählmethode (entwickelt von Flower; siehe Arons, 1961), sitzt der Klient auf einem Stuhl und betrachtet eine leere Wand oder eine Tür. Sie befinden sich seitlich hinter ihm, so daß Sie sein Auge sehen:

▶ Lassen Sie ganz locker . . . ganz bequem . . . Sie fühlen sich wohl und betrachten die Wand (oder Tür) vor Ihnen, ohne etwas Bestimmtes finden zu müssen, einfach so, wie verträumt. Und ich werde gleich anfangen zu zählen. Sie werden bitte mit jeder Zahl Ihre Augen schließen und in den Pausen zwischen den Zahlen wieder öffnen. Ich zeige Ihnen, wie . . .

Sie stellen sich vor den Klienten und demonstrieren es. Sie zählen »1« und schließen die Augen für etwa eine Sekunde, dann öffnen Sie sie. Das Gleiche machen Sie bei »2«. Auch bei »3« schließen Sie ganz normal die Augen, aber beim Öffnen geben Sie vor, es würde nicht mehr so selbstverständlich gehen. Ihre Augen brauchen etwas länger, und die Augenlider flattern dabei stark. Dann kehren Sie zu Ihrem Platz zurück und fahren fort:

▶ Sie werden mit jeder Zahl die Augen schließen und sie in den Pausen zwischen den Zahlen öffnen, bis die Augenlider ganz schwer geworden sind. Es wird Ihnen schwerer und schwerer fallen, die Augen immer wieder von Neuem öffnen zu müssen, und so werden Sie sie sehr bald einfach zulassen. Und mit jedem Schließen der Augen wird sich auch der übrige Körper entspannen und lösen, bis die Augen von sich aus zubleiben und Sie tief entspannt sind.

Jetzt beginnen Sie, monoton, langsam und gleichmäßig von 1 bis 20 zu zählen. Sind die Augen bei 20 noch nicht geschlossen, fangen Sie ganz natürlich mit der nächsten Runde an, wieder bis 20. Wenn Sie auch nach der dritten Runde keinen Erfolg sehen, verändern Sie wie beiläufig Ihr Vorgehen und sagen dem Klienten, daß er nun seine Augen wie gewohnt schließen möchte, um sich noch weiter entspannen zu können.
Bei der Zählinduktion, die ich entwickelt habe, werden lediglich die Zahlen »1« und »2« verwendet. Der Therapeut sitzt wieder seitlich hinter dem Klienten. Mit dem Klienten wird vereinbart, daß die »1« das Zeichen zum Schließen der Augen ist und die »2« das Zeichen zum Öffnen der Augen. Der Klient soll alles bewußt tun und erleben; wenn er das Gefühl hat, es sei einfacher und angenehmer, die Augen fortan geschlossen zu lassen, soll er es

einfach tun. Indem Sie die Qualitäten der Atemphasen (Kapitel 8) berücksichtigen, beginnen Sie, die »1« beim Ausatmen und die »2« beim Einatmen des Klienten monoton vorzusprechen. In den Pausen zwischen den Zahlen streuen Sie all die Suggestionen ein, die Sie für wichtig halten – allen voran die Schwere der Augen.

▶ 1 – die Augen zu ... 2 – wieder auf ... 1 – ganz ruhig ... 2 – und auf ... 1 – ganz schwer ... 2 – auch wenn es ... 1 – so schwer fällt ... 2 – sie wieder zu öffnen ... usw.

Wenn Sie auf diese Weise etwas länger zählen und erzählen, passiert es ab und zu, daß Sie sich mit den Zahlen vertun, vielleicht zweimal hintereinander »1« sagen. Das ist nicht tragisch – gehen Sie dann auf den nächsten Atemzug wieder bewußt ein. Sollte der Klient sich nach der Sitzung daran erinnern, können Sie den Versprecher ohne weiteres als einen Test für seine Aufmerksamkeit ausgeben.

Diese Methode wirkt gut bei Menschen, die einerseits gewillt sind mitzuarbeiten, andererseits aber einen »objektiven« Nachweis der Trance-Realität suchen, hier also sehr kritisch die Wirklichkeit des Augenschlusses überprüfen. Mit einem solchen Klienten hat die Induktion einmal gut 10 Minuten gedauert, er hat seine Augen mit größter Anstrengung drei- oder viermal aufgerissen. Die Möglichkeit mehrmaliger Wiederholung des Augenschlusses, eines Phänomens, das in anderen vergleichbaren Induktionen nur je einmal stattzufinden hat, ist ein weiterer Vorteil dieser Methode.

Überwindung von Nicht-Hypnotisierbarkeit

Hier stelle ich einen Weg vor, wie man erfolgreich hypnotische Trance bei Menschen induzieren kann, die nicht resistent sind und doch auf Standardinstruktionen nicht ansprechen (vgl. J. Barber, 1980).

Im vorliegenden Fall handelt es sich um eine 66 Jahre alte Patientin mit Krebsschmerzen. Nachdem bei ihr bewährte Induktionen wirkungslos blieben, war die Patientin enttäuscht, weil sie nun glaubte, daß sie trotz besten Willens nicht-hypnotisierbar sei. Der Hypnotiseur erwiderte daraufhin, er seinerseits sei im Gegenteil fest davon überzeugt, daß sie in hypnotische Trance gelangen könne. Dann fuhr er fort mit der Absicht, bei ihr Armkatalepsie links zu induzieren:

Hypnotiseur (H): »Ich weiß nicht, während Sie weiter so da sitzen, manchmal sehr bequem und manchmal weniger gut … ich weiß wirklich nicht, ob Sie sich jemals darüber bewußt geworden sind, daß Sie sofort wissen – ohne überhaupt hinschauen zu müssen – wo Ihr rechter Arm ist?«

Patientin (P): »Doch, ja.«

H: »Fein. Und das ist deshalb möglich, weil Sie schon jahrelang diese Erfahrung machen und den Arm von innen erleben – daher wissen Sie, wo er ist.«

P: »Hmm.«

H: »Und ähnlich, ohne hinsehen zu müssen, wissen Sie, wo Ihr rechtes Bein ist. Denn Sie spüren es von innen.«

P: »Hmm.«

H: »Und mit dem linken Bein ist es genauso, weil Sie es eben von innen erleben.«

P: »Ja.«

H: »Und so lassen Sie sich einfach überraschen, wenn ich jetzt Ihren linken Arm hochhebe…«
(Mit unfokussiertem Blickkontakt hebt er ihren linken Arm etwa 50 cm hoch)
»Und ihn einfach dort lasse…«
(Er löst seine Hand von ihrem Arm, der fortan frei schwebt)
»Ich möchte nun, daß Sie sich auf den Handrücken konzentrieren. Und während Sie sich immer stärker darauf konzentrieren, werden Sie sich immer bewußter und klarer darüber, welches Gefühl oder welche Empfindung an der Stelle Ihres Handrückens, auf die Sie sich nun eingestellt haben, so deutlich wird, daß Sie es mir gleich sagen können, wenn ich Sie frage: Was spüren Sie im linken Handrücken?«

P: »Etwas wie Wärme . . .«

H: »Gut . . . etwas wie Wärme. Sie bleiben weiter auf diese
Wärme konzentriert und lassen sich überraschen . . . einfach
geschehen lassen . . . ob dieses Gefühl von Wärme sich zu
bewegen beginnt . . . vielleicht aus der Hand heraus, in den
Arm hinein, ganz ruhig in den Arm hineingeströmt . . . Oder
vielleicht weiter in die Hand, bis in die Fingerspitzen hin-
ein . . . Und dabei können Sie beobachten, wie sich Ihre
Augen ganz ruhig schließen.«
(Augen bleiben offen)
»Ganz normal die Augen zu.«
(Augen schließen sich)
»Gut . . . und Sie haben wohl schon begonnen, das Gefühl der
inneren Ruhe und Gelöstheit zu genießen . . . mit jedem
Atemzug wird die Ruhe noch größer. Gleich werde ich Ihre
Hand hinunterdrücken, und sollte sie widerstehen wollen . . .
alles in Ordnung. Wie damals, als Kind, mit einem Stück
Holz im Wasser, Sie wissen, daß wenn man das Holz
hinunterdrückt, es wieder hochkommt . . . dahin, wo es
hingehört.«
(Er drückt sachte ihre Hand hinunter und überprüft unauffällig den Grad der Katalepsie in ihrem Arm. Dabei soll man auf
jeden Widerstand des Armes eingehen, auch wenn er noch so
schwach ist)
»Und Sie können Ihrem Körper erlauben, immer tiefer und
tiefer in die Ruhe zu versinken, sich immer weiter in die
Entspannung gehen, treiben zu lassen, eine Entspannung, die
Sie wirklich suchen und brauchen. Ganz ruhig, ganz entspannt. Während nun all dies geschieht, erzähle ich weiter,
doch Sie brauchen mich nicht mehr bewußt zu hören, bis . . .
(Definition der Rückführung). Und dennoch hören Sie mich
immer dann, wenn ich spreche, ganz deutlich, auch wenn
sich Ihr Bewußtes mit ganz anderen Sachen beschäftigt. Ihr
Unbewußtes bleibt immer hier, egal was das Bewußte tun
mag.«

Den unfokussierten Blickkontakt halte ich persönlich für nicht unbedingt erforderlich. Falls Sie es allerdings ausprobieren wollen, geht es sehr einfach: Sie brauchen lediglich den Klienten so anzuschauen, daß Sie sich nicht auf sein Gesicht konzentrieren, sondern auf die Wand hinter ihm. Wenn Sie sich dabei selbst nicht besonders wohlfühlen, sollten Sie sich überlegen, ob Sie den unfokussierten Blickkontakt wirklich in Ihr Verhaltensrepertoire aufnehmen wollen.

Induktion durch posthypnotische Suggestionen

Posthypnotische Suggestionen sind Anweisungen, die der Klient im Zustand der hypnotischen Trance empfängt und die erst später, im Zustand des Alltagsbewußtseins, zur Geltung kommen können. Um jeglichen Mißverständnissen vorzubeugen, ist es natürlich unerläßlich, ganz präzise festzulegen, in welcher Situation und zu welcher Zeit die Suggestionen wirken dürfen. Die Art der Wirkung muß ebenfalls genau definiert werden.

Die Anwendung von posthypnotischen Suggestionen in der Therapie muß nicht zwangsläufig die Effektivität der Behandlung steigern. Im Unterschied dazu ist deren Einsatz bei der Induktion von Hypnose sehr wirksam, da sie das Verfahren erheblich verkürzen. Eine solche Induktion wird von einigen Autoren auch als *Sofort*-Induktion bezeichnet, weil sie sich unmittelbar ereignet; für eine Schnellinduktion dagegen braucht man etwa 1–2 Minuten. Allerdings können die posthypnotischen Suggestionen erst nach einer erfolgreichen hypnotischen Induktion etabliert werden.

Sie verfahren dabei wie folgt: Dem Klienten in Trance suggerieren Sie, daß er von nun an sofort in seine Trance hineinfinden wird, wenn ... (hier zählen Sie die entscheidenden Merkmale auf).

Der Wortlaut kann dann etwa lauten:

▶ Sie sind jetzt tief entspannt . . . ganz entspannt . . . fühlen sich wohl . . . ruhig . . . ausgeglichen . . . voller Kraft und Energie . . . in Ihrer Trance. Von nun an werden Sie diesen Zustand viel schneller erreichen als zuvor. Immer dann, wenn Sie es wünschen und damit einverstanden sind, wenn Sie in diesem Raum so sitzen wie jetzt, und wenn meine Stimme für Sie hörbar langsam von 1 bis 10 zählt, schließen sich Ihre Augen, und mit 10 sind Sie wieder da, in Ihrer Trance.

In diesem Beispiel wurden auch verbale Schlüsselreize (lautes Zählen) vereinbart. Es ist ohne weiteres möglich, anstelle des Zählens eine kurze Berührung des Armes oder der Schulter als Signal zum Erreichen der Trance anzugeben. Falls die Berührung in der Methode, die Sie bisher anwendeten, nicht vorgekommen ist, demonstrieren Sie sie dem Klienten sofort:

▶ . . . Immer dann, wenn Sie es wünschen und damit einverstanden sind, wenn Sie in diesem Raum so sitzen wie jetzt, und wenn ich Sie an der Schulter so berühre wie jetzt, fallen im selben Moment Ihre Augen zu, und Sie sind wieder da, in Ihrer Trance.

In der Praxis hat es sich bewährt, den Klienten nach der Rückführung aus der Trance und nach einem kurzen Gespräch mittels posthypnotischer Suggestionen noch einmal in Hypnose zu versetzen. Das ermöglicht eine Überprüfung ihrer Funktionsfähigkeit.

Gefährliche Induktionen

Abschließend will ich, um das Gesamtbild abzurunden, einige Methoden erwähnen, vor deren Anwendung in der Fachliteratur ausdrücklich gewarnt oder zumindest abgeraten wird. Bezeichnenderweise sind es Techniken, welche eine grobe Manipulation körperlicher Vorgänge erfordern und auch mit dem Show-Effekt arbeiten.
Absolut gefährlich und ethisch nicht zu verantworten ist die

Anwendung der Karotissinus-Methode (auch Whitlow's Induktion genannt), bei der durch Druck auf das Nervengeflecht an der Kopfschlagader die Herzschlagfolge extrem verlangsamt und, daraus resultierend, Bewußtlosigkeit verursacht wird. Genauso abzulehnen ist das Auslösen des okulokardialen Reflexes (durch Druck auf die geschlossenen Augen oder Zug an den Augenmuskeln), welcher ebenfalls eine Hemmung der Herztätigkeit und dadurch Schwindelgefühl herbeiführt. Von beiden Methoden liegen Berichte vor, nach denen sie zum Tode führten!

Auf keinen Fall empfehlenswert sind die Schockmethoden des dänischen Hypnotiseurs Hansen (vgl. Kaim, 1963). Sie gleichen körperlichen Gewaltakten, denen man unvorbereitet ausgeliefert ist. So sitzt z. B. die Person eine Weile ruhig, hält die Augen geschlossen und läßt den Kopf tief nach vorn hängen. Plötzlich, in einem völlig unerwarteten Augenblick, wirft der Hypnotiseur ihren Kopf zurück in den Nacken und befiehlt dabei laut: »Schlafe!«

Gleichfalls unangenehm, ja traumatisch, können die verschiedenen Hyperventilationstechniken sein (vgl. Kroger, 1977; Weitzenhoffer, 1957). Sie führen zuweilen zu Synkopen (das sind nicht-epileptische Anfälle mit Bewußtseinsverlust) und damit assoziierten Verkrampfungen der Extremitäten (karpopedale Spasmen), die verunsichern und schockieren können.

Neben der Tatsache, daß bei solchen »Induktionen« der Organismus unnötigerweise gestreßt und zum Teil massiv gefährdet wird, bedauere ich die subjektiven Schädigungen: Denn die eigentliche Grundlage der hypnotischen Situation, das Vertrauen eines Menschen zu sich selbst und zu anderen, wird hier nur vergeudet und vernichtet.

8 Vertiefungsverfahren

Die Einteilung in eine induktive und eine vertiefende Phase ist in vielen Fällen nur schwer nachvollziehbar und mitunter recht künstlich. So können die meisten Induktionsverfahren, leicht abgewandelt, zur Vertiefung der Trance herangezogen werden, was auch umgekehrt gilt. Am einfachsten lassen sich die Phasen dann unterscheiden, wenn der Beginn der Hypnose eindeutig durch eine sichtbare körperliche Reaktion bestimmt wird (Schließen der Augen, Berühren des Gesichtes mit einer Hand usw.). Alle Suggestionen, die danach weitere Entspannung und Ruhe anstreben oder noch andere unwillkürliche, neutrale Verhaltensweisen hervorbringen, gehören schon der Hypnosevertiefung an. Die Vertiefung dient dem Zweck, den Klienten seine Trance möglichst umfassend erleben zu lassen. Zugleich soll er seine Grenzen kennenlernen: Vielleicht spricht er kaum auf visuelle Eindrücke an, verfügt aber über eine ausgeprägte kinästhetische Wahrnehmung. Dann müssen die Suggestionen geändert werden, anstelle der Bildersprache (»Stellen Sie sich einen Luftballon vor, der die Hand nach oben trägt«) sollte besser die Körperempfindung (»Sie spüren gleich eine Leichtigkeit, die in die Hand hineinströmt und sie nach oben trägt«) benutzt werden. Oder es stellt sich heraus, daß der Klient ein angestrebtes Phänomen (z. B. Altersregression) nicht nachzuvollziehen vermag, dafür aber ein anderes Phänomen (z. B. Amnesie) sehr intensiv und nachhaltig erlebt. Dann sollte sinnvollerweise die ganze Art der Intervention geändert und in einer Therapie an Stelle vollständiger Einsicht besser vollständiges Vergessen ohne jede Symptomverschiebung erarbeitet werden.

In bezug auf den Zeitaufwand für die Vertiefung kann man damit rechnen, daß sich die Tiefe der hypnotischen Trance bei jedem Menschen mit 3–4 aufeinander folgenden Sitzungen stabilisiert (Hartland, 1971). Das ist eine auf langjähriger Erfahrung begründete Faustregel, die wohl am besten den Schwierigkeiten des Anfängers Rechnung trägt.

Vertiefung durch Zählen

Die hierzu gerechneten Methoden sind weit verbreitet und werden sehr oft angewendet. Bereits im 6. Kapitel wurde ausführlich beschrieben, wie eine Vertiefung durch Zählen ausgeführt wird, daher an dieser Stelle einige allgemeinere Hinweise.

Die Zahlenreihe reicht anfangs von 1 bis 20 und wird später auf 1 bis 10 oder 5 gekürzt. Zwischen die einzelnen Zahlen sollten passende Anweisungen eingebaut werden:

▶ (Die Augen sind soeben zugefallen)
Ich zähle jetzt für Sie ... mit Ihnen ... langsam von 1 bis 10. Mit jeder Zahl wird die Entspannung immer tiefer, und bei 10 sind Sie so tief entspannt, wie es für Sie heute angebracht ist.
1 – immer weiter ... 2 – immer tiefer ... 3 – mit jeder Zahl ... 4 – zu sich selbst ... 5 – nach innen ... 6 – ganz ruhig ... 7 – tief entspannt ... 8 – wenn Sie ... 9 – Ihre Mitte ... 10 – gefunden ... tief entspannt.

Die Zahlen sagen Sie beim Ausatmen des Klienten, wie bei den Induktionen durch lautes Zählen.

Wenn die Zahlenreihe in Form einer Treppe dargeboten wird, die in die Stille hinein- und hinabführt, wird sie anschaulicher und besser nachvollziehbar. Neben einer gewohnten Treppe, bei der jede Zahl eine Stufe tiefer führt, gibt es die Vorstellung einer Rolltreppe, die den Klienten mit jeder Zahl eine Etage tiefer bringt. Mit einem imaginären Aufzug kann man ähnlich arbeiten (Kroger, 1977): Der Klient soll sich vorstellen, wie er in einer höheren Etage eines Hochhauses eine Aufzugkabine betritt. Die Tür schließt sich, und an der Anzeigetafel leuchtet die jetzige Etagennummer auf. Dann drückt sein Finger auf einen Knopf mit einer niedrigeren Zahl (oder mit dem Buchstaben E – Erdgeschoß). Der Aufzug setzt sich sofort in Bewegung und hält schließlich in der vorgegebenen Etage an, beziehungsweise noch tiefer. Die Tür öffnet sich, und der Klient betritt seine Trance. Diese Variante hat gegenüber den anderen Zählmethoden zwei Vorteile: Der Klient bestimmt die Tiefe seiner Trance selbst, und man kann so indirekt (anhand der erreichten Etage) den Grad seiner Loslösung vom Alltag erfahren sowie kontinuierlich, von Sitzung zu Sitzung, verfolgen.

Zur Induktion und zur Vertiefung können nicht dieselben Zahlenreihe benutzt werden, weil der Klient sich sonst nicht zu orientieren vermag und bei der Formulierung posthypnotischer Suggestionen Schwierigkeiten entstehen können. Falls Sie also in beiden Phasen das Zählen beibehalten wollen, setzen Sie bei der Vertiefung die Zahlenreihe entweder normal (Induktion 1–10/ Vertiefung 10–20) oder dekadenweise (1–10/10 – 20 – 30 . . . 100) fort.

Unwillkürliche Hand- oder Armbewegung

Fast immer bietet sich die Möglichkeit, Hypnose durch eine automatische Hand- oder Armbewegung zu vertiefen. Diese Methode sollte insbesondere dann gewählt werden, wenn Sie schon bei der Induktion eine automatische Bewegung erfolgreich eingesetzt haben (Kapitel 7, S. 74–82, 84). Als Bewegung kommen nach Induktionen mit Katalepsie das Steigen und das Fallen der Extremität in Frage, nach Induktionen mit Levitation kann nur das Fallen angewiesen werden:

▶ Ihre Hand ist jetzt auf dem Wege zu Ihrem Gesicht, und je näher sie kommt, desto stärker wird die Kraft dazwischen, die sie anzieht, mit jedem Augenblick leichter, mit jedem Atemzug leichter. Die Hand wird gleich das Gesicht berühren, und im selben Moment verschwindet die Leichtigkeit aus der Hand, die Kraft löst sich auf, als hätte sich die Hand vollständig entladen, und sie fällt wieder zurück, sie sinkt zurück zum Oberschenkel, und je tiefer sie kommt, desto tiefer kommen Sie. Gleich spüren Sie die Berührung . . . und danach wird die Ruhe und die Entspannung tiefer, viel tiefer als zuvor . . . jetzt gleich.

Die Induktion durch wiederholte Bewegung kann auf zwei Arten fortgesetzt werden. Zum einen kann ein nicht bewußt zustandegekommener Stillstand des Armes erreicht werden, die Hand kehrt zur Mitte zurück. Die tragende Assoziation ist hier »Stillstand des Armes – Ruhe und Stille innen; Mitte der Bewegung – Mitte des eigenen Selbst«. Zum anderen kann die Bewegung weiter verstärkt werden, bis die Hand oder der Arm beim Schwingen oder Kreisen den eigenen Körper, beziehungsweise die Unterlage berührt. Hier wird die Vertiefung mit dem Augenblick der Berührung gleichgesetzt.

Eine andere Methode (Sacerdote, 1981) ist ziemlich komplex: Die Umgekehrte Handlevitation bewirkt mit dem Erlebnis, daß eine Hand kataleptisch wird (1), auch das Schließen der Augen (2). Danach wird eine unwillkürliche Drehung des Kopfes in Richtung der anderen Hand suggeriert (3), woraufhin sich die Finger jener Hand automatisch bewegen sollen (4) (d. h. ideomotorische Bewegungen). Daraus wird schließlich eine Levitation der Hand (5) entwickelt, eventuell mit Gesichtsberührung. Wenn der Klient so reagiert, wie die Suggestionen es vorgeben, hat er zu diesem Zeitpunkt mindestens den Zustand mittlerer Trance erreicht (Sacerdote, 1981).

Buchstabenübungen

Diese Vertiefungsmethode (Powers, 1953) beeinflußt die innengerichtete Verlagerung der Aufmerksamkeit im gleichen Maße, wie es die Zählmethoden vermögen. Ihr Aufbau ist praktisch identisch – in beiden Fällen wird mit sukzessivem Eingeben und Erleben eindeutig umschriebener Elemente gearbeitet. Der bedeutsamste Unterschied dürfte darin bestehen, daß den Buchstaben die innere Ruhe gewissermaßen innewohnt. Der Klient muß also keine expliziten Entspannungssuggestionen erhalten:

▶ Mit dem nächsten Atemzug können Sie sich eine Schultafel vorstellen. Ich weiß nicht, welche Schultafel Sie finden, eine schwarze oder eine dunkelgrüne, und ob die Fläche und die Farbe

überhaupt feste Grenzen haben, aber eigentlich spielt das keine Rolle. Einfach eine Fläche, in deren Mitte Sie jetzt mit einer weißen Kreide einen Kreis zu zeichnen beginnen. Konzentrieren Sie sich darauf, wie der Kreis immer klarer, deutlicher und groß genug wird, um den Buchstaben X aufzunehmen. Er ist nun groß genug, und Sie schreiben gleich das X hinein. Die Kreide gleitet leicht und leise über die Fläche, und wie von alleine erscheint das X im Kreis: zwei Striche übereinandergekreuzt, das X. Wenn Sie es haben, geben Sie mir ein Zeichen mit dem rechten Zeigefinger, indem Sie den Zeigefinger einfach hochsteigen lassen.«
(Finger steigt hoch)
Gut, Sie haben das X gefunden. Jetzt blenden Sie es wieder aus, lassen es einfach verschwinden, wischen es irgendwie weg, löschen es auf Ihre Weise aus, und der Kreis bleibt davon unberührt und wird wieder leer. Wenn Sie so weit sind, geben Sie mir einfach das Zeichen mit dem Zeigefinger.
(Finger steigt hoch)
Gut, der Kreis ist nun wieder leer, und Sie können weitergehen. Sie werden gleich beginnen, sich die Buchstaben des Alphabets vorzustellen, einen nach dem anderen. Sie beginnen also mit dem Buchstaben A und lassen das A in dem Kreis erscheinen, lassen es ganz deutlich werden, um es dann allmählich und sorgfältig aus dem Kreis wegzuwischen. Nach dem A kommt das B, und so werden Sie weitermachen, bis Sie merken, daß Sie weit genug gekommen sind. Dabei ist es nicht wichtig, das ganze Alphabet zu finden – denn was Sie bekommen, kann mit einem ganz anderen Buchstaben zusammenhängen als mit dem letzten. Und deshalb lassen Sie sich am besten einfach überraschen, nachdem Sie jetzt begonnen haben, die Buchstaben des Alphabets, einen nach dem anderen, in den Kreis einzublenden und aus dem Kreis auszulöschen ... einblenden ... auslöschen ... ein ... aus ...

In meiner eigenen Variante empfehle ich dem Klienten, sich nach dem X nur auf Selbstlaute einzustellen:

▶ Sie können sich gleich, einen nach dem anderen, die Selbstlaute A – E – I – O – U inmitten des Kreises vorstellen. Sie beginnen also mit dem Buchstaben A und lassen das A ganz deutlich werden. Gleichzeitig sprechen, summen oder hauchen Sie das A im Geiste aus (hier passen Sie sich der Atmung des Klienten an) ... und ein ... und lassen es durch den ganzen Körper schwingen und vibrieren. Beschränken Sie sich bitte der Überschaubarkeit halber auf fünf Atemzüge bei jedem Buchstaben. Dann kehren Sie mit der gefundenen Ruhe und Energie zurück oder gehen weiter in die Ruhe und Entspannung hinein.

Manchmal ist der Klient außerstande, sich den Kreis und das X vorzustellen. Dann helfen Sie ihm dadurch, daß Sie mit einer Fingerspitze ganz leicht und langsam auf seine Stirn oder Hand den Kreis und das X darin zeichnen. Auch das Wegwischen innerhalb des Kreises läßt sich auf diese Weise aktivieren.
Besonders bei Vokalen wirkt es anregend, wenn Sie den jeweiligen Selbstlaut im Rhythmus der Atmung des Klienten hörbar mitsummen.

Fraktioniertes Verfahren

Die Fraktionierung gilt als eine der effektivsten Methoden zum Erreichen tiefer Trance. Sie eignet sich gleichfalls hervorragend für Hypnose von Klienten, die an ihrem Erlebnis der Trance zweifeln (Weitzenhoffer, 1957). Entwickelt wurde die Methode schon Ende des vorigen Jahrhunderts (Vogt, 1894/95; siehe auch Schultz, 1965).
Das Verfahren selbst ist nichts anderes als eine schnelle Abfolge von hypnotischen Induktionen und Rückführungen, die durchschnittlich viermal wiederholt wird. Erfahrungsgemäß findet der Klient mit jeder Wiederholung stets eine tiefere Trance als zuvor. Es werden sehr direktive Induktionen mit Schlafsuggestionen empfohlen und es wird davon ausgegangen, daß der Augenschluß bereits in der ersten Induktion stattzufinden habe (Vogt, 1894/95; Weitzenhoffer, 1957). Wenn man jedoch nicht so

direktiv arbeitet, braucht der Augenschluß keine Notwendigkeit und kein Erfolgskriterium zu sein:

▶ Suchen Sie sich jetzt bitte eine Stelle aus, auf die Sie sich mit allen Sinnen konzentrieren wollen – vielleicht einen Punkt auf der Wand oder eine Stelle auf Ihrer Hand. Ich möchte, daß sich Ihre Aufmerksamkeit nun immer stärker mit dieser Stelle befaßt. Und je länger Sie sich darauf konzentrieren, desto stärker fällt Ihnen auf, daß Sie sich darauf auch mit geschlossenen Augen einstellen können. Sie nehmen alles wahr, vor allem das Gefühl in den Augen, und werden es mir gleich erzählen können, wenn ich Sie jetzt leicht an der Schulter berühre, damit Sie kurz zurückkommen . . .
(Mit der Berührung fragen Sie:)
Wie war es? . . . Haben Sie etwas Bestimmtes empfunden? . . . Wie war das Gefühl in den Augen? . . . usw.

Nehmen wir an, der Klient habe in der ersten Induktion das Gefühl gehabt, als würde die Stelle immer näher rücken; außerdem habe er ein Flattern der Augenlider gespürt. Beides greifen Sie nun auf:

▶ Gut. Und jetzt nimmt Ihr Körper dieselbe Haltung an wie zuvor. Sie konzentrieren sich von neuem auf die Stelle und merken dabei, wie die Stelle wieder näher kommt . . . und wie Ihre Augenlider zu flattern beginnen . . . immer näher kommt . . . immer stärker flattern (usw.). Viele Menschen sind so verwundert, wenn Sie merken, daß Sie sich hinter geschlossenen Augen noch besser konzentrieren, noch besser fühlen können. Sie nehmen einfach alles wahr und werden es mir wieder erzählen können, wenn ich Sie jetzt an der Schulter berühre, damit Sie für einen Moment zurückkommen . . .
(Es folgt eine kurze Befragung, in der Sie erneut auf die Empfindungen des Klienten eingehen, um dadurch Material für die nächste Induktion zu gewinnen. Dann führen Sie die Induktion durch.)

Neben den Äußerungen des Klienten gibt Ihnen sein Körper unmißverständlich Auskunft darüber, ob der Klient den Trancezustand tatsächlich immer schneller erreicht. Am auffälligsten sind die Veränderungen im Gesicht: So sollten seine Augen auf jeden Fall mit der dritten bis vierten Induktion alsbald zufallen (mit Ausnahme der Somnambulen). Zugleich sollten sich seine Gesichtszüge entspannen und glätten, wobei sich oft der Mund etwas öffnet. Ihre Wahrnehmungen der Körpersprache können Sie in die jeweils folgende Induktion einflechten.

Atemübungen

Die Atemübungen von Jencks (1978) zielen darauf ab, durch Steigerung der Körpersensitivität und durch geleitete Atem-Phantasien indirekt den Zustand hypnotischer Trance zu bewirken und zu vertiefen. Der Klient lernt dabei, alle Aspekte seines eigenen Atems wahrzunehmen und sich dann auf die Eigenschaften zu konzentrieren, die ihn persönlich weiterbringen. Spannungskopfschmerzen z. B. werden durch die Vorstellung gelindert, man atme durch den Kopfscheitel oder durch die Schläfen. Der immense Vorteil dieser Übungen liegt darin, daß sie problemlos auch mit skeptischen und konzentrationsschwächeren Klienten durchführbar sind. Auch ist es nicht notwendig, den Klienten in ein mehr oder weniger kompliziertes System wie z. B. Pranayama (van Lysebeth, 1977) oder die Kreative Meditation (Schwarz, 1978) einzuführen, bei denen festgelegte Zeitspannen für die Phasen des Ein- und Ausatmens sowie gegebenenfalls des Atemanhaltens und gleichzeitig verschiedene Verhaltensregeln zu beachten sind. Jeder arbeitet mit dem Atem, den er sein eigen nennt und der ihm ohne weiteres zur Verfügung steht.

Das übliche Atemmuster setzt sich zusammen aus der Einatmung und der Ausatmung. Jencks hat anhand etlicher Studien mit Versuchspersonen und mit Patienten herausgefunden, daß die beiden Phasen vom und im Körper ganz unterschiedlich erlebt werden. Nachfolgend die wichtigsten der Eigenschaften, die sie nennt und die Sie immer wieder in Ihre Anweisungen aufnehmen sollten:

Atemqualitäten

Aus-atmung	*Ein-atmung*
entspannt	angespannt
ruhig	erregt
schwer	leicht
warm	kalt, kühl
dunkel	hell, klar
weich, sanft	hart, fest
feucht	trocken
schwach	stark, kräftig
abgespannt	erfrisch
müde	wach
innerlich gesammelt	gespannt aufmerksam

Achten Sie stets darauf, daß Sie Ihre Anweisungen auf die richtige Phase abstimmen. Jencks berichtet, sie habe sehr erfolgreich ihre Versuchspersonen verwirrt, als sie während der Einatmung Suggestionen tiefer Entspannung gegeben und während der Ausatmung von einem Anwachsen der inneren Kraft gesprochen hatte. Die Versuchspersonen reagierten auf diese Widersprüche unter anderem mit Hyperventilation, mit Verspannungen und mit Angst. Nach richtiger Anpassung der Suggestionen an den Atem sind die Beschwerden verschwunden. Man kann die Übereinstimmung so bewerkstelligen:

Aus:	*Ein:*
Ganz entspannt...	so leicht...
immer tiefer	die Kraft zu finden,
die Ruhe zu finden	und die Energie ... usw.

Bei Induktionen oder Vertiefungen von Hypnose müssen Sie bei Anwendung dieser Übungen sorgfältig auf die Atmung des

Klienten eingehen und sie ganz bewußt so verstärken, daß der Klient weiterkommt. Merken Sie z. B., daß sein Atem ruhig und regelmäßig fließt, ist es überflüssig und oft störend, wenn Sie ihm weiterhin Suggestionen der Allgemeinentspannung geben. Ist sein Atem stockend und unausgeglichen, konzentrieren Sie sich auf das Herstellen einer vom Klienten akzeptierten Regelmäßigkeit und Harmonie.

Wie bereits erwähnt, stützt sich die Methode von Jencks auch auf geleitete Atem-Phantasien, die dem Klienten wirkliche und imaginäre Atemwege und -bewegungen vergegenwärtigen:

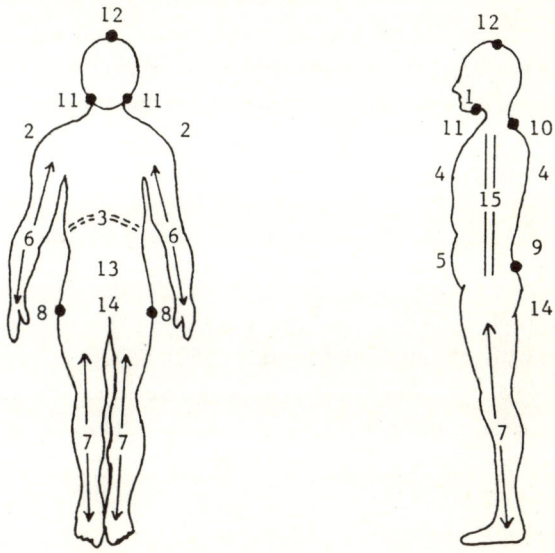

1. Durch die Nase, den Mund und die Kehle; 2. Heben der Schultern; 3. Heben und Sinken des Zwerchfells; 4. Ausdehnen und Zusammenziehen des Brustkorbes; 5. Wölben und Einziehen der Bauchdecke; 6. Durch die Arme; 7. Durch die Beine; 8. Durch die Hüften; 9. Durch das Kreuz; 10. Durch den Nacken; 11. Durch zwei Löcher unterhalb des Kinns, rechts und links der Kehle; 12. Durch den Kopfscheitel; 13. Füllen eines Bauchreservoires; 14. Mittels einer Pumpe im Anus oder im Beckenboden; 15. Auf und ab in einem Kanal zwischen der Kehle und dem Becken (Jencks, 1978, S. 174).

Die angeführten 15 Möglichkeiten stellen Anhaltspunkte dar, die sehr sinnvoll verwendet werden können. Individuelle Bedürfnisse sind natürlich formbestimmend: Nach allgemeiner Beruhigung und Entspannung durch Atemlauschen (Boyes, 1978) schlug ich einer Kopfschmerzpatientin das Erleben des Atems durch den Kopfscheitel (vgl. 12.) vor. Sie war jedoch außerstande, den Atem auf diese Weise in ihrem Kopf zu erleben. Dann fanden wir eine andere Lösung, die ihr besser zusagte. Sie stellte sich den Atem wie eine Welle vor, die bei der Einatmung in den Kopf gelangt und dort mit wunderbarer Geschmeidigkeit und Kraft alle Hindernisse (d. h. Verspannungen) wegstreicht. Die Welle fließt kreisförmig über die Augen und die Stirn, erreicht beim Kopfscheitel ihren Gipfel, und ergießt sich bei der Ausatmung über den Hinterkopf in den ganzen Körper.

Wiederholtes Träumen

Hier geht es um eine Vorgehensweise, bei der der Klient seine Trance vertieft, indem er mehrmals nacheinander zum Traum angeleitet wird (Wiseman und Reyher, 1962). Dabei bedient man sich eines ganz natürlichen psychophysiologischen Mechanismus, der Tatsache nämlich, daß im normalen Schlaf jede Traumphase in einem Stadium leichten Schlafes stattfindet, auf das ein Stadium tiefen Schlafes folgt. Die Tiefe des Schlafes wird anhand des EEG ermittelt.

Diese Methode basiert auf der Annahme, daß Hypnose und Schlaf analog ablaufen. Wer eine andere Auffassung vom Wesen der Hypnose vertritt und dennoch diese Vertiefung anwenden möchte, muß eine kleine Texterweiterung vornehmen:

▶ . . . ruhig . . . tief entspannt . . . in Ihrer Mitte . . . bei sich selbst . . . und Sie sind nun in der Lage, sich wie einen Schlafenden zu erleben . . . den Eindruck gewinnen, wie es ist, wenn Sie schlafen . . . diesen Eindruck auf sich wirken lassen . . . einfach sich selbst im Schlaf wahrnehmen und spüren . . .

Die Vertiefung vollzieht sich in zwei Etappen; an zwei aufeinanderfolgenden Tagen finden zwei Sitzungen statt (Wiseman und Reyher, 1962). Zuerst der Wortlaut des 1. Tages:

▶ . . . wie es ist, wenn Sie so tief, friedlich, ruhig und angenehm schlafen. Und meine Stimme wird jetzt für eine Weile verschwinden, so daß Sie die Vorstellung und das Gefühl dieses tiefen Schlafes wirklich genießen können.
(Nach einigen Minuten Pause)
Während Sie weiter den Schlaf empfinden, können Sie mich wieder hören, alles genau hören, was ich Ihnen erzähle. Es hat sich herausgestellt, daß ein Mensch schon in sehr leichter Trance ohne Schwierigkeiten träumen kann, wenn er dazu angeleitet wird. Und deshalb kann hier und jetzt, nach und nach, ein Traum zu Ihnen kommen. Er wird ganz von alleine kommen, ganz von alleine, ohne daß Sie irgendwie bewußt an etwas Besonderes denken müßten – Ihr Traum erscheint mühelos. Wenn er gleich da ist, lassen Sie eine Hand oder einen Zeigefinger hochsteigen und so lange oben, bis der Traum beendet ist . . . im Schlaf kommt Ihnen ein Traum.

Sollte der Klient nicht fähig sein, einen Traum zu erfahren, versichern Sie ihm, daß es vielen Menschen beim ersten Male ähnlich ginge, und daß es das nächste Mal gewiß besser funktionieren würde. Weisen Sie den Klienten auch darauf hin, ob er nicht etwa zu sehr willentlich den Traum gewollt habe – man müsse hier wirklich alles von alleine geschehen lassen.

War der Klient am vorherigen Tag außerstande, in Trance zu träumen, bereiten Sie ihn heute, am 2. Tag, nach der Induktion folgendermaßen vor:

▶ Sie erinnern sich, wie Sie gestern Schwierigkeiten mit Ihrem Traum hatten. Das ist hier und jetzt nicht mehr wichtig, denn es war nur eine von mehreren Möglichkeiten, Träume im imaginären Schlaf zu bekommen. Versuchen Sie es nun anders: Stellen Sie sich nach und nach irgendetwas vor, einfach etwas, was Ihnen in den Sinn kommt, wenn Sie so entspannt sind – geben Sie

mir das Zeichen mit der Hand oder mit dem Finger, wenn Sie etwas haben –, und nachdem Sie es gefunden haben, beginnt es, sich zu verändern
(zählen Sie Merkmale wie Farbe, Größe, Klang, Wärme, Oberflächenbeschaffenheit usw. auf).

Konnte der Klient etwas berichten, betonen Sie die Ähnlichkeit zwischen solchen Vorstellungen und Träumen. Wiseman und Reyher empfehlen, nun die Instruktion vom Vortag zu wiederholen, um dadurch die Fähigkeit zum angeleiteten Träumen bei diesen Personen zu festigen.
Der weitere Wortlaut gilt dann für alle:

▶ Im normalen Schlaf gibt es verschiedene Tiefen, und diese wechseln mehrere Male, einem leichten folgt immer ein tiefer Schlaf und umgekehrt. Gerade wenn der Schlaf leicht ist, träumt der Mensch, und mit Beendigung des Traumes wird der Schlaf wieder sehr tief. Das alles geschieht ganz automatisch – nach jedem Traum wird der Schlaf wieder sehr tief ... in Ihrem Erleben noch tiefer als zuvor. Man könnte fast meinen, daß uns die Träume dazu verhelfen, eine wirklich tiefe Ruhe und Loslösung zu finden. Und während Sie jetzt weiter den Schlaf empfinden, werden Sie drei Träume bekommen. Es können drei verschiedene Träume sein, es können auch drei unterschiedliche Gestalten desselben Traumes sein, ich weiß es nicht. Immer wenn der Traum zu Ende geht, werden Sie sich geistig und körperlich sehr tief entspannen, mit jedem Mal noch tiefer und vollkommener entspannt als zuvor. Sie werden feststellen, daß Sie dafür überhaupt nichts tun müssen, alles geschieht mühelos, ganz von alleine. Und immer wenn der Traum kommt, lassen Sie die Hand (den Zeigefinger) hochsteigen und so lange oben, bis der Traum beendet ist. Gut, fangen Sie jetzt an.

Falls Sie das wiederholte Träumen mit einem Klienten öfters durchführen, vereinfachen Sie die Methode am besten mit einer geeigneten posthypnotischen Suggestion.

Posthypnotische Suggestionen

Für die Konstituierung posthypnotischer Suggestionen gelten die bereits genannten Regeln und Ausführungen. Das Ereignis (hier Vertiefung der Trance) muß dem Klienten gegenwärtig sein, und die Situation, in der die Vertiefung stattfinden soll, muß präzise umschrieben werden.

Durch angemessene posthypnotische Suggestionen erreichen Sie problemlos das Ziel, in Zukunft auf alle zeitraubenden Einleitungen einer ausreichend tiefen hypnotischen Trance verzichten zu können. Fortan genügt es, von 1 bis 20 zu zählen (Zählmethode), auf den Kreis und auf die Buchstaben hinzuweisen (Buchstabenübungen) oder drei bis fünf Atemzüge zu kommentieren (Atemübungen). Bei wiederholtem Träumen vereinbaren Sie sinnvollerweise statt drei Träumen nur noch einen mit gleichem Vertiefungseffekt.

Damit ganz klar ist, wann der Klient bereit ist, ist es ratsam, ein Zeichen zu verabreden (Kopfnicken; Hand- oder Fingerlevitation; verbale Antwort). So kann er sich die notwendige Zeit nehmen, und so läßt der Hypnotiseur ihm die notwendige Zeit.

Stille

Durch Schweigen wird hypnotische Trance ebenfalls vertieft oder zumindest stabilisiert. Die Zeitspanne für die Stille bewegt sich zwischen einigen Sekunden und 30 Minuten, sie kann aber auch noch länger andauern (Weitzenhoffer, 1957). Wegen der damit verbundenen Gefahr, daß der Klient einschläft, empfiehlt sich deshalb eine Begrenzung des Schweigens auf 10, maximal 15 Minuten.

Zur Vorbereitung des Klienten genügt eine kurze Instruktion, die gleichzeitig die Art der erneuten Kontaktaufnahme vom Hypnotiseur (Worte; Berührung; bestimmter Laut) oder vom Klienten (Finger-, Hand-, Kopfzeichen) umfaßt:

▶ Ich werde gleich Ihren rechten Handrücken berühren, und im selben Moment werde ich für eine Weile aufhören zu sprechen. Sie werden sich in der Stille genauso wohl und noch wohler fühlen wie jetzt, weil die Entspannung dabei noch tiefer werden kann – mit jedem Atemzug die Entspannung tiefer und tiefer. Je länger die Stille, desto tiefer und vollkommener Ihre Entspannung. Ich werde Ihnen genügend Zeit lassen, so daß Sie sich wirklich sehr tief entspannen und sehr weit gehen lassen können – doch egal, wo Sie auch sind, wenn ich dann wieder anfangen werde, zu Ihnen zu sprechen, und Sie dabei leicht an der Stirn berühren werde, werden Sie mich sofort hören, wie tief entspannt Sie auch sein mögen. Und ich glaube, daß Sie Ihre Zeit voll und ganz genießen werden. Sie können nun beginnen.
Bei den letzten Worten tippen Sie leicht seinen Handrücken an).

Es ist nicht besonders verbreitet, mit Stille *wertfrei* zu arbeiten, weil man es als Therapeut meist gewohnt ist, zu reden und zuzuhören und gerne explizite und fortlaufende Rückmeldungen haben möchte. Es gibt jedoch auch, wie wir später sehen werden, hypnotherapeutische Techniken, die das Schweigen ausdrücklich zulassen, z. B. die Hypnosynthese (S. 168–170) und die Angsttherapie (S. 193).

Entscheidung des Unbewußten

Geben die bisher angeführten Verfahren das Bestreben wieder, den Klienten möglichst tief in die Trance zu bringen und zu führen, ist für Erickson das tatsächliche Bedürfnis seiner Patienten vordergründig. Er stellt dazu einen Vergleich mit dem Schwimmen an: Wenn man schwimmen kann, ist es in der Regel egal, ob das Wasser einen Meter oder fünf Meter tief ist. Nach der Induktion sagt er dem Patienten (frei übersetzt):

▶ Weder Sie noch ich können bewußt bestimmen, wie tief Ihre Trance heute sein soll, damit Sie (weiter) gut vorankommen, doch ich bin fest davon überzeugt, daß Sie jetzt dabei sind, das Beste zu erreichen, denn Ihr Unbewußtes weiß es schon...

9 Rückführungsverfahren

Das am häufigsten angewandte, für den Anfänger zugleich sicherste Verfahren, ist das langsame, rhythmische Zählen. Wie schon beim Zählen zur Induktion und zur Vertiefung gibt es dafür keine bestimmte Zahlenreihe, vielmehr finden Sie ganz unterschiedliche Empfehlungen: z. B. von 1 bis 5 (Weitzenhoffer, 1957), von 1 bis 7 (Hartland, 1971) und von 1 bis 3 (Kroger und Fezler, 1976); jeweils die letzte Zahl funktioniert als Schlüsselwort zum Erlangen des Alltagsbewußtseins, was meist zusammen mit dem Öffnen der Augen geschieht.

Neben dem Vorwärtszählen wird auch das rückwärtszählen gebraucht, wie es bereits im 6. Kapitel ausführlich dargestellt wurde. Ich bevorzuge das Rückwärtszählen, weil es mir unkomplizierter und einleuchtender erscheint – wenn ich zu Beginn der Hypnose von der »1« ausgehe und die Zahlenreihe zusätzlich mit der Vorstellung einer hinabführenden Treppe assoziiere, stellt für mich am Ende die »1« eine feste Verbindung zum Alltag her. Beim Rückwärtszählen soll eine Zahlenreihe benutzt werden, die genau so lang ist, wie die bei der vorangegangenen Induktion und Vertiefung es war. Sie sagen die Zahlen, wenn der Klient *ein*atmet (vgl. 8. Kapitel, S. 101 f). Zwei Kunstgriffe von Erickson sind gut geeignet:

▶ Ich zähle jetzt gleich von 20 bis 1, *wie ich will,* und bei 1 sind Sie voll bewußt da, wie vor der Sitzung:

1. 20 – 15 – 12 – 10 – 9 – 8 – 7 – 6 – 5 – 4 – 3 – 2 –1
2. (bei Einatmung) 20 – 15 – 12 – 10 – 9 – 8 – 7 – 6 – 5 –
   (bei Ausatmung) 6 – 7 – 8 – 9 – 10 –
   (bei Einatmung) 9 – 8 – 7 – 6 – 5 – 4 – 3 – 2 – 1

Die erste Variante ermöglicht es, lange Zahlenreihen schnell zu Ende zu führen, die zweite Variante ist mit ein kleiner Test für die subjektive Wirklichkeit der Trance: Menschen, die nach innen gefunden haben, berichten beim ersten Umkehren des Zählens oft ein erneutes Vertiefen der Trance, das sich meist auch ganz konkret im Körperlichen als Schwindelgefühl, Rotieren, Abgleiten usw. manifestiert. Durch eine spontane Vertiefung der Trance bei der Rückführung durch Zählen von 10 bis 1 überhörten viele Patienten einige Zahlen und erlebten dabei ein kurzfristiges Zurückgehen in die Trance; üblicherweise geschah diese Widersprüchlichkeit zwischen 7 und 4 (Crasilneck und Hall, 1975).

Andere Rückführungsmethoden sind die Rückkehr des Klienten ohne Hilfestellung von außen und die Rückführung durch einen Körperkontakt.

Die erste Technik erlaubt es dem Klienten, von sich aus die Rückkehr zu handhaben:

▶ Und nun kommen Sie im eigenen Tempo wieder zurück in den Alltag, indem Sie dann einfach die Augen öffnen und im selben Augenblick voll da sind, in dem Zustand des normalen Bewußtseins . . .

Vorsichtshalber können Sie in Ihren Anweisungen die Rückkehr an 3 oder 5 Atemzüge koppeln. Dann schweigen Sie, und bei dem von Ihnen genannten Atemzug erinnern Sie den Klienten daran, daß seine Augen offen und er voll da ist:

▶ (Zu Beginn der Ausatmung:) Mit den nächsten 5 Atemzügen usw. . . .
(Bei fünfter Einatmung:) Die Augen auf, voll da, frisch und munter. Wenn Sie wollen, können Sie sich jetzt strecken usw. . . .

Bei der zweiten Technik wird mit dem Klienten noch in Trance ein Körperkontakt vereinbart, wie z. B. eine kurze Berührung der linken Schulter (Kroger, 1977). Das ist von da an das Signal zur Beendigung der Hypnose. In älterer Literatur wird auch angeraten, beim Suggerieren des Wachseins dem Klienten ins Gesicht zu blasen, ihm auf die Wangen zu klatschen, sein Gesicht mit kaltem Wasser zu besprengen oder seinen Körper mit beiden Händen kraftvoll zu schütteln. Mit Ausnahme bei rückkehrresi-

110

stenten Klienten darf man auf solche Methoden heutzutage getrost verzichten.

Es sollte Ihnen zur Gewohnheit werden, dem Klienten unmittelbar vor der Rückführung einige posthypnotische Suggestionen zu geben. Diese Suggestionen erfüllen zwei Funktionen:

1. Der Klient wird darauf eingestimmt, daß es ihm nach der Sitzung zumindest genauso gut geht wie davor.

▶ Wenn Sie zurückkommen, werden Sie sich wohlfühlen. Sie werden keine Kopfschmerzen und keine unangenehmen Empfindungen haben. Sie werden auch keine neuen Probleme oder Beschwerden haben; falls Sie schon vor der Sitzung solche hatten, mögen sie sich nun gebessert, aufgelöst oder anders zu Ihren Gunsten geändert haben. Und Sie werden Ihre Kraft und Energie spüren, werden sich frisch und munter fühlen, jeder Anflug von Müdigkeit verschwindet sehr schnell, wenn Sie jetzt gleich bei meinem Zählen zurückkommen . . .

2. Es ist für den Klienten nicht immer gut und richtig, alles zu erinnern, was in Hypnose aufgedeckt wurde. Diese Erfahrung betrifft die therapeutische Arbeit, bei der verdrängtes Material reaktiviert wird; sie betrifft jedoch ebenfalls neutrale Hypnose, bei der zufälligerweise, ohne Absicht, ein Trauma tangiert werden kann, was in der aktuellen Situation und auch kurz danach den Beteiligten überhaupt nicht auffallen muß. Erickson beugt solchen Mißgriffen sehr umsichtig vor, indem er direkt an die Schutzfunktion des Unbewußten appelliert.

▶ Wenn Sie zurückkommen, bringen Sie alles mit, was Sie im Augenblick mitbringen dürfen. Ich weiß nicht, was und wieviel es ist – vielleicht ein bestimmter Teil, oder gar nichts, oder alles. Egal, was es auch sein mag – es ist alles da, in Ihrem Unbewußten, und Sie werden jetzt so viel bewußt mitnehmen, wieviel Sie tragen können. Wenn Ihnen etwas fehlen sollte, ist es nicht weiter schlimm – Sie werden es dann etwas später, zum richtigen Zeitpunkt bekommen. Und es kann auch geschehen, daß Sie es eigentlich niemals brauchen werden. Lassen Sie sich einfach überraschen, wenn Sie jetzt gleich zurückkommen ...

In seltenen Fällen wird die Beendigung der Hypnose von Schwierigkeiten begleitet. Das einfachste Problem ist eine *Benommenheit* des Klienten, die oft schon durch energische Wiederholung der Worte »Ganz wach! Sie sind jetzt wach!« beseitigt werden kann. Zuweilen hilft es, den Klienten zum bewußten Strecken und Dehnen seines Körpers zu veranlassen, eventuell soll er auch aufstehen und sich etwas bewegen. Wenn *Mißempfindungen* wie Kopfschmerzen auftauchen, sollte zunächst geklärt werden, ob sie nicht von der Körperlage herrühren. Wenn nicht, sollte die Trance kurz wiederholt und versucht werden, das Problem mit direkten Suggestionen zu beheben. Falls dies nicht hilft und der Klient in den nächsten Tagen dieselben Beschwerden beklagt, handelt es sich um klinische Problematik. Am dramatischsten, wenngleich dies auch äußerst selten vorkommt, sind für den Therapeuten oder Versuchsleiter Sitzungen, in denen sich der *Klient rückführungsresistent* gibt, also trotz aller Anweisungen in Trance bleibt. Als Ursachen dafür werden genannt (Hartland, 1971 und Weitzenhoffer, 1957): Gefallen an der Ruhe und der Distanz zum Alltag als Fluchtverhalten oder Abwehrmechanismus (Hypnose als Realitätsersatz); Selbstbeweis für den Klienten, daß der Hypnotiseur letztlich doch machtlos sei; Fehler und Unklarheiten im Wortlaut der Suggestionen; Wirkung vorangegangener posthypnotischer Suggestionen; Umwandlung von Hypnose in hysterischen Schlaf und spontanen Somnambulismus; Wiederaufleben vergangener, mit diesem Zustand assoziativ verwandter Erfahrungen. Als goldene Regel gilt, den Klienten in so einem Moment danach zu fragen, warum er nicht zurückkommt beziehungsweise danach, was Sie tun sollen, damit er zurückkommt. Eine andere Methode besteht darin, sich um den Klienten nicht mehr zu kümmern und sich im selben Raum mit anderen Sachen zu beschäftigen. Soweit bekannt ist, wird der Klient spätestens in einigen Stunden, normalerweise aber schon in ein paar Minuten von sich aus zurückkommen, wenn jegliche

Suggestionen ausbleiben. Eine dritte Möglichkeit ist die, die Trance zunächst von Neuem zu vertiefen und anschließend erneut und mit Nachdruck die Rückführung durchzuführen oder dieses Vorgehen einem anderen Hypnotiseur zu überlassen. Schließlich können Sie mit wohlüberlegter Zeitverschiebung bei dem Klienten darauf hinwirken, daß ihm Sekunden zu Minuten und Minuten zu Stunden werden, wodurch seine Trance ganz natürlich in den Schlaf überwechselt und der Schlaf zu Ende geht. Übrigens dürfte es nur bei dieser Strategie angemessen sein, den Klienten aus dem transformierten Schlaf »wachzurütteln«.

Wie ich schon sagte, sollte in der Praxis jede hypnotische Sitzung, die *neutral* zu bleiben hat, dem Klienten nach der Phase der Vertiefung eine Gelegenheit zu persönlicher Nutzung dieser Erfahrung geben, indem er z. B. einige Minuten in einer Atmosphäre verbringen kann, die von Stille oder Meditationsmusik beherrscht ist. Eine andere gute Möglichkeit ist es, dem Klienten eine oder mehrere experimentelle Testaufgaben zu stellen, von denen Sie auf den nächsten Seiten eine repräsentative Auswahl finden.

10 Einige Testaufgaben der experimentellen Hypnose

Zuweilen ist es für beide Parteien interessant und förderlich, wenn der Klient im Trancezustand mit bestimmten nicht-therapeutischen Aufgaben konfrontiert wird. Durch solche Tests wird direkt geprüft, ob therapie- oder versuchsbedeutsame Fähigkeiten beim Klienten vorhanden sind (z. B. Altersregression vor einer Hypnoanalyse). Sie lassen den Klienten die Einsicht gewinnen, daß er wirklich zu Leistungen fähig ist, die er sich zuvor niemals hätte träumen lassen (z. B. Schmerzunempfindlichkeit). Ferner können Anfänger durch solche Tests mit dem Verhalten einer hypnotisierten Person vertraut werden. Diese Tests haben nicht nur die genannten direkten Effekte, indirekt wird die Trance selbst verstärkt – ein Umstand, den sich Hartland in seinem System zur Hypnosevertiefung zunutze macht. So wendet er bei seinen Patienten 8 Aufgaben in fester Reihenfolge an, die – je nach individueller Ansprechbarkeit – in einer bis drei Sitzungen gestellt werden. Die erzielten Ergebnisse erleichtern auch die Wahl weiterer, therapeutischer Schritte. Ein ähnliches System mit dem Ziel optimaler Vorbereitung der Patienten auf die eigentliche Therapie haben Kroger und Fezler entwickelt. Mit insgeamt 25 festgelegten Imaginationen (etwa wie im Katathymen Bilderleben) untersuchen sie die persönlichen Erlebnismöglichkeiten ihrer Patienten unter dem Gesichtspunkt einer Intensivierung von Phänomenen, welche dem einzelnen Patienten am besten weiterzuhelfen versprechen (Näheres dazu im Abschnitt über »Sensorische Imagination«, S. 187–192).
Jede der nun angeführten Testaufgaben wird dem Klienten gestellt, nachdem hypnotische Trance herbeigeführt wurde. Die Aufgaben sind hier in einer willkürlichen Reihenfolge präsentiert und erfüllen lediglich den Zweck, dem Leser bewährtes und sicheres Übungsmaterial in die Hand zu geben. Über standardisierte Verfahren zur Messung hypnotischer Dimensionen können Sie mehr im Anhang erfahren.

Trotz aller Vorsicht ist man gegen unliebsame Überraschungen bei solchermaßen experimentell angelegten Tests dennoch nie gefeit: Bei der Armstarre erlebte ich einmal, daß eine weibliche Versuchsperson inmitten meiner Anweisungen unvermittelt und ziemlich verstört zurückkehrte – sie öffnete spontan die Augen und fühlte sich überhaupt nicht wohl. Auf meine Frage, was denn passiert sei, erwiderte sie, sie habe sich plötzlich an einen Autounfall erinnert, der etwa 14 Tage zurückgelegen war. Dabei sei niemandem körperlich etwas zugestoßen; sie selbst sei mit einem großen Schrecken davon gekommen. Und eben die Armstarre, die sie gerade verspürte, habe in ihr den ganzen Schock wieder wachwerden lassen – der Arm sei bei dem Unfall kurzfristig fest eingeklemmt gewesen und habe sich genauso angefühlt wie soeben. Nach dieser Antwort führte ich die Versuchsperson zu der rationalen Einsicht, daß die Situation von damals mit der jetzigen nicht im geringsten etwas zu tun habe. Wir einigten uns schließlich darauf, die Armstarre nicht mehr durchzuführen, und die Sitzung konnte ohne weitere Zwischenfälle fortgesetzt werden.

Das Beispiel macht deutlich, wie wichtig es insbesondere bei Experimenten mit Hypnose ist, für jede Art von Notfall die selbständige Rückkehr der Versuchsperson zu vereinbaren. Daher sollten Sie vor jedem Versuch eine Schutzinstruktion geben.

▶ Sie werden gleich einige interessante Aufgaben bekommen, welche ... (an dieser Stelle stellen Sie die Motivation der Versuchsperson zur Teilnahme am Versuch heraus) ... Die Aufgaben sind so gehalten, daß sie den Leuten normalerweise Spaß bereiten und jegliche persönliche Konflikte oder Probleme ausklammern. Sollte es aber passieren, daß eine der Aufgaben in Ihnen unbeabsichtigterweise etwas berührt, was Sie jetzt nicht mögen, und was nicht hierher gehört, brauchen Sie auf die Aufgabe gar nicht einzugehen; und wenn es Sie zu stark berührt, können Sie auch aus der Trance augenblicklich zurückkommen, indem Sie die Augen öffnen und wieder voll da sind. Im allgemeinen jedoch bezeichnen die Leute das Ganze als eine neue und wirklich lohnende Selbsterfahrung.

Armstarre links

▶ Strecken Sie den linken Arm vor sich und machen Sie eine Faust. Arm gestreckt, Faust fest. Konzentrieren Sie sich nun ausschließlich auf den Arm und stellen Sie sich vor, daß er ganz steif und starr wird . . . immer steifer und starrer . . . ganz starr . . . und jetzt spüren Sie, daß sich der Arm tatsächlich anders anfühlt als zuvor . . . Sie spüren, daß der Arm vollkommen steif und regungslos wird . . . er ist steif geworden . . . vollkommen starr . . . völlig unbeweglich . . . wie eine Eisenstange . . . als wäre er aus Stahl . . . der Arm ist wie eine Eisenstange – steif, fest und unbeweglich . . . Überzeugen Sie sich davon: Auch wenn Sie versuchen, den Arm zu beugen, wird es Ihnen nicht gelingen – so fest und starr ist er jetzt. Versuchen Sie es nur . . .

Sie warten nun 5 bis 10 Sekunden. Konnte der Proband den Arm *nicht* beugen, fahren Sie fort mit:

▶ Gut. Entspannen Sie sich wieder. Hören Sie auf, es weiter zu versuchen. Der Arm ist nicht mehr starr, er ist ganz locker und biegsam, und Sie können ihn wieder zurücklegen und sich ganz entspannen, sich vollkommen entspannen.

Hat es der Proband dagegen geschafft, den Arm zu beugen, sagen Sie:

▶ Gut. Ich möchte Ihnen einige Sachen zeigen, auf die verschiedene Menschen unterschiedlich reagieren. Konzentrieren Sie sich jetzt einen Atemzug lang auf die Empfindung, die Sie in dem Arm gefunden haben . . . und dann legen Sie den Arm wieder zurück und entspannen sich . . . ganz ruhig, ganz entspannt.

Hände trennen

▶ Strecken Sie jetzt beide Arme vor sich, die Handflächen sind zueinandergekehrt, und die Hände berühren sich fast. Warten Sie, ich helfe Ihnen dabei.

(Sie nehmen die Hände des Probanden und postieren sie etwa 5 cm voneinander)

Konzentrieren Sie sich nun ganz fest auf Ihre Hände . . . erleben Sie, wie sie in der Luft schweben . . . und stellen Sie sich vor, daß zwischen den beiden Händen plötzlich eine Kraft zu wirken beginnt, welche die Hände auseinanderbringt, die Hände auseinanderzwingt. Als wären Ihre Hände zwei starke Magneten, die sich gegenseitig abstoßen. Und Sie denken nun fest daran, wie sich die Hände zu trennen beginnen und sich zu bewegen beginnen . . . immer weiter auseinander . . . Sie erleben diese Bewegung immer deutlicher und spürbarer . . . weiter und weiter . . . die Hände entfernen sich immer weiter voneinander . . . der Abstand wird größer und größer.

Sie lassen 5 bis 10 Sekunden wortlos vergehen. Hat der Abstand der Hände deutlich zugenommen, beenden Sie die Testaufgabe:

▶ Gut. Legen Sie jetzt Ihre Hände und Arme wieder zurück und entspannen Sie sich. Die Kraft ist vollkommen verschwunden, und Sie fühlen sich wieder ganz gelöst, ruhig und entspannt.

Wenn sich die Hände kaum bewegt haben, sagen Sie:

▶ Gut. Sie haben wieder gemerkt, wie eng die Zusammenhänge zwischen bestimmten Gedanken und bestimmten Handlungen sein können. Ich werde jetzt Ihre Hände zusammenführen, damit Sie erfahren, wie weit sie voneinander waren.

(Sie führen seine Hände sehr langsam zusammen. Nach der Berührung soll der Proband die Hände wieder zurücklegen und sich entspannen.)

Positive akustische Halluzination

Dem Klienten wird suggeriert, daß er eine nicht vorhandene Fliege wahrnehmen kann.

▶ Ich glaube, daß Sie sich so stark darauf konzentrieren, was wir hier tun, daß Sie die Fliege bisher noch nicht bemerkt haben, die um Sie herumfliegt und die so laut summt. Aber jetzt habe ich es Ihnen gesagt – und Sie nehmen die Fliege, die Ihren Kopf umkreist, immer stärker und deutlicher wahr . . . sie kommt immer näher und näher . . . sie summt so aufdringlich . . . Sie können hören, wie das Summen mit jedem Augenblick immer stärker wird . . . wie die Fliege auf Sie zugeflogen kommt. Und ich glaube, daß auch Sie die Fliege ziemlich stört, und daß Sie die Fliege gerne loswerden möchten . . . verscheuchen möchten . . . denn die Fliege belästigt Sie und stört Sie in Ihrer Ruhe und Entspannung.
Doch Sie brauchen die Fliege nicht mehr zu ertragen, wenn sie Sie so stört: Verscheuchen Sie sie doch, jagen Sie die Fliege einfach wieder fort.

Nach 5 bis 10 Sekunden sagen Sie in jedem Falle:

▶ Sie haben es nun tatsächlich geschafft – sie fliegt wieder weg. Die Fliege ist jetzt verschwunden, und Sie werden nicht mehr gestört – keine Fliege mehr. Und so können Sie sich wieder entspannen, sich wieder gehen lassen . . . Sie sind ganz entspannt und fühlen sich wohl.

Der Proband hat die Aufgabe erfüllt, wenn er – auch nur andeutungsweise – mittels Kopf- oder Handbewegungen versucht hat, die halluzinierte Fliege zu vertreiben. Nach Beendigung der Trance sollten Sie ihn außerdem nach seinem subjektiven Erleben der Fliege befragen. Möglicherweise war sie zwar da, aber es hat ihn nicht gestört oder er hat sie rein imaginativ ausgelöscht, und deshalb konnten Sie als Außenstehender kein sichtbares Zeichen registrieren.

Positive Geschmackshalluzinationen

1. süß

▶ Denken Sie jetzt an etwas Süßes, worauf Sie gelegentlich besonders Appetit haben. Stellen Sie sich vor, daß Sie etwas Süßschmeckendes im Mund haben, süß wie ein Stück Schockolade oder Kuchen oder ein Eis oder etwas Honig oder was Sie sonst besonders gerne mögen . . . und wie Sie an den süßen Geschmack im Mund denken, spüren Sie ihn auch schon, diesen süßen Beigeschmack in Ihrem Mund . . . zunächst vielleicht nur ganz schwach, kaum merklich, aber er wird immer stärker . . . immer spürbarer. Und jetzt können Sie den süßen Geschmack in Ihrem Mund ganz deutlich, stark genug empfinden . . . süßer und süßer . . . eindeutig süß. Sobald Sie den süßen Geschmack eindeutig genug spüren, geben Sie mir ein Zeichen, indem Sie einfach kurz mit dem Kopf nicken.

Falls innerhalb von 10 Sekunden kein Zeichen erfolgt, verstärken Sie noch einmal die erwünschte Reaktion:

▶ Der süße Geschmack nimmt noch zu, er wird noch stärker. Manchmal dauert es etwas länger, bis sich der Geschmack in seiner vollen Blume entfaltet, bis er deutlich genug wird. Doch Sie haben Zeit . . . Sie lassen sich Zeit . . . und wenn es so weit ist, daß Sie den süßen Geschmack gefunden haben, geben Sie mir das Zeichen.

Nach 20 bis 30 Sekunden wechseln Sie in Ihren Anweisungen zu dem anderen Geschmack über.

2. sauer

Falls der Proband keinen süßen Geschmack wahrgenommen hat:

▶ Gut. Sie brauchen sich nicht mehr anzustrengen. Manche Menschen erleben diese Geschmacksrichtung ohne Schwierigkeiten, andere dagegen kaum oder gar nicht. Wir versuchen es jetzt besser mit einem anderen Geschmack.

Gibt Ihnen dagegen der Proband per Kopfzeichen das Zustandekommen einer subjektiv ausreichend intensiven süßen Geschmacksempfindung an, beenden Sie den ersten Teil dieser Testaufgabe mit:

▶ Gut. Sie spüren jetzt noch ganz deutlich diesen süßen Geschmack, den Sie wieder gefunden haben. Aber im nächsten Augenblick, jetzt gleich, merken Sie, daß mit dem Geschmack etwas geschieht. Er beginnt sich zu ändern ...

Die nächsten Anweisungen gelten für alle Probanden:

▶ ... und allmählich bekommen Sie einen sauren Geschmack im Mund ... einen scharf-sauren Geschmack, als hätten Sie in das Fruchtfleisch einer Zitrone oder in einen unreifen, sauren Apfel gebissen, oder als hätten Sie Essig getrunken. Der Geschmack in Ihrem Mund wird immer saurer und saurer, der Mund zieht sich immer stärker zusammen, es läuft immer mehr Wasser im Mund zusammen, der Geschmack wird noch schärfer, noch saurer. Sobald Sie den sauren Geschmack eindeutig genug spüren, geben Sie mir das Zeichen mit Ihrem Kopf.

Warten Sie wieder zunächst 10 Sekunden; wenn auf Seiten des Probanden keine Reaktion sichtbar wird, verstärken Sie den sauren Geschmack im Mund. Nach 20 bis 30 Sekunden beenden Sie dann auch diesen zweiten Teil der Testaufgabe entsprechend der Rückmeldung des Probanden.
Wurde kein saurer Geschmack empfunden:

▶ Gut. Nicht jeder Mensch kann einen solchen Geschmack empfinden, egal in welchem Bewußtseinszustand Sie sich auch befinden. Der Geschmack in Ihrem Mund ist jetzt wieder ganz normal ... es spielt keine Rolle mehr, was Sie zuvor empfunden haben ... ganz normal. Sie entspannen sich, fühlen sich wieder ganz wohl, angenehm gelöst, ruhig und entspannt.

Zeigt der Proband mit Kopfnicken sauren Geschmack an, lassen Sie ihn zuerst die Empfindung zum Verschwinden bringen, bevor Sie eine Rücknahme in die neutrale Hypnose veranlassen:

▶ Gut. Und jetzt merken Sie, wie der saure Geschmack wieder verschwindet, nach und nach verschwindet er, und der Geschmack in Ihrem Mund wird wieder ganz normal ... die Empfindung ist jetzt ganz normal, und Sie fühlen sich erneut ganz ruhig und entspannt, angenehm gelöst, ruhig und entspannt.

Als indirekte Erfolgsrückmeldung in beiden Phasen dieses Experimentes sind jede zeitlich angepaßte Mimik und Schluckreaktion zu notieren und in einem Abschlußinterview mit dem Probanden letztlich zu verifizieren.

Positive Hitzehalluzination

Für diesen Versuch benötigen Sie einen nicht allzu dicken Holzstab aus Rundholz, etwa 15 cm lang. Das ist der »Heizstab«.

▶ Lassen Sie die rechte Hand weiter dort liegen, wo Sie jetzt ist, und drehen Sie sie so, daß die offene Handfläche nach oben zeigt. In Ordnung, und ich lege Ihnen nun einen Heizstab auf die Hand, der im Moment noch die normale Raumtemperatur hat, doch wenn er sich erhitzt, wird er glühend heiß. Ich werde dann gleich diesen Heizstab einschalten, und ich möchte, daß Sie mir sagen oder mit einem Kopfnicken mitteilen, wenn Sie merken, daß er warm geworden ist. Sie geben mir also im selben Augenblick Bescheid, wenn für Sie der Heizstab spürbar warm geworden ist. Gut, ich schalte ihn jetzt ein ... die Wärme nimmt stufenweise zu ... der Unterschied ist anfangs kaum spürbar ... doch die Wärme wird stärker und stärker ... der Heizstab strahlt immer mehr Wärme aus ... und Sie lassen mich wissen, wenn Sie die Wärme spüren.

Sie lassen dem Probanden 10 Sekunden Zeit. Wenn er bis dahin nicht zu erkennen gibt, daß er eine deutliche Erwärmung des »Heizstabes« verspürt, verstärken Sie mit einigen Sätzen die Wärmewirkung. Eine erneute Pause von 20 bis 30 Sekunden bietet dem Probanden eine zweite Gelegenheit zur Empfindung von Wärme.

Kann der Proband weiterhin keine Wirkung feststellen, nehmen Sie den »Heizstab« von seiner Hand weg und beenden die Übung:

▶ Fein, das ist alles. Wir wollten uns nur davon überzeugen, wie empfindlich Sie auf Wärme reagieren. Der Stab ist nun fort, und Sie entspannen sich wieder und fühlen sich wohl.

Hat er dagegen – gleich in welchem Moment – eine Wärmeempfindung angezeigt, gehen Sie sofort weiter und suggerieren eine Zunahme der Wärme bis zur Hitze hin:

▶ Fein, und jetzt lasse ich den Heizstab wirklich heiß werden. Er wird gleich so heiß, daß Sie ihn nicht mehr in bloßer Hand halten können – kein Mensch kann ihn dann mehr halten. Und während ich spreche, ist der Heizstab bereits wärmer geworden, wärmer als zuvor, die Wärme nimmt noch zu, sie wird noch stärker, und Sie brauchen ihn dann nicht mehr länger zu halten, wenn er so warm ist, daß es fast schon heiß ist, ganz heiß, und Sie lassen ihn dann einfach auf den Boden fallen, so wie Sie andere heiße Sachen besser fallen lassen, als daß Sie sich verbrennen . . . usw.

Falls Sie erleben, daß der Proband tatsächlich die Steigerung der Wärmeempfindung bis zu unerträglicher Hitze nachvollziehen kann, lassen Sie ihn das erfahren. Der Augenblick des Fallenlassens ist dann der Moment, in dem Sie die suggerierte Hitze schlagartig zum Verschwinden bringen; außerdem betonen Sie das Ausbleiben jeglicher negativer Nachwirkungen (einer Brandblase z. B.).

Zeigt sich jedoch, daß der Proband dazu nicht in der Lage ist, führen Sie ganz natürlich die Übung zu Ende, indem Sie den »Heizstab« von seiner Hand entfernen und die Wärme sofort und vollständig verschwinden lassen. Das Ausbleiben jeglicher negativer Nachwirkungen sprechen Sie ebenfalls an.

Als Schlußsatz können Sie im Falle einer erfolgreichen Wärme- oder Hitzeempfindung die Formulierung einsetzen:

▶ Gut, der Stab ist nun fort, und mit ihm auch die Wärme (Hitze). Sie entspannen sich wieder, tief oder noch tiefer als zuvor entspannt, und fühlen sich wohl.

Negative optische Halluzination

Für das folgende Experiment brauchen Sie eine ganz normale Armband- oder Taschenuhr mit gut sichtbaren Zeigern. Es ist günstiger, wenn die Uhr keinen Sekundenzeiger hat. Darüber hinaus ist es durchwegs möglich, statt einer realen Uhr eine Übungsuhr für Erstklässler zu benutzen. In jedem Falle achten Sie darauf, daß der Minuten- und der Stundenzeiger weit genug auseinander liegen – bei einer Zeit wie z. B. 5.30 Uhr verstellen Sie die Uhr.

▶ Ich werde Ihnen gleich eine Uhr hinhalten und Sie bitten, darauf zu schauen. Sie werden gleich merken, daß mit der Uhr etwas nicht stimmt. Sie werden die Uhr ganz deutlich sehen und feststellen, daß der kleine Stundenzeiger weg ist. Der Stundenzeiger ist verschwunden, wenn Sie gleich nach der Uhrzeit schauen. Und nun öffnen Sie die Augen, bleiben dabei voll und tief in Ihrer Trance, und sagen mir, welche Zeit die Uhr anzeigt.

Während des letzten Satzes halten Sie dem Probanden die Uhr so hin, daß er sie beim Öffnen der Augen sofort erblicken muß. Die Distanz richtet sich nach der Größe der Uhr. Sobald seine Augen aufgesprungen sind, senken Sie deutlich Ihre Hand und überprüfen anhand seiner Augen- und Kopfbewegung, ob er die Uhr tatsächlich ins Auge gefaßt hat. Wenn der Proband eine Uhrzeit nennt, beenden Sie den Versuch ohne Rücksicht auf die Richtigkeit seiner Angabe:

▶ Genau, die Uhr hat in Wirklichkeit beide Zeiger, und Sie konnten ohne Schwierigkeiten die richtige Zeit angeben. Jetzt schließen Sie wieder Ihre Augen und bleiben weiter entspannt – Sie sind nach wie vor in Ihrer Trance.

Nennt der Proband keine Uhrzeit, suggerieren Sie nach angemessener Verstärkung und anschließender Pause das plötzliche Erscheinen des fehlenden Zeigers. Die Schlußanweisungen beinhalten, wie oben, den erneuten Augenschluß mit Verbleiben in Trance.

Nach der Rückführung unterhalten Sie sich mit dem Probanden über sein Erleben der Kontinuität der Trance beim Öffnen und Schließen der Augen. Ein zweites Thema ist die Uhrzeit selbst – so werden bei etlichen Versuchspersonen Rationalisierungstendenzen offenbar, die später z. B. zur Stärkung der Therapieerfolge vom Therapeuten bewußt herangezogen werden sollten.

Traum

▶ In einigen Augenblicken werde ich für eine Weile aufhören zu sprechen, und Sie werden diese Zeit so nutzen, daß Sie einen echten Traum bekommen werden – einen Traum, wie man ihn so oft nachts oder morgens hat, voller Farben und Töne und anderer Empfindungen, alles ganz echt. Sie werden den Traum so lange haben, solange meine Stimme schweigt, und Sie werden ihn genau in dem Moment beenden, wenn ich wieder zu sprechen beginnen werde. Und sollte der Traum etwa früher zu Ende gehen, bleiben Sie so lange tief entspannt und fühlen sich weiterhin wohl und gelöst, geborgen in Ihrer Trance. Gut, ich höre jetzt auf zu sprechen, und Sie beginnen zu träumen.

Nach einer Minute sagen Sie:

▶ Der Traum ist vorbei, doch Sie können sich an jede Einzelheit genauestens erinnern, denn Sie haben alles behalten. Ich möchte, daß Sie mir jetzt Ihren Traum beschreiben, und dabei bleiben Sie weiter tief entspannt in Ihrer Trance. Erzählen Sie mir jetzt den ganzen Traum von Anfang an.

Hatte der Proband keinen Traum:

▶ Das ist in Ordnung – nicht jeder Mensch kann so träumen. Sie brauchen sich nicht weiter anzustrengen – ganz entspannt, tief entspannt . . . ganz ruhig . . . Sie fühlen sich wohl.

Wenn der Proband einen Traum erlebt hat, lassen Sie ihn seinen Traum möglichst detailliert schildern. Zum Schluß sagen Sie:

▶ Das war nun der ganze Traum. Jetzt brauchen Sie sich nicht weiter anzustrengen – der Traum ist vorbei, und Sie sind entspannt, tief entspannt, und fühlen sich wohl in Ihrer Trance.

Sprechhemmung

Im folgenden wird dem Klienten suggeriert, daß er den eigenen Namen nicht aussprechen kann.

▶ Sie sind jetzt vollkommen entspannt . . . tief entspannt. Denken Sie nun daran, wie mühsam es doch ist, etwas sagen zu müssen, wenn Sie so tief entspannt und gelöst sind. In so einer Entspannung ist es fast genauso unmöglich wie im Schlaf. Und es würde mich wirklich wundern, wenn Sie da noch Ihren Namen laut aussprechen könnten. Sie können es dann etwas später tun – ich werde Ihnen schon sagen, wenn es so weit ist –, aber jetzt wird es kaum gehen. Ich glaube, daß Sie es als sehr schwierig empfinden werden. . . . Versuchen Sie jetzt, Ihren Namen laut auszusprechen.

Sie warten 5 bis 10 Sekunden. Wenn der Proband seinen Namen hörbar ausspricht, sagen Sie sofort:

▶ Gut. Sie konnten gerade erleben, wie schwer es manchmal fällt, widersprüchliche Gedanken miteinander in Einklang zu bringen. Damit Sie sich ein eigenes Urteil darüber bilden können, konzentrieren Sie sich jetzt kurz darauf, daß Sie gleich Ihren Namen ohne jegliche Schwierigkeiten laut sagen können – sprechen Sie jetzt Ihren Namen laut aus. . . . Gut, und wieder entspannen, Sie sind wieder tief entspannt.

Ist der Proband außerstande, seinen Namen laut auszusprechen, sagen Sie nach der Pause:

▶ Gut. Hören Sie nun auf, es weiter zu probieren, und entspannen Sie sich . . . ganz locker und gelöst. Jetzt können Sie Ihren Namen ohne jegliche Schwierigkeiten laut sagen – sprechen Sie jetzt Ihren Namen laut aus. . . . Gut, und wieder entspannen, Sie sind wieder tief entspannt.

Altersregression

Für dieses Experiment wird ein Papierbogen DIN A 4 gebraucht, der auf einer Schreibunterlage eingespannt ist, ferner ein weich schreibender Blei- oder Filzstift.

▶ Sie sind weiter wunderbar entspannt, in tiefer Trance. Ich werde Ihnen gleich ein Blatt Papier und einen Stift geben. Heben Sie bitte die Hand, mit der Sie schreiben möchten.

Sie reichen dem Probanden den Schreibstift und legen ihm das Papier so auf die Oberschenkel, daß die schreibende Hand es mühelos erreichen kann.

▶ Schreiben Sie jetzt Ihren Namen auf . . . gut, und dazu auch Ihr Alter . . . und das Datum . . .
(Sie warten, bis er fertig ist)
Sie halten den Stift und das Papier ohne jede Anstrengung und ohne daran im weiteren überhaupt denken zu müssen. In einigen Augenblicken wird dann etwas sehr Interessantes geschehen, was Ihre Aufmerksamkeit vollständig beanspruchen wird: Sie werden erleben, wie Sie mit 10 Jahren in Ihrem alten Klassenzimmer sitzen, und draußen ist ein wunderschöner Tag. Ich werde jetzt langsam von 1 bis 10 zählen, und bei 10 sind Sie in Ihrer Erinnerung 10 Jahre alt und sitzen an einem schönen Tag im Klassenzimmer. 1 – Sie kehren zurück . . . 2 – der Kalender geht zurück . . . 3 – immer jünger und immer kleiner . . . 4 – über-

springt Jahre ... (usw. bis) ... 9 – gleich sind Sie wieder ... 10 – der kleine Junge (das kleine Mädchen), der (das) an einem wunderschönen Tag auf der alten Schulbank sitzt, mit einem Blatt Papier vor sich. Und der Junge (das Mädchen) schaut sich in dem Klassenzimmer um und findet auch den Lehrer ... und die Tafel. Der Lehrer steht vorne ... auf der Tafel steht etwas geschrieben oder gezeichnet – sehen Sie genau hin. Sind es Buchstaben, Zahlen, Noten, eine Zeichnung oder etwas anderes? – Nennen Sie es laut.

Nach einer Pause von 10 Sekunden, egal ob und was der Proband genannt hat, fahren Sie in der Anweisung fort:

▶ Nun kehrt Ihre Aufmerksamkeit von der Tafel zu dem Blatt Papier zurück, das vor dem Jungen (Mädchen), vor Ihnen selbst liegt. Lassen Sie jetzt den Jungen (das Mädchen) Ihren Namen aufschreiben ... gut, und dazu auch das Alter und das Datum an diesem wunderschönen Tag ...
(Sie warten, bis er fertig ist)
Gleich werde ich mit den Fingern schnalzen, und im selben Moment werden Sie wieder groß, nicht mehr der Junge (das Mädchen) von 10 Jahren, der (das) in einem Klassenzimmer sitzt; Sie sind gleich wieder erwachsen, ... (aktuelles Alter) Jahre alt, und Sie sitzen (liegen) im ... (Beschreibung des Testraumes).
(Fingerlaut)
Heute ist der ... (das richtige Datum), Sie sind ... (das richtige Alter), und hier ist ... (Bezeichnung des Testraumes). Es ist alles wieder da, Sie fühlen sich wohl und bleiben in Ihrer Trance, auch wenn ich nun das Papier und den Stift wegnehme ... Sie bleiben tief entspannt.

Unterschiedliche Schriftproben und Datumsangaben bedeuten eine Teilbestätigung für stattgefundene Altersregression. Weitere Bestätigung erfahren Sie durch Befragung des Probanden nach der Rückführung. Das Interview sollte besser in direktiver Art geführt werden (»Wie war die Farbe der Tafel?«; »Wie hieß der Lehrer?«), damit der Proband bei erfolgreicher Altersregression möglichst wenig Gelegenheit dazu bekommt, das Ergebnis durch Selbstzweifel und durch Orientierung an der äußeren Wirklichkeit zunichte zu machen. Sehr aufschlußreich ist übrigens die Frage, wie Sie von ihm erlebt wurden: Bei vollständiger Altersregression (Revivification) paßt nämlich der Hypnotiseur nicht in die imaginierte und vollzogene Situation, und seine Identität wird vom Probanden dem Erlebnis spontan untergeordnet (so mag Ihre Stimme die des Lehrers gewesen sein).

Posthypnotische Suggestion

Posthypnotische Suggestionen betreffen wohl am häufigsten die motorische Ebene (auf ein Signal hin führt der Proband eine einfache oder auch sehr komplexe Bewegung nicht-willentlich durch). Doch auch die kognitiven Aufgaben, wie nachfolgend die Amnesie für die Zahl 4, sind sehr interessant und geben wichtige Anhaltspunkte für eine etwaige Therapie.

▶ Ich werde jetzt gleich von 10 bis 1 zählen. Sie werden bei 1 die Augen öffnen und wieder voll bewußt hier sein, wenn auch etwas anders als gewohnt. Bei der Rückkehr werden Sie eine Zahl vergessen haben, und das so lange, bis ich Ihnen gesagt habe: ›Jetzt ist die Zahl wieder da!‹. Die Zahl heißt »4«, und Sie werden sie nach Ihrer Rückkehr für eine Weile vergessen haben, genauso wie ich die Zahl »4« bei meinem Zählen vergessen werde. Und Sie werden entdecken, daß Sie auch ohne die Zahl »4« bestens zurechtkommen können. Gut, ich zähle nun: $10 - 9 - 8 - 7 - 6 - 5 - 3 - 2 - 1$. Wieder voll da, wie ich es Ihnen gesagt habe.

Sobald Sie den Eindruck gewonnen haben, daß der Proband wieder zurückgekehrt ist, stellen Sie ihm die erste Testaufgabe:

▶ Ich hatte den Eindruck, daß Sie während der Rückkehr etwas Interessantes entdeckt haben. Damit wir uns sicher sind, möchte ich, daß Sie jetzt laut von 10 bis 1 zählen und darauf achten, was geschieht.

Wenn der Proband »4« ausläßt, sagen Sie beruhigend:

▶ Hmm . . . Zählen Sie doch bitte andersrum, von 1 bis 10.

Hat der Proband »4« erneut ausgelassen, reagieren Sie wieder beschwichtigend:

▶ Hmm . . . Ich glaube, wir kommen der Sache näher. Was mir dabei besonders aufgefallen ist, waren Ihre Hände. Zählen Sie bitte noch einmal von 1 bis 10 und benutzen Sie dazu auch Ihre Finger.

Wenn der Proband auch hier »4« ausläßt, muß diesem Umstand beim Fingerzählen irgendwie Rechnung getragen werden. So hebt er z. B. bei 5 den Ringfinger und den kleinen Finger gleichzeitig hoch, d. h. er paßt die äußere Realität seiner inneren, rein subjektiven Erfahrung an. Als letzte Prüfung zeigen Sie ihm das unten aufgezeichnete Symbol, das Sie entsprechend vergrößert auf ein DIN A 6 Papier übertragen haben.

Symbol: 4̵

Zugleich fragen Sie den Probanden:

▶ An welche Zahl erinnert Sie das Zeichen am ehesten?

Bleibt die Antwort aus, oder sagt er etwa 8 (4̣̣), reagieren Sie mit der Rücknahme-Formel:

▶ Hören Sie mir genau zu: Jetzt ist die Zahl wieder da!

Dann fragen Sie noch einmal:

▶ An welche Zahl erinnert Sie das Zeichen jetzt?

Sie müssen sich vergewissern, daß die Amnesie wirklich aufgehoben wurde. Im Zweifelsfalle wiederholen Sie die Formel und lassen den Probanden laut von 1 bis 10 zählen.
Der obige Test vollzieht sich in vier Schritten. Da die Amnesie-Suggestion nicht bei allen Menschen im selben Maße wirkt, kommt das Wiedererkennen der Existenz von »4« sehr oft

spontan; sei es mit dem Symbol, vor dem Symbol oder gleich nach der Rückführung. Auch wenn der Proband offensichtlich die suggerierte Gedächtnislücke von sich aus schließen konnte, sprechen Sie dennoch die vereinbarte Rücknahme-Formel aus, um die Amnesie tatsächlich vollständig aufzuheben:

▶ Genau, Sie haben die »4« wiederentdeckt. Jetzt ist die Zahl wieder da!

Experimentelle Hypnose in der Therapie

Ein exzellentes, äußerst aufschlußreiches Beispiel für eine komplexe therapeutische Nutzung verschiedenartiger experimenteller Erfahrungen stammt von Erickson (1966). Der Patient war ein anerkannter niedergelassener Arzt, der seit seiner Jugendzeit unter panischer Angst vor mündlichen Prüfungen litt. Dennoch vermochte er alle erforderlichen Prüfungen dank geschickter Arrangements mit sehr guten Noten zu bestehen, indem er sie in schriftlicher Form ablegte. Bei dem ihm nun bevorstehenden Fachexamen war es jedoch aus bestimmten Gründen absolut unmöglich, daß er seine bewährte Strategie einsetzte. Er mußte sich 4 Stunden lang mündlich prüfen lassen.
Erickson führte mit ihm ein extensives Hypnosetraining durch, in dessen Verlauf wiederholt tiefe somnambulistische Trance induziert werden konnte. Nach und nach bekam der Patient bei diesen Sitzungen alle Phänomene der tiefen Trance vermittelt: positive und negative visuelle und auditive Halluzinationen, oberflächliche und tiefe Anästhesie, Altersregression, Revivification, Dissoziation, Amnesie, Hypermnesie, posthypnotische Suggestion, Depersonalisation, Automatismus und Zeitverzerrung. Das gesamte Programm war so angelegt, daß der Patient davon niemals einen direkten Weg zur Bewältigung seiner Angst ableiten konnte. Es wurde ihm unter anderem gesagt, daß viele Übungen reine Forschungsarbeit bedeuten und daher nur die

durch ihn gewonnenen Daten interessant seien, für ihn persönlich sei jedoch die Forschungsarbeit nicht weiter von Belang.

Erst als Erickson der Meinung war, daß der Patient ausreichend vorbereitet sei, wendete er den eigentlichen Therapieplan an. Der bestand darin, dem Patienten acht verschiedene Fertigkeiten für die Prüfungssituation verfügbar zu machen. Im einzelnen waren es die Fähigkeiten: 1. visuell zu halluzinieren; 2. sich von sich selbst zu dissoziieren, und das Selbst von anderen Objekten zu dissoziieren; 3. einen zusammenhängenden Gedankenfaden aufrechtzuerhalten und dabei gleichzeitig einen anderen Gedanken auszudrücken oder aber den Äußerungen einer anderen Person konzentriert zuzuhören; 4. posthypnotische Suggestionen durchzuführen; 5. Amnesie zu entwickeln; 6. sich wie ein Automat zu verhalten; 7. Realitäten zu verzerren und umzuwandeln; und 8. nach außen hin hellwach und aufmerksam zu wirken, egal in wie tiefer Trance man sich befindet. Die Instruktionen wurden dem Patienten in permissiver Art gegeben, damit er sie ganz frei und nach eigenem Gutdünken nutze.

Der Selbstbericht des Patienten nach der erfolgreich bestandenen Prüfung zeigt, wie und in welchem Maße die einzelnen Elemente des Therapieplanes von ihm eingesetzt wurden. Wie Erickson abschließend bemerkt: »Was die Therapie anbelangt, so war es der Patient selbst, der sie entwickelte, und nicht der Autor. Der Autor brachte dem Patienten lediglich bei, wie man verschiedene hypnotische Erfahrungen macht.«

Die genannten experimentellen Testaufgaben zur Feststellung verschiedener hypnotischer Fähigkeiten werden in unterschiedlichem Maße auch zu qualitativen Beurteilungen der Trance herangezogen. Zu diesem Zwecke faßt man mehrere Testaufgaben nach bestimmten Gesichtspunkten zusammen und bildet auf diese Art Skalen zur Feststellung der hypnotischen Beeinflußbarkeit beziehungsweise Tiefe. Eine davon, die mehr intuitiv, aus langjährigen Erfahrungen heraus entstanden ist, lernten Sie bereits im 2. Kapitel kennen. Einen Überblick über das gesamte Spektrum dieser Meßinstrumente finden Sie im Anhang.

Im letzten Kapitel dieses ersten Teiles geht es um die Selbsthypnose. Ich persönlich sehe darin eine interessante Alternative zum Autogenen Training, die mir insbesondere durch die Verkürzung der Übungszeit vorteilhaft erscheint. In Verbindung mit einigen Übungen aus dem zweiten Teil, allen voran der Erfolgsvisualisierung und der Energietransfusion, stellt die Autohypnose für mich eine Form der Meditation dar.

11 Selbsthypnose

Unter Selbst- oder Autohypnose verstehe ich die Fertigkeit des Klienten, sich unter Ausschluß jeder fremden Hilfestellung (was auch Benutzung von Tonträgern einschließt) durch geeignete geistige Manipulation in den Zustand der hypnotischen Trance zu versetzen. In der Praxis werden alle Phasen der Selbsthypnose üblicherweise von dem gerade angewandten hypnotischen Verfahren abgeleitet. Das geschieht durch posthypnotische Aufträge, in denen die Schlüsselreize und deren Reihenfolge sowie die Art der Reaktion festgelegt werden. Die Instruktion mag beispielsweise so aufgebaut werden:

▶ Immer dann, wenn Sie sich selbst in Trance versetzen wollen, brauchen Sie nur wieder die Augen zu schließen und sich auf Ihren Atem zu konzentrieren. Wenn Sie dann merken, daß er ganz ruhig und regelmäßig wurde, zählen Sie die Atemzüge von 1 bis 10 und stellen sich bei jedem seine Zahl ganz deutlich vor. Mit 10 sind Sie schließlich tief entspannt in Ihrer Trance.

Es gibt aber auch Manuale, die das Einüben der Selbsthypnose direkt, ohne den Umweg über eine Fremdhypnose, ermöglichen. Ein derartiges Programm bietet Morris (1975) mit ihrem zweitägigen Selbsthypnose-Kursus an, dessen Ablauf und Übungsthemen in allen Einzelheiten festgelegt sind:

Fr.	abend	Vorübungen mit Pendel
Sa.	vorm.	Induktion per Augenfixierung und Rückkehr
	nachm.	Vertiefung durch Armlevitation
	abend	Erlernen der Gefühlskontrolle
So.	vorm.	Veränderung negativer Einstellungen
	nachm.	Erlernen der geistigen Kontrolle
	abend	Vorbereitung auf Einsatz der Selbsthypnose beim Lösen von Problemen im Alltag
Mo.	morgen	Beginn der täglichen Anwendung der Selbsthypnose

Ein zeitlich weniger aufwendiges und flexibleres System zum Erlernen von Autohypnose stammt von mir. Es besteht aus zwei Stufen:

Vorübung: Schließen der Augen
▶ Suchen Sie sich irgendwo im Raum eine Stelle aus, auf die Sie sich von nun an konzentrieren. Betrachten Sie die Stelle (es kann auch ein Fingernagel sein) mit größter Anstrengung und erleben Sie dabei, wie Ihre Augenlider von Atemzug zu Atemzug schwerer und schwerer werden. Insbesondere bei der Ausatmung werden die Augen so schwer, daß Sie sie nicht mehr offen halten können, daß Sie schließlich blinzeln müssen. Es kann dann passieren, daß die Augen nicht mehr aufgehen, sondern daß die Augenlider zusammenkleben bleiben. Wenn sie sich doch öffnen sollten, wird diese Schwere mit jedem folgenden Atemzug und Blinzeln noch größer, bis die Augen endlich ganz von alleine zufallen können. Um die Augen wieder zu öffnen, zählen Sie langsam von 5 bis 1. Mit jeder Zahl werden die Augenlider leichter, und bei 1 öffnen sich die Augen ganz.

Wenn Sie Zweifel an der Echtheit des Erlebnisses haben oder die Augen nicht geschlossen bleiben wollen, tun Sie folgendes: Mit (eventuell normal) geschlossenen Augen stellen Sie sich die Zahl 5 vor, die jemand auf Ihre Stirn schreibt. Sie sehen die 5 in allen Einzelheiten, sie sehen nichts anderes als die 5. Sie können sich sogar die 5 selbst mit einem Finger auf die Stirn schreiben. Wenn Sie sich auf die 5 richtig konzentrieren, können Sie unmöglich die Augen normal öffnen. Im Gegenteil: Je mehr Sie sich darum bemühen, desto fester kleben die Augenlider zusammen. Machen Sie dann weiter mit der 4, der 3 und der 2. Immer wenn es Ihnen gelingt, die Zahl ganz deutlich auf Ihre Stirn geschrieben zu sehen, versuchen Sie, die Augen zu öffnen. Es kann Ihnen allenfalls mit sehr großer Anstrengung gelingen. Bei der 1 dagegen gehen Ihre Augen ohne jede Anstrengung auf.

Selbsthypnose zur Entspannung:
▶ Nachdem Sie beim Augenschluß subjektiv vorangekommen sind, beginnen Sie mit der Selbsthypnose. Ab diesem Zeitpunkt

sollten Sie Ihre Übungen regelmäßig, mindestens einmal am Tag, durchführen.

Induktion der Trance:

▶ Sie machen es sich ganz bequem. Schließlich hat der Körper eine günstige Lage gefunden (die er übrigens wieder verändern kann, ohne Sie dadurch in der Entspannung zu stören), und Sie atmen 5mal hintereinander langsam und tief ein und aus. Zählen Sie die Atemzüge voll mit und stellen Sie sich die Zahlen vor. Auch wenn die Augen zunächst noch offen sein mochten, sind sie auf jeden Fall bei der Zahl 5 zu. Mit dem nächsten Atemzug stellen Sie sich einen Kreis vor, der den Buchstaben X einschließt (etwa so: ⊗) und blenden allmählich und sorgfältig das X aus dem Kreise aus.

Vertiefung der Trance:

▶ Stellen Sie sich, einen nach dem anderen, die Selbstlaute A – E – I – O – U fünf bis zehn Atemzüge lang vor. Jeder Buchstabe kann klein- oder groß-, hand- oder druckgeschrieben sein – das ist Ihre Entscheidung. Sprechen Sie den jeweiligen Selbstlaut im Geiste aus und lassen Sie ihn, so gut es Ihnen gelingt, durch den ganzen Körper schwingen. Wenn Ihnen ein bestimmter Buchstabe besonders gut tut, arbeiten Sie in Zukunft nur noch damit. Später kehren Sie mit der (wieder) gefundenen Ruhe und Energie zurück oder wenden sich einer Meditationsübung zu.

Rückführung aus der Trance:

▶ Sie bedienen sich derselben Zählmethode wie beim Schließen der Augen. Sie zählen also (ohne die Zahlen nun imaginieren zu müssen) im Geiste von 5 bis 1, und bei 1 gehen Ihre Augen ganz von alleine auf, und Sie sind wieder voll da im Alltag. Sie fühlen sich nach der Übung wohl, frisch und ausgeglichen.

Fremd- und Selbsthypnose sind, wie eine Langzeit-Untersuchung zeigte (Fromm u. a., 1981), nur teilweise identisch. Sie gleichen einander im *Vertieftsein* in die Trance-Phänomene sowie – ergänzend dazu – im *Verblassen der gewöhnlichen Realitätsorientierung,* das sich in schrittweisem Rückzug von der

Außenwelt äußert. Die Merkmale, die Fremd- und Selbsthypnose unterscheiden, sind *Aufmerksamkeit* und *Ich-Rezeptivität* (vgl. Kapitel 3). Uneingeschränkte, frei schwebende Aufmerksamkeit und Ich-Rezeptivität für aus dem Innern kommende Reize sind dem Zustand der Selbsthypnose eigen, während konzentrierte Aufmerksamkeit und ein Geöffnetsein für von außen (d. h. dem Hypnotiseur) kommende Reize spezifisch für den Zustand einer Labor-definierten Fremdhypnose sind. Versuche, eine Altersregression und positive und negative Halluzinationen zu produzieren, sind auffallend erfolgreicher in der Fremdhypnose. Dagegen ist die Imaginationsfähigkeit wesentlich ausgeprägter in der Selbsthypnose. Grundsätzlich erfordert die Selbsthypnose eine größere Überwindung und Anstrengung, also ein höheres Maß an Selbstdisziplin. Wenn der Klient sich dann mit dem Zustand vertrauter machte und sich darin wohlfühlt, dann wird er weniger Zeit damit vergeuden, sich über ein Versagen in der Selbsthypnose zu ängstigen – seine Fähigkeit, sich schnell und leicht in eine Trance zu versetzen, nimmt nun zu, wie es auch das Verblassen gewöhnlicher Realitätsorientierung, die innere Hingabe und die Trancetiefe tun.

Zweiter Teil: Klinische Methoden der Hypnose

12 Vergangenheitsbezogene, aufdeckende Verfahren

Sprengt der Taifun seinen Kokon,
umarmt ein Schmetterling die Sonne.
(Kidlat)

Es ist das Bestreben vieler psychotherapeutischer Schulen, das psychische Trauma, das meist in der Kindheit erfahren wurde, einsichtig zu machen und die daran gebundene Energie freizusetzen. Dieser Zugang schließt auf jeden Fall eine Altersregression auf seiten des Klienten ein. Im 10. Kapitel wurde bereits eine experimentelle Anweisung zur Altersregression in hypnotischer Trance vorgestellt. Falls man mit diesem Verfahren einen Erfolg hatte, erscheint die therapeutische Erinnerungsarbeit auf den ersten Blick bestechend einfach: Wenn ich mit einem Klienten an der Bewußtmachung und der Bewältigung seiner traumatischen Erlebnisse arbeite, brauche ich ihn demnach nur in der Trance zurückzuführen – und er wird seine Einsicht schon gewinnen! Der Wunsch ist fromm, und die Versuchung, es zu glauben, ist wirklich verlockend. Schon Freud war ihr erlegen; die Ent-Täuschung trug dann wesentlich dazu bei, daß er sich in jeder Hinsicht gegen weitere therapeutische Anwendungen von Hypnose aussprach. Die Auswirkungen seiner Lehrmeinung sind leider in der wissenschaftlichen Welt bis in die heutigen Tage spürbar: Unter alleiniger Berufung auf Freud tun noch immer etliche Fachleute Hypnose als irrelevant oder irreführend ab. Dabei kann man mit Hypnose in der Tat eine deutliche Kürzung der tiefenpsychologisch orientierten Therapien herbeiführen, wenn man bestimmte Grundsätze berücksichtigt. Cheek und

LeCron (1968) stellten fest, daß für die Behandlung von psycho-somatischen Störungen in klassischer Psychoanalyse 300–600 Sitzungen benötigt werden, während in ihrer Art der Hypnothera-pie selten mehr als 15–20 Sitzungen erforderlich sind. Diese auffällige Diskrepanz läßt sich nur folgendermaßen erklären: In der regressiven Hypnotherapie gelingt es dem Therapeuten bei minimalem Zeitaufwand, den Klienten in einen *direkten* Dialog mit dem Unbewußten zu bringen und das verdrängte Material konstruktiv zu aktivieren. Statt sich auf Umwegen über Symbole und deren Interpretationen mehr als behutsam vorzutasten, wird der Klient möglichst geradlinig an das Trauma herangeführt, wobei er nicht zu seiner Erkenntnis gezwungen wird.

Dieser Dialog mit dem Unbewußten kann drei verschiedene Formen annehmen: Entweder teilt sich das Unbewußte dem Klienten und dem Therapeuten gleichzeitig mit; die Aufarbeitung der offenbarten Problematik findet dann häufig auf der bewußten Ebene statt. Oder der Therapeut bleibt ausgeschlossen, während der Klient seine Probleme löst, gegebenenfalls ohne momentan zu wissen, daß beziehungsweise wie es geschehen ist. Oder es ist nur der Therapeut, der die Ursache der Störung vom Unbewußten des Klienten erfährt; der Klient behält dann zumindest vorläufig eine Amnesie.

Die in diesem Kapitel beschriebenen aufdeckenden Verfahren bieten Maßnahmen, die dem Therapeuten ein situationsgerechtes Vorgehen gestatten – und das auch in einem derart paradoxen Augenblick, wie ihn die zuletzt genannte Alternative darstellt. Denn logisch betrachtet, darf der Therapeut eigentlich mit dem weiterhin verdrängten Wissen des Klienten nichts anfangen – sobald er mit ihm darüber ein gewohntes therapeutisches Gespräch führte, verstöße er ja eindeutig gegen den Schutz durch Amnesie.

Was aber, wenn wir die gewohnte Ebene verlassen?

Ideomotorische Zeichen

Das Prinzip der ideomotorischen Zeichen wurde von Erickson (1961) schon in den dreißiger Jahren entdeckt. Er hatte damals erkannt, daß jede vollständige, mithin unbewußte Wiederholung eines Erlebnisses ideomotorische und ideophysiologische Reaktionen auslöst, die mit dem Erlebnis direkt zusammenhängen. Er war der Erste, der die Nutzung der symbolischen Kopfbewegungen des Nickens und des Schüttelns beschrieb, die im Falle trancebedingter Sprechhemmung der Klienten dem verbalen »Ja« und »Nein« gleichzustellen sind. Erickson stellte auch fest, daß es möglich ist, das ideomotorische Antworten den Händen zu übertragen; damit fand er hervorragende Abhilfe gegen die bewußte, willentliche Kontrolle der Bewegungen, weil die Hände wesentlich leichter zu dissoziieren sind als der Kopf. Es war aber LeCron (1954, 1961), der dieser Methode die heutige Gestalt verlieh. Er führte zum einen den Gebrauch des Pendels zum unbewußten Antworten ein und konzentrierte zum anderen den Vorgang aus den Händen in die Finger.

Die Methode selbst ist verblüffend einfach. Im Kern geht es um ein Frage-Antwort-»Spiel«, bei dem der Therapeut bewußt-intuitiv Fragen zum Problem stellt und der Klient seine Antworten nonverbal, unbewußt mittels zuvor festgelegter Pendel- oder Fingerbewegungen folgen läßt. Die ideomotorischen Zeichen bedeuten für den Therapeuten eine echte, unverfälschte Informationsquelle, sie können dem Klienten zu einer gewissen Objektivität verhelfen (LeCron, zitiert nach Cheek, 1962). Psychosomatische Patienten, die die Beteiligung von psychischen Belastungen am Zustandekommen ihrer Krankheit bewußt nicht akzeptieren wollen, scheinen dieser Einsicht dann kaum noch Widerstand zu leisten, wenn die Antwort ideomotorisch ermittelt wird. In den meisten Fällen werden also die Patienten von den eigenen psychischen Abwehrmechanismen nicht mehr an der Erkenntnis gehindert, wie es sonst so üblich ist, sondern sie erleben sich zum Zeitpunkt der Einsichtsgewinnung außerhalb der reaktivierten Emotionen. Das heißt nicht, daß sie das Trauma gefühllos zur

Kenntnis nehmen – es heißt, daß sie dem erinnerten Affekt geschützt entgegentraten, um ihn wie ein Außenstehender mit dem nötigen Abstand beurteilen zu können.

Vorbereitung

Man unterscheidet zwei Vorgehensweisen: Befragung über Pendel und Befragung über Fingersignale. Nach Meinung von Experten spielt es grundsätzlich keine Rolle, was man mit dem Klienten einübt (Cheek und LeCron, 1968). Jedoch sollte man beide Techniken beherrschen, denn manchmal läßt sich nur eine davon etablieren.

Beginnen wir mit dem *Pendeln*. Sie haben es schon im Zusammenhang mit einer Wachsuggestion kennengelernt, und wissen von dort, daß das Pendel insgesamt vier verschiedene Bewegungen ausführen kann: auf einer Linie vor und zurück und umgekehrt, auf einer Linie von links nach rechts und umgekehrt, im Kreise dem Uhrzeigersinn gemäß und im Kreise dem Uhrzeigersinn entgegen.

Mit dem Unbewußten können Sie auch maximal vier Antwortmöglichkeiten vereinbaren. Sie lauten im einzelnen: »Ja«, »Nein«, »Ich weiß nicht« und »Ich will nicht antworten«.

Der Klient hält das Pendel mit der dominanten Hand. Eine Pendelscheibe ist eher hinderlich, weil der Klient in einem bequemen Sessel (möglichst mit Kopfstütze) sitzt und den Ellbogen auf der Armlehne abstützt. Es ist zwar günstiger, wenn er seinen Blick auf das Pendel fixiert, doch das Pendel vermittelt die Antworten des Unbewußten auch bei geschlossenen Augen. Sie betonen noch mit allem Nachdruck, daß die Methode nur dann funktionieren kann, wenn der Klient wirklich alles geschehen läßt, und verweisen auf die Natürlichkeit der unbewußten Ja- und Nein-Kopfbewegungen, um jeden Anschein des Wunderbaren zu vermeiden.

Dann erläutern Sie dem Klienten die vier Bewegungen und sagen ihm, welche Antworten damit zum Ausdruck gebracht werden können. Sie brauchen nicht unbedingt alle vier Typen anzugeben. LeCron verzichtet mittlerweile auf »Ich weiß nicht«, weil es von etlichen Klienten als höfliche Ausrede mißbraucht wird (nach Cheek, 1974). Ich selbst arbeite ausschließlich mit »Ja« und »Nein«; wenn der Klient später einmal mit diesen vorgegebenen Kategorien nicht auskommt, macht es sich ohnehin an der Bewegung bemerkbar (z. B. schwingt das Pendel diagonal oder es bleibt über der Mitte stehen).

Der Klient ist also innerlich eingestimmt. Dann instruieren Sie ihn, wie er die Antwort vom Unbewußten bekommt:

▶ . . . während Sie sich weiter voll auf das Pendel konzentrieren und alles geschehen lassen, wird sich Ihr Unbewußtes dafür entscheiden . . . oder es hat sich schon dafür entschieden . . . mit welcher der vier Bewegungen es das *Ja* ausdrücken will . . . das *Ja* als die Antwort des Unbewußten . . . und diese eine Bewegung wird nun noch deutlicher. . . (usw. bis) . . . das *Ja* ist jetzt ganz klar und eindeutig zu erkennen . . . (spätestens an dieser Stelle verbalisieren Sie auch die Bewegungsweise des Pendels). Gut, Sie wissen nun, wie es ist, wenn Ihr Unbewußtes eine unserer Fragen bejahen will, aber nicht alle Fragen kann man gleich beantworten. Es gibt auch Fragen, die man verneinen muß. Und so . . . lassen Sie das Pendel zur Mitte zurückkehren, einfach zur Mitte zurück . . . und das Unbewußte zeigt Ihnen gleich, mit welcher der freigebliebenen Bewegungen es unsere Fragen verneinen will . . . das *Nein* als die Antwort des Unbewußten . . . noch deutlicher. . . (bis Sie sich sicher genug sind, die Bewegung eindeutig erkannt zu haben).

Es ist ebenfalls zulässig, dem Klienten von Beginn an für jede Antwort eine bestimmte Bewegung vorzugeben (z. B. ↔ = ja, ↺ = nein). Das hat den Vorteil, daß Sie sich nicht immer wieder auf die individuellen Systeme Ihrer Klienten umstellen müssen und Sie von daher gegen Mißverständnisse geschützt sind. Andererseits wirkt es auf den Klienten viel persönlicher und überzeugender, wenn die Zeichen von sich aus zustandekommen.

Wenn die Motivation des Klienten übersteigert oder unzulänglich ist und er das Pendel deshalb willentlich in Schwung versetzt, merken Sie das sehr schnell. Insbesondere bei der Einleitung und bei der Beendigung der Bewegung kommt der Schwung ruckartig und sichtbar aus dem Handgelenk und aus den Fingern. Führt dagegen das Unbewußte die Hand, so können Sie keine auffällige Muskeltätigkeit im Arm beobachten (vgl. Kapitel 4).

Noch unkomplizierter als das Pendeln ist das *Fingersignalisieren*. Hier macht sich das Unbewußte mittels Fingerheben verständlich. Es ist wiederum besser, den Klienten ganz von alleine seine Antworten zuordnen zu lassen, doch der Übersicht halber sollten Sie ihn auf die (dominante) Hand orientieren, neben der Sie sitzen. Wird die Wahl nämlich auf die Finger der beiden Hände ausgedehnt, kann es leicht vorkommen, daß sich ein Teil der Antworten oder auch alle auf der gegenüberliegenden Hand etablieren und Sie dann Schwierigkeiten damit bekommen, die Zeichen richtig zu sehen und zu verstehen.

Bei der Festlegung der Zeichensprache bewährt sich neben Anweisungen, die denen des Pendelns entsprechen, eine Vorstellungsübung mit Luftballons (LeBaron, 1962), die den meisten Klienten mit geschlossenen Augen leichter fällt als mit offenen:

▶ ... während Sie weiter ganz bequem da sitzen, Ihre gesamte Aufmerksamkeit auf die (rechte) Hand konzentriert, gelingt es Ihnen auf Ihre Art und Weise und völlig mühelos, sich jetzt einen Luftballon vorzustellen ... mit geschlossenen oder noch offenen Augen den Luftballon finden ... egal, woher er kommt, so groß und bunt, wie Sie es mögen ... ganz leicht kommt er herangeschwebt, und Sie merken, daß auf seiner Hülle ein Wort sehr deutlich geschrieben steht, das aus zwei Buchstaben besteht ... es ist das Wort *Ja* als die Antwort des Unbewußten ... jetzt senkt sich der Luftballon über der Hand, er berührt einen der Finger, und sofort nach der Berührung steigt er wieder hoch und zieht den Finger empor ... und der *Ja*-Finger beginnt tatsächlich, nach oben zu steigen, immer höher und höher ...

(bis ein Finger eindeutig hochgestiegen ist; dann fahren Sie fort:) Gut, der ... (Name des Fingers) ... ist von nun an der Finger, mit dem Ihr Unbewußtes unsere Fragen bejaht.

(Beendet wird die Levitation mit den Worten:) Und wieder

zurück (oder) Der Finger geht jetzt wieder zurück. (Manchmal müssen Sie den Finger sogar sanft niederdrücken, weil er kataleptisch geworden ist.)

Zum Finden des *Nein*-Fingers wird in gleicher Weise ein anderer Luftballon imaginiert, auf dem das Wort *Nein* geschrieben steht. Falls nötig werden auch die zwei anderen Antworten auf diesem Wege ermittelt. Wie ich jedoch bereits ausgeführt habe, reicht das Ja- und Nein-System an sich aus. Wenn dann der Klient eine Frage wirklich nicht mit Ja oder Nein zu beantworten vermag, gehen entweder der *Ja*- und der *Nein*-Finger gleichzeitig hoch oder einer der übrigen Finger oder gar keiner. In jedem Falle können Sie sich sofort der Bedeutung der Reaktion vergewissern, indem Sie den Klienten z. B. fragen: »Heißt diese Antwort ›Ich weiß nicht?‹«.

Die Zeitspanne beim erstmaligen Fingersignalisieren beträgt im allgemeinen nicht mehr als 2 oder 3 Minuten. Wird danach noch immer keine Bewegung sichtbar, helfen Sie dem Klienten durch eine sanfte Berührung seiner Finger, die Leichtigkeit zu entdecken:

▶ Ganz ruhig und entspannt ... weiter auf die Finger konzentriert ... ich werde jetzt gleich Ihre Finger nacheinander leicht berühren, und Sie brauchen nur darauf zu achten, welcher der Finger sich etwas anders anfühlt als die anderen. Ich fange an ... (Gleichzeitig mit der Berührung sprechen Sie den Namen des jeweiligen Fingers aus.)

Bewußtes Fingersignalisieren zeigt sich normalerweise daran, daß die Finger schnell und geradlinig hochgehoben werden. Beim unbewußten Zeichen ist die Bewegung viel zaghafter, langsamer und oft stufenweise (als würde der Finger einrasten); während des Hochsteigens zittert der Finger meist sehr leicht. Wenn Sie sich nicht ganz sicher sind, fragen Sie den Klienten nach seinen Empfindungen bei der Reaktion.

Therapeutischer Leitfaden

Nach der Etablierung der ideomotorischen Zeichen können Sie sich gemeinsam mit dem Klienten auf die Suche nach den Ursachen seiner Störung begeben. Machen Sie sich aber gleich an dieser Stelle die Regel zu eigen, nichts ohne das Einverständnis des Klienten und seines Unbewußten zu unternehmen. Deshalb wird die erste Frage, die zur Therapie überleitet, folgendermaßen lauten:

► Ist es für Sie richtig, jetzt gleich etwas mehr über die Gründe Ihrer Beschwerde (Ihres Problems) zu erfahren?

Bei positiver Antwort gehen Sie systematisch weiter vor. Cheek und LeCron (1968) entwickelten auf der Grundlage persönlicher Beobachtungen das Schema der »Sieben Schlüssel der psychosomatischen Erkrankungen«, das ein langsames und überlegtes Einkreisen der traumatischen Begebenheit(en) ermöglicht. Zunächst eine Beschreibung der sieben Kausalfaktoren:

Konflikt bedeutet eine Situation, in der wir etwas erwarten oder tun wollen, doch durch eigene, moralische Zwänge oder durch gesellschaftliche Gebote daran gehindert werden. Einfach ausgedrückt stoßen bei einem Konflikt das »Ich will« mit dem »Ich kann nicht« zusammen.

Motiv für eine Erkrankung ist in vielen Fällen das Primärbedürfnis nach Liebe, Zuwendung und Anerkennung, die sich der Klient auf einem anderen, gesunden Wege nicht zu verschaffen weiß.

Identifikation stellt eine wichtige Phase der frühen Kindheit dar. Wir alle identifizieren uns als Kinder mit den Erwachsenen, die uns nahestehen. Ein Mensch, der jedoch seine Bewunderung aus der Kindheit unreflektiert ins Erwachsen-Sein übernimmt, kann damit z. B. auch die Schlaflosigkeit der Mutter auf sich genommen haben.

Masochismus entsteht aus starken Schuldgefühlen. Es ist eine weit verbreitete Form von unbewußter Selbstbestrafung, die im Extremfall zur Selbstzerstörung führt.

Prägungen mögen auf den ersten Blick trivial erscheinen, doch sie beeinflussen maßgeblich das Erleben und Verhalten des Menschen. Als Prägung bezeichnet man eine fixe Idee, die aus dem Unbewußten wirkt. Cheek (1975) schildert den Fall eines Arztes, der zeitlebens von einem unbändigen Leistungs- und Erfolgszwang angetrieben wurde. In der Altersregression entdeckte er plötzlich einen Moment kurz nach dem Verlassen des Mutterleibes (es war eine Hausgeburt), als er von der Hebamme trocken und warm gerieben worden war, und er hörte wieder den Geburtsarzt sagen: »Vergeuden Sie doch nicht so viel Zeit mit ihm, ich glaube nicht, daß es sich bei ihm lohnen würde.« – Er war als eine Frühgeburt von 7½ Monaten mit dem Gewicht von 3½ Pfund zur Welt gekommen.

Körpersprache ist ein Phänomen, bei dem die verbale Ausdrucksweise des Klienten eindrucksvoll Anhaltspunkte für die Ursache der Störung liefert. Die Ursache manifestiert sich oft in Form gängiger Redewendungen wie z. B. »Ich zerbreche mir den Kopf darüber« bei Kopfschmerzen, oder »Das schlägt mir auf den Magen« bei Magenerkrankungen. So wird z. B. auch von einem Patienten mit Schiefhals berichtet, dem seine Sekretärin »den Kopf verdreht« hatte, und der auf das Erlebnis mit Traurigkeit und Schuldgefühlen »zurückschaute« (Cheek und LeCron, 1968).

Frühere Erlebnisse hängen eng mit Prägungen zusammen, der Unterschied dürfte lediglich in der Gewichtigkeit des Eindruckes liegen. Als Beispiel kann der Fall eines schlafsüchtigen Arztes genannt werden, der zum fünften Lebensjahr regredierte und sich erinnerte, wie er sich damals durch vorgezogenen Schlaf der Bestrafung vom Vater entzogen hatte (Cheek und LeCron, 1968).

Bei der praktischen Anwendung des Schemas beginnen Sie mit einer Frage, die trotz anamnestischer Evidenzen von psychosomatisch Kranken nicht immer bejaht wird:

▶ Vielleicht gibt es für Ihren Zustand eine seelische oder emotionale Ursache, vielleicht ist es auch eine rein körperliche Erkrankung – es steht bisher nicht eindeutig fest. Doch Ihr Unbewußtes kennt den wahren Grund, und deshalb wollen wir es einfach fragen: Ist Ihre Beschwerde irgendwie psychisch verursacht?

Eine Bejahung bedeutet hier die grundsätzliche Einverständniserklärung des Klienten. Eine Verneinung ist – waren vorangegangene medizinische Untersuchungen ohne Befund und etwaige Medikationen ohne Erfolg – eher als prinzipieller Widerstand denn als Hinweis auf unentdeckte körperliche Störungen zu verstehen. In diesem Zusammenhang erinnere ich mich an eine Klientin mit langjährigen Kopfschmerzen. Sie kam zu mir auf Empfehlung ihres behandelnden Arztes (Psychiater und Neurologe). Gleich in der ersten Sitzung verneinte sie per Fingerzeichen die obige Frage, was mich zu einer Methodenänderung veranlaßte; da die ärztliche Diagnose eindeutig war, glaubte ich an einen Fehler in der Methode selbst. Dennoch war das Endresultat ein baldiger Abbruch der Therapie unter Anführung recht fadenscheiniger Gründe.

Die nächsten Erkundigungen betreffen das Überprüfen der Krankheitsschlüssel:

▶ Erfüllt das Problem irgendeinen Zweck? Bekommen Sie dadurch irgendeinen Vorteil?
Kennen Sie vielleicht jemanden, der das gleiche Problem hatte? Identifizieren Sie sich irgendwie mit diesem Menschen?
Will Ihr Körper damit etwas zum Ausdruck bringen? Versuchen Sie, etwas Unangenehmes ... (hier wird das Symptom in Körpersprache übersetzt) ...?
Könnte es ein, daß Sie sich damit für etwas bestrafen wollen?

Ebenfalls möglich und sogar noch günstiger ist es, gleich mit dem Komplex »Prägungen – frühere Erlebnisse« anzufangen:

▶ Gibt es da irgendwelche bestimmte Gedanken, die an der Beschwerde beteiligt sind und die sie mit verursachen?
Sind es mehr als ein Gedanke?
(Wenn ja, stellen Sie die Anzahl der Gedanken fest und fragen dann den Klienten, ob alle Gedanken gleich stark beteiligt sind, ob sie alle denselben Ursprung haben, ob er mit dem schwerwie-

gendsten oder mit dem ältesten Gedanken beginnen will, usw.)
Sie wissen selbst, daß im Leben alles irgendwo beginnen muß.
Hängt der Gedanke mit einer bestimmten Situation zusammen?
Waren es mehr als eine einzige Situation?
(Wenn ja, gehen Sie wie beim vorherigen Punkt vor).
Hat sich diese eine Situation öfters wiederholt?
Sind Sie damit einverstanden, es wieder zu erleben?
Lassen Sie uns dann herausfinden, wann es passiert ist. Waren
Sie damals jünger als . . . Jahre?
(Die Methode der Altersbestimmung ist weiter unten ausführlich
beschrieben).
Sie waren also . . . Jahre alt, als etwas passiert ist, was mit
Ihrer . . . (Name der Störung) . . . zu tun hat. Waren Sie damals
ganz alleine?
Hat jemand etwas getan, was Sie seither so belastet, daß . . .?
Hat jemand etwas gesagt, was Sie seither so belastet?
Waren es mehr als eine Person?
Kennen Sie diesen Menschen?
Wissen Sie jetzt, was passiert ist?
Können Sie es mir sagen?
(Bei nein:) Ist es notwendig, daß Sie es mir erzählen?

An dieser Stelle erfolgt die therapeutische Korrektur der negativen Erinnerung mit den Ihnen vertrauten psychologischen Mit-
teln. Wurde das Problem verarbeitet, wenden Sie sich abschließend erneut an das Unbewußte:

▶ Jetzt, wo Sie wissen, was es damals war (und wo Sie gelernt
haben, damit anders umzugehen) – muß es Sie noch weiter
negativ beeinflussen?
Können Sie jetzt also ohne . . . (Name der Erkrankung) . . . frei
weiterleben?

Die Befragung ist anfangs für den Therapeuten recht ungewohnt
und anstrengend, denn das Unbewußte antwortet genau nach dem
Wortlaut, und nicht danach, wie es gemeint ist. Sie werden daher
auf die Frage »Können Sie es mir sagen?« als Antwort ein

schlichtes »Ja« erhalten. Um den Klienten dann zum Sprechen zu bewegen, müssen Sie ihm eine direkte Anweisung geben: »Kommen Sie jetzt einfach zurück und erzählen Sie es mir.«
Verwirrung entsteht immer durch ungenaue, mehrdeutige Formulierung der Frage. Das geschieht am häufigsten in den Momenten, wo Sie sich der Lösung greifbar nahe wähnen. Die Frage »War es der Vater oder die Mutter?« kann von dem Unbewußten nur dann ideomotorisch sinnvoll beantwortet werden, wenn sie aufgeteilt wird. Und wieder dürfen Sie die wörtliche Auffassung des Unbewußten nicht außer acht lassen, wenn es zwar einen Elternteil anzeigt, doch dann den Vater und die Mutter verneint. Es kann sich nämlich um einen Stiefvater oder eine Stiefmutter oder um einen anderen Elternersatz mit Sonderstellung gehandelt haben.
Bezüglich des Zeitbegriffes werden Sie gelegentlich ebenfalls die abstrakte Ebene verlassen müssen. Eine etwa 60jährige Klientin, die zu ihrem vierten Lebensjahr regredierte und sich angsterfüllt auf der Veranda des Elternhauses fand, fragte ich bedenkenlos »Ist es schon spät?«. Das Durcheinander der Fingerzeichen veranlaßte mich zu sofortiger Umformulierung der Frage. »Ist es draußen dunkel?« konnte das vierjährige Kind problemlos beurteilen.
Das Alter in der traumatischen Situation erfahren Sie, indem Sie zunächst stereotyp die Frage stellen: »Waren Sie damals jünger als . . . Jahre?« Als Anhaltspunkte dienen mir dabei 20, 15, 10, 7, 6, 5, 4 und 3 Jahre. Diese Zahlen setzen Sie der Reihe nach so lange ein, bis das Nein kommt. Die weiteren Schritte demonstriert folgendes Beispiel:

»Waren Sie jünger als 10 Jahre?« – »Ja.«
»Waren Sie jünger als 7 Jahre?« – »Nein.«
»Waren Sie 7 Jahre alt?« – »Nein.«
»Waren Sie älter als 7 Jahre?« – »Ja.«
»Waren Sie älter als 8 Jahre?« – »Nein.«
»Waren Sie 8 Jahre alt?« – »Ja.«

Im allgemeinen reicht es vollauf, das Jahr zu bestimmen. Spielt die Zeit eine besonders wichtige Rolle, beginnen Sie besser mit der Festlegung der Jahreszeit als mit unmittelbarer Erfragung des Monates und des Tages.

Um einer Bejahungstendenz beim Klienten und den Beeinflussungstendenzen meinerseits vorzubeugen, gewöhnte ich mir insbesondere bei Personenidentifizierung an, zwischendurch das meines Erachtens weniger Wahrscheinliche zu fragen. Geht es z. B. um ein kleines Mädchen, das sich von einem Menschen irgendwie bedroht fühlt, lauten meine Fragen »War es eine weibliche Person?« und dann »Ist diese Person gleich alt wie das Mädchen, das Sie gefunden haben?«. Trotzdem – ab und zu übertrifft die Realität auch noch die kühnsten Vorstellungen.

Eine sehr gute Ergänzung zu dem ausführlichen Schema von Cheek und LeCron ist die psychoanalytisch orientierte Befragungsmethode von LeBaron (1962). Er führte diese Variante ein, um den Zeitaufwand für die Überwindung kritischer Widerstände auf das Minimum zu reduzieren.

▶ Ist es möglich, daß diese unangenehmen Gefühle und Empfindungen durch irgendwelche Gedanken hervorgerufen werden?
(Bei Ja:)
Lassen Sie uns die Finger fragen: Wäre es für Sie richtig, darüber etwas mehr bewußt zu erfahren, so daß Sie es hier erzählen können?
(Bei Ja:)
Während der *Ja*-Finger hochsteigt, lassen Sie diese Gedanken ins Bewußte kommen und sprechen Sie darüber.
(Bei Nein:)
Ihr Finger sagt *Nein*. Wäre es für Sie richtig, es jetzt zu erzählen und es dann gleich wieder zu vergessen?
(bei *Ja* benutzen Sie die vorherige Anweisung in entsprechender Abwandlung, bei *Nein* fragen Sie weiter:)
Ist es für Sie überhaupt wichtig, es zu erzählen?
(Bei Ja:)
Wollen Sie es ein anderes Mal erzählen?

Mit Hilfe solcher standardisierter Fragen sowie anderer, situationsbedingter Feststellungen können praktisch alle Vergangenheitsfixierungen aufgedeckt und/oder umstrukturiert werden. Die beiden Fallbeispiele zeigen, welche Flexibilität die ideomotorischen Zeichen im therapeutischen Kontext gewähren.

1. Beispiel: 23 Jahre, weiblich, Amenorrhoe seit 6 Jahren.
1. Sitzung (20 Minuten): Einführungsgespräch mit anschließender Festlegung der ideomotorischen Fingerzeichen.
2. Sitzung (40 Minuten): Altersregression zum 6. Lebensjahr. Klientin ermittelt außerdem, daß sie in der fraglichen Situation allein mit einem Jungen zusammen war, der etwas gesagt oder getan hat. Sie könne es aber erst später erzählen.
3. Sitzung (60 Minuten): Wiederholung der Altersregression mit einer Umstrukturierung. Klientin kann zunächst bestimmen, daß das gesuchte Erlebnis am Tag und auf einem Spielplatz geschehen ist. Da über die Fingersignale nichts Näheres zu erfahren ist, versuche ich es mit einer anderen Anweisung: »Ich zähle gleich laut von 1 bis 3, und bei 3 beginnt der Film mit einem kleinen Mädchen auf einem Spielplatz abzulaufen. . . . Das Mädchen ist nicht alleine, es ist ein Junge bei ihr, der etwas sagt und tut, und Sie schauen und hören einfach zu. 1 – 2 – 3, der Film läuft.« Das Ergebnis sind heftige REM-Bewegungen und ständiges Zucken und Hochsteigen des *Nein*-Fingers; die Filmepisode fördert aber kein neues Material zutage. Um trotzdem weiterzukommen, schlage ich eine geleitete Phantasie vor: »Wissen Sie, was dem Mädchen helfen könnte?« – »Nein.« – »Nehmen Sie sich Zeit. . . . Haben Sie es gefunden?« – »Nein.« – »Lassen Sie doch das Mädchen stärker werden, noch stärker als den Jungen. . . . Haben Sie es?« – »Ja.« – »Gut, und Sie erleben nun, daß der Junge schwächer wird, er ist jetzt dem Mädchen vollkommen unterlegen, das Mädchen schaut ihn einfach an und fühlt sich viel stärker als er, und er kann ihm nichts antun und nichts Böses sagen, denn es ist so stark, viel stärker als er, und deshalb dreht sich der Junge wortlos um und geht fort, er geht für immer fort. . . . Der Junge ist verschwunden, das Mädchen wendet sich wieder dem Spiel zu,

es ist ja nichts passiert, ein Junge ist vorbeigekommen und wieder fortgegangen, und dann geht das Mädchen nach Hause und braucht sich wie sonst an nichts Besonderes zu erinnern, denn es ist ja nichts passiert. ... Stimmt es?« – »Ja.« – »Und in der Folgezeit wächst das Mädchen, wächst Ihr Körper, und es ist nichts passiert.« – »Ja.« – »Nichts passiert, so daß das Blut ohne Hindernisse kommen kann.« – »Ja.« Nach der Rückkehr erzählt die Klientin noch, bei dem Ort habe sich um den Spielplatz neben dem Kindergarten gehandelt, der durch Büsche etwas abgeschirmt ist, und der Junge (von etwa 12 Jahren) sei aus dem Gebüsch hervorgekommen. Obwohl zur selben Zeit andere Kinder knapp 50 Meter weiter gespielt haben, habe sie sich in dem Moment ohnmächtig und ausgeliefert gefühlt.

4. Sitzung (60 Minuten): Wiederholung der Altersregression mit weiterer Umstrukturierung. »Muß das Erlebnis noch stören?« – »Nein.« – »Kann der Körper nun auch diesen Teil der Weiblichkeit erfahren?« – »Ja.« – »Steht dem noch etwas im Wege?« – »Nein.« – »Sie können nur dann regelmäßige Blutungen bekommen, wenn es für Sie wirklich wichtig ist. Wollen Sie es?« – »Ja.« – »Weiß Ihr Unbewußtes den Zeitpunkt der ersten normalen Periode?« – »Ja.« – »Können Sie ihn auch bewußt wissen?« – Klientin kommt mit einem Hitzeschauer und mit Totalamnesie zurück.

Weil ich zwecks einer Verifizierung den Zeitpunkt gerne wissen möchte, frage ich die Klientin im Zustand des Alltagsbewußtseins, ob sie damit einverstanden wäre, daß ich mit ihrem Unbewußten noch einmal Verbindung aufnehme. Sie ist es, und nach einer kurzen Tranceinduktion stimmt auch der *Ja*-Finger zu. »Es heißt also, daß ich die Zeit erfahren darf, so wie sie Ihr Unbewußtes weiß, während Ihr Bewußtes sie nicht zu kennen braucht.« – »Ja.« Mit einigen Fragen kann ich dann einen konkreten Tag in Erfahrung bringen. Zum Abschluß lasse ich mir vor der Rückführung noch einmal die Amnesie bestätigen.

9 Monate später: Die Klientin schreibt, sie bekomme jetzt die Periode regelmäßig. Sie nennt auch den Tag der ersten Regel, der mit dem mir angegebenen Datum übereinstimmt.

2. Beispiel: 28 Jahre, männlich, seit ca. ¾ Jahr Unruhe- und Angstzustände (»Überdruck« im Kopf, Ohrenpfeifen, Herzbeklemmung, Erstickungsanfälle, Agoraphobie).

Bei der Therapie arbeitete ich hauptsächlich mit Techniken der Rational-Emotiven Therapie (R-E-T) und der Gestalttherapie. Die endgültige Problemlösung fand jedoch durch Anwendung der ideomotorischen Zeichen im Zusammenhang mit einer hypnotischen Metapher in der 17. Sitzung statt. Nachfolgend die diesbezüglich interessantesten Ereignisse:

1. Sitzung: Der Klient ist davon überzeugt, daß die Symptome in Beziehung mit dem Zusammenbruch des von seiner Frau geleiteten Geschäftes stehen. Er habe sich nicht selbst darum kümmern können, weil er damals (vor 2 Jahren) wochentags in einer anderen Region beruflich gebunden war, und er sei erst von dem Konkurs benachrichtigt worden, nachdem jener angemeldet worden war.

7. Sitzung: Einführung der Fingersignale. Die Anweisung lautet: »Wenn man eine Schwierigkeit bewältigen will, hilft es zu lernen, entweder alles wieder zu erinnern oder alles restlos zu vergessen. Doch das kann nur das Unbewußte selbst entscheiden – und so, wenn Sie lernen sollen sich zu erinnern, wird es uns ein Zeichen auf der Rechten geben, und wenn Sie lernen sollen zu vergessen, ein Zeichen auf der Linken.« Die Antwort kommt erst mit Ende der Sitzung und bedeutet den Wunsch nach Erinnerung. Klient zeigt Spontanamnesie für die gesamte Trance.

8. Sitzung: Der Klient berichtet vom Verlust des Unbehagens und der Angst vor der Therapie mit der heutigen Sitzung; insbesondere die Vergangenheitsdurchleuchtung mache ihm Spaß.

9. Sitzung: Ich führe die Metapher »Innenraum-Zauberraum« ein. Das ist ein imaginärer Raum, der einen vollkommenen Schutz und eine totale Handlungsfreiheit gewährt. Der Raum besteht aus Boden, Wänden und Decke, alles in Weiß, wie eine verschlossene Schachtel; wenn man die Tür hinter sich zufallen läßt, ist man bei und mit sich selbst. – Etwas später leite ich den Klienten an, den Augenblick zu erleben, als alles begonnen hat. Er findet über Fingerzeichen einen grauen Morgen, etwa 6 Uhr in

der Früh. Am Spätabend zuvor habe er von der Pleite erfahren, sich gleich ins Auto gesetzt und sei nach Hause gefahren. Jetzt habe er gerade die Wohnung betreten und sei ganz alleine, mit einem Gedanken. Der Gedanke lautet: »Du hast versagt!«

14. Sitzung: Im Unterschied zu der 7. Sitzung will der Klient fortan lernen, alles zu vergessen (wurde durch Finger angezeigt).

17. Sitzung: Ich gebe ihm eine Metapher zum Vergessen, die um folgende Stichworte aufgebaut ist: »Innenraum-Zauberraum – Druck und Unruhe vor sich angehäuft – Boden öffnet sich – Blick in das hell erleuchtete gewaltige Bergwerk des eigenen Lebens, das voller Schätze ist; wo das Auge hinschaut, überall sind die Lebenserfahrungen angesammelt, denn nichts geht verloren – der Haufen der Mißempfindungen und der negativen Gedanken wird bis zum letzten Rest in den Erdspalt hineingestoßen und sofort von dem Unbewußten an einen sehr weit entfernten Ort zu sicherer Aufbewahrung gebracht – nichts davon wird sich je noch als eine Beschwerde bemerkbar machen können, alles ist nun vollkommen vergessen, und es könnte allenfalls ausschließlich in einer therapeutischen Situation und mit dem Einverständnis des Unbewußten zurückgerufen werden, und dies nur wenn es wirklich wichtig wäre (eine posthypnotische Suggestion, die bei Bedarf eine qualifizierte Neuverarbeitung ermöglicht) – Lichter gehen aus, Boden schließt sich – innere Ruhe und Frieden im Zauberraum – Rückkehr in den Alltag, Ruhe und Frieden bleiben.«

Affektbrücke

In der psychoanalytischen Therapie spielt die *freie Assoziation* seit jeher eine überragende Rolle. Die Gedankenverkettungen fördern in den mannigfaltigsten Weisen verdrängte Konflikte zutage, sei es durch Aufdeckung der ihnen zugrundeliegenden Erlebnisse, sei es durch Aktivierung der sie schützenden Abwehrmechanismen und Widerstände. Diese Methode hat jedoch auch eine Achillesferse: Sie ist zu sehr intellektuell angelegt und beschäftigt sich zu einseitig mit Gedanken; Gefühle, Emotionen und Affekte finden darin kaum Berücksichtigung, so daß die pathogenen Erfahrungen nicht in ihrer ursprünglichen Erlebnisintensität wiederholt werden können. Deshalb tendiert eine derart orientierte Behandlung dazu, steril zu werden und zu verflachen. Emotionale Tiefe wird schlichtweg mit der Länge der Therapie verwechselt (Watkins, 1971).

So kam es zum Vorschlag eines alternativen Vorgehens, das als *Affektbrücke* bezeichnet wird. Es handelt sich um »eine Technik, in der ein Patient auf der Ebene des Erlebens aus einem gegenwärtigen in ein vergangenes Geschehen versetzt wird. Dies wird durch einen Affekt, der beiden Geschehen eigen ist, zuwege gebracht und nicht durch eine gemeinsame ›Idee‹, wie es in psychoanalytischer Assoziation üblich ist. Der gegenwärtige Affekt wird lebendig gemacht und alle anderen Aspekte des jetzigen Geschehens werden hypnotisch weggenommen. Der Patient wird dann aufgefordert, zu einem früheren Geschehen zurückzukehren, in dem dieser Affekt gefühlt worden war, und das assoziierte Ereignis wieder zu erleben« (Watkins, 1971).

Das Verfahren nutzt die Eigenart von Hypnose, die Raum-Zeit-Grenzen zwischen der Gegenwart und der Vergangenheit aufheben zu können. Ausgehend von einer aktuellen Erfahrung, die er vielleicht am Vortag machte, gestattet der Patient in der Trance dem Affekt, eine Brücke zu schlagen, die ihn mit dem auslösenden Konflikt jetzt auch bewußt in Verbindung bringt. Bei einer etwa 35jährigen Klientin, die auf Lärm jeglicher Art (Lautstärke am Arbeitsplatz, Hausfeier, Ehekrach, usw.) mit Magenverkrampfung und Erbrechen reagierte, benutzten wir in der 5. Sitzung zum Einstieg eine vorherige Auseinandersetzung mit dem Ehemann:

▶ Sie können alles wieder ganz deutlich erleben . . . das Zimmer, in dem Sie sind; den Mann, der immer lauter wird; sich selbst, wie Sie da stehen, einfach da stehen, und alles hören und spüren; die Stimme wird noch stärker, noch heftiger; der Druck im

Magen nimmt zu, er wird immer größer und größer; der Raum löst sich auf, der Mann verschwindet, doch die Stimme wird noch lauter und poltert durch Ihren Körper; alles besteht nur noch aus dem Lärm und aus dem Brechreiz, einem festen, eisernen Druck im Magen; die ganze Welt ist nichts anderes als ein riesiger Druck im Magen.

Mit dem alles andere wegdrängenden Gefühl des Magendrucks wurde die Brücke zur Vergangenheit gebildet. Darauf unternahm die Klientin eine Altersregression. Weil wir bereits in der 1. Sitzung mit ideomotorischen Zeichen gearbeitet hatten, war es nun kein Problem, von ihr fortlaufend Rückmeldung zu bekommen.

▶ Sie fangen jetzt an, immer jünger und jünger zu werden. Sie gehen in Ihrem Leben zurück, als würden Sie durch ein Buch oder Photoalbum rückwärts blättern, und Sie lassen sich dabei alleine von dem riesigen Druck im Magen und dem Brechreiz leiten. Die Zeit fliegt an Ihnen vorbei, alles verändert sich, Sie werden noch jünger; nur der Druck im Magen bleibt gleich stark oder nimmt noch zu. Und Sie gehen in Ihrem Leben noch weiter zurück – und finden plötzlich den Augenblick, wo Sie zum allerersten Male den Druck und Brechreiz verspürt haben. . . . Haben Sie es? Was ist passiert?

Nach den letzten Fragen weinte die Klientin eine Weile vor sich hin und kam anschließend aus der Trance zurück. Sie erzählte mir, wie ihr mit sieben Jahren plötzlich bewußt geworden war, daß ihre einjährige Schwester von den Eltern stets bevorzugt werde. Die Klientin sei damals sehr anlehnungsbedürftig zum Vater gekommen, doch er habe sie weggeschoben und sich weiter mit der kleinen Schwester beschäftigt; ihr sei nichts anderes übriggeblieben, als zu schmollen.
Die Lösung dieses Konfliktes geschah ebenfalls in Trance. Ich instruierte die Klientin, sie habe Zeit genug, um etwas zu finden, was das siebenjährige Mädchen tun möchte, damit das negative Gefühl verschwindet; und sie solle es auch ausführen. Wenn sie

fertig sei, werde der *Ja*-Finger hochgehen. Als etwa drei Minuten später das Zeichen tatsächlich erfolgte, fragte ich noch: »Kann der Druck im Magen jetzt für immer fortgehen?«, was sie gleichfalls bejahte. Nach der Rückführung erfuhr ich, was ihr geholfen hatte – sie habe den Vater geschüttelt und *ganz laut geschrieen:* »Ich bin auch da!«

Mit der Sitzung beendete die Klientin auf eigenen Wunsch die Therapie. Sie war davon überzeugt, mittels der Affektbrücke die Antriebskraft erkannt und aufgelöst zu haben, welche ihr störendes Verhalten über all die Jahre hin steuerte. Einige Tage später fühlte sie sich noch immer innerlich gelöst, ohne jeden Druck im Magen, wenngleich sie an sich schon ausreichend Gründe für zumindest einen Brechanfall gehabt hätte.

Die Affektbrücke eignet sich hervorragend zur Therapie von psychischen Störungen, die Veränderungen des Bewußtseins einschließen und die man als *Zwangshandlungen* klassifiziert (Schafer, 1981). Solche temporären Bewußtseinsveränderungen seien auf die Beeinflussung des jetzigen durch einen alten, verdrängten Ich-Zustand zurückzuführen, ohne daß der Patient das Trauma wissentlich erfaßt habe. Schafer setzte die Methode unter anderem auch bei Pyromanie und Voyeurismus mit sehr guten Erfolgen ein.

Stumme Abreaktion

Emotionale Abreaktion oder *Katharsis* gehört schon seit Jahren zum psychotherapeutischen Instrumentarium. Am bekanntesten dürfte ihre Verbindung zur Psychoanalyse sein: Obwohl später von Freud (1904, [1972]) und seinen Anhängern für nur vorübergehend hilfreich befunden, gilt sie doch als Ausgangspunkt bei seiner Entdeckung unbewußter Prozesse (Breuer und Freud, 1895 [1970]). In der ersten Hälfte des 20. Jahrhunderts fiel sie dann besonders als Mittel zur Behandlung von Kriegsneurosen auf (J. G. Watkins, 1949). Neuerdings läßt sich sogar von einer

Renaissance der Katharsis sprechen – sie wird auch von theoretisch derart entgegengesetzten Therapieformen wie der Urschreitherapie (Janov, 1970) oder der Implosionstherapie (Stampel und Levis, 1967) gezielt angestrebt.

Wie mannigfaltig aber auch ihre Begründung sein mag, so ist die Handhabung emotionaler Abreaktionen nach wie vor primär von den räumlichen Gegebenheiten abhängig. Und weil dabei extrem heftige Gefühlsäußerungen (Geschrei, Heulen, Kreischen, Fluchen usw.) freigesetzt werden, scheitert ihre Anwendung vielerorts, trotz eindeutiger Indikation. Eine zweite Einschränkung entsteht durch die Forderung nach uneingeschränkter Unterstützung des Klienten von seiten des Therapeuten (J. G. Watkins, 1947). Der Therapeut muß bereit sein, in gemeinschaftlichen Phantasien mitzuhassen, mitzumorden, mitzufürchten und mitzuvergewaltigen; wenn er sich darauf etwa aus moralischen Bedenken nicht einlassen mag, kann der Katharsisversuch mit Leichtigkeit zu einer Verfestigung des Grundkonfliktes führen. H. H. Watkins (1980) modifizierte daher die Methode, die ihr insbesondere zum Ablassen von verdrängtem Ärger vorteilhaft erscheint. Die *stumme Abreaktion* ist nach ihren Erfahrungen der klassischen Katharsis in gewisser Weise noch überlegen – indem nämlich der Körper in die affektive Entladung nicht voll einbezogen wird, können sich viele Klienten erst richtig »gehen lassen«, da sie ja keine Angst vor eigener Gewalt bekommen. Wenn andererseits eine ganzheitliche Abreaktion wünschenswert ist, sind die Klienten durch die lautlose Konfrontation mit der schmerzhaften Vergangenheit auf jeden Fall schon etwas entlastet, und die Gefahr von unkontrollierbaren Gewaltakten bei der Aktivierung des traumatischen Ereignisses ist damit stark herabgesetzt.

Das Vorgehen umfaßt drei Phasen, die die essentiellen Schritte therapeutischer Abreaktionen berücksichtigen:

1. *Vollständige Affektentladung*
Nach einer hypnotischen Induktion und Vertiefung erzählen Sie dem Klienten, daß Sie gemeinsam mit ihm einen Waldpfad

entlanglaufen, bis er plötzlich auf einen Felsbrocken stößt. Der Stein ist hüfthoch, mit Moos bewachsen und voller Schmutz. Daneben liegt ein dicker, frisch abgebrochener Ast oder ein schwerer Hammer, den der Klient beidhändig aufhebt. Dann soll er weit ausholen und dem Stein einen Schlag versetzen. Kann der Klient es nachvollziehen, suggerieren Sie ihm, der Stein repräsentiere eine bestimmte Person oder Erfahrung (die Sie aus der Anamnese kennen), bzw. er sei die Masse aller Enttäuschungen und Erniedrigungen, die der Klient in seinem Leben hinnehmen mußte. Dann sagen Sie:

▶ Sie werden gleich anfangen, mit voller Wucht und mit Ihrer ganzen Kraft auf diesen alten dreckigen Brocken einzuschlagen, und das so lange, bis Sie sich ganz schlapp fühlen. Dann werden Sie mir ein Zeichen geben, indem Sie einen Finger hochgehen lassen. Und obwohl hier, in diesem Raum, kein einziger Laut davon gehört wird, können Sie dort, wo wir jetzt sind, nach Lust und Laune schreien und toben und Dinge hinausbrüllen und tun, wie Sie es sich schon immer gewünscht haben; kein Mensch hier draußen wird etwas davon hören. Und es wird niemand den Ort in den Wäldern finden und Sie dabei stören, wenn Sie jetzt beginnen, auf den Felsen einzuprügeln.

In den nächsten drei bis fünf Minuten feuern Sie den Klienten mit affektiv hochgeladenen Zwischenrufen an: »Sie haben noch mehr Kraft, noch mehr Wut; geben Sie's ihm; Sie brauchen jetzt niemanden mehr zu schonen – lassen Sie alles 'raus«, usw. Schließlich zeigt er vereinbarungsgemäß an, er sei völlig erschöpft.

2. Positive Selbstwertäußerung
Sie wechseln das Bild und befinden sich nun zusammen mit dem Klienten auf einer blühenden Wiese, die Sonne scheint, eine sanfte Brise wiegt das Gras (Sinnbild für innere Wärme und Glückseligkeit). Eine Baumgruppe steht in der Nähe, und das Gras dort ist noch grüner und weicher (Sinnbild für Entspannung). Der Klient legt sich ganz gelöst in das Gras, und Sie setzen

sich auf einen Baumstumpf daneben. Dann fordern Sie ihn auf, hörbar laut etwas Positives über sich selbst zu sagen:

▶ Bevor wir weitermachen können, müssen Sie mir etwas verraten, was Sie an sich selbst schätzen; vielleicht eine gute Eigenschaft, ich weiß es nicht, einfach eine positive Äußerung über sich selbst.

Sie warten so lange, bis er eine entsprechende Auskunft von sich gegeben hat, wobei es nicht auf ihre verbale Differenziertheit ankommt. Sie kann sehr allgemein gehalten werden (»Ich komme mit anderen Menschen eigentlich gut aus«). Ihre Bedeutung liegt alleine darin, nach dem gewaltsamen Ausleben der Affekte das Denken und Fühlen des Klienten in neue, konstruktive Bahnen zu leiten.

3. Emotional-rationale Umstrukturierung und Re-Integration
Die positive Behauptung greifen Sie sofort auf und fahren fort:

▶ Konzentrieren Sie sich jetzt auf die Fußsohlen und auf die Zehen. Sie werden dort gleich ein angenehmes Gefühl spüren, wahrscheinlich etwas wie strömende Wärme oder leises Kribbeln. Wenn Sie es merken, geben Sie mir das Zeichen mit dem Finger.

Die wohltuende Empfindung leiten Sie schrittweise im ganzen Körper ein. Die einzelnen Anhaltspunkte sind: über den Fuß in die Knöchel, die Knie, die Hüften, den Bauchnabel, das Sonnengeflecht, die Schultern, und schließlich durch die Arme und in den Kopf. Ist das angenehme Gefühl im ganzen Körper verteilt, betonen Sie, daß es von den positiven Gedanken des Klienten über sich selbst komme, oder aus seiner inneren Kraft, oder vielleicht aus seiner Zuversicht, mit den Problemen endlich fertigwerden zu können (Sie achten dabei darauf, so zu argumentieren, daß es der Klient als seine eigene Meinung aufnimmt). Danach suggerieren Sie ihm, die wohlige Empfindung werde noch stärker, und wenn er es mit Fingerzeichen bestätigt hat, sagen Sie, das zusätzliche Gefühl stamme von Ihnen: Diese positive Energie stelle Ihre Achtung vor seiner inneren, psychischen Kraft sowie Ihren Glauben und Ihre Überzeugung dar, daß er das Erlebte erfolgreich bewältigen werde. Wenn die angenehme Empfindung in seinem Körper gerade jetzt aufgekommen ist, sei es als Belohnung dafür zu verstehen, daß er all den Ärger endlich freilassen konnte.

Mit der pothypnotischen Anweisung, das Wohlempfinden werde auch nach der Trance anhalten, beenden Sie die hypnotische Sitzung.

Die stumme Abreaktion kann schon nach einer Sitzung von dem Klienten zu Hause in Selbsthypnose so oft wiederholt werden, bis der Ärger aufgebraucht ist.

In einer Variante, der die psychoanalytische Technik des *korrektiven emotionalen Erlebnisses* am nächsten kommt, betritt der Therapeut zusammen mit dem Klienten einen imaginären Raum mit einer Glaswand. Dahinter kann sich der Klient als Kind in einer signifikanten Situation wiederfinden. Er schaut noch einmal zu, wie er (das Kind) von dem Damals-Menschen (meist ein Elternteil) mißhandelt wird. Danach wird das Umlernen induziert:

▶ Sehen Sie sich an, wie das Kind jetzt all das, was es an Ärger und Wut gedacht hat, geschehen läßt. Es kann den Menschen, der es so verletzt hat, schlagen und ihm alles antun, was es in sich hochkommen spürt; es kann ihn töten, ihn immer wieder umbringen, auf jede Art und Weise, die es mag, und es braucht dabei keine Bestrafung zu befürchten. Das Kind hat jetzt die Freiheit, all das zu tun.

Gelingt es dem Klienten, den Affekt indirekt, hinter der Glaswand auszuleben, kann er anschließend als innerlich gefestigter Erwachsener in eine direkte stumme Katharsis hineingeführt werden.

Geleitetes Träumen

Wie sich in Versuchen mit Traumdeprivation zeigt, führt natürliches Träumen zu einer essentiellen Erholung des Gesamtorganismus. In rein psychologischem Sinne erfüllen Träume daneben die Funktion eines symbolischen Monologes, bei dem der Mensch auch auf ungelöste Probleme eingeht, die er aus den verschiedensten Beweggründen (Mangel an Geduld, an innerer Kraft usw.) in der Wachzeit nicht zu bewältigen vermochte oder wußte.

Nach Sacerdote (1967, 1968) spricht nun alles dafür, daß hypnotisch und posthypnotisch induzierte Träume psychodynamisch äquivalent und physiologisch manchmal identisch mit natürlichen Träumen sind. Diesen Ansatzpunkt baut er zu einem detaillierten Programm der *therapeutischen Nutzung induzierter Träume* aus. Eine typische Sitzung verläuft dann so:

1. Hypnoseinduktion durch eine beliebige Standardmethode. (Dauer ca. 3 Minuten)
2. Vertiefung durch Fraktionierung, die mit einer posthypnotischen Suggestion kombiniert ist:
▶ In zwei Minuten werden sich Ihre Augen wieder öffnen, und Sie werden voll wach sein und sich wohl fühlen; Sie werden sich strecken wollen und werden es auch tun; Sie werden Ihre Sitzlage etwas verändern; Sie werden Ihre Augen leicht reiben, und die Augen werden dadurch sehr schwer werden; dann werden Sie sich sehr müde fühlen und gleich einschlafen, und der Schlaf wird ein tiefer, wohltuender, natürlicher Schlaf sein, bei dem Ihr Kopf auf der Kopfstütze ruht. (Dauer 3–4 Minuten)
3. Patient führt die posthypnotischen Anweisungen durch und schläft ein. (Dauer etwa 4 Minuten)
4. Therapeut suggeriert, der Patient höre ihn weiter; außerdem sei es für den Patienten von Vorteil, den Schlaf zu nutzen, um
▶ einen interessanten und vielleicht seltsamen Traum zu bekommen, der sehr schön endet und der Ihnen mit den Problemen weiterhelfen wird.

(Eine zusätzliche Anweisung instruiert den Patienten:) Sobald der Traum beendet ist, beginnen Sie aufzuwachen; Sie fühlen sich dabei gelöst und erfrischt; Sie erinnern den Traum ganz klar und deutlich und erzählen ihn mir, wobei Sie alles auslassen können, was nicht hierher gehört.

(Die Traumphase werden Sie oft anhand der Bewegungen der Augäpfel [REM] identifizieren können; zudem mag sich das Atemmuster verändern, und die Hände werden eventuell zeitweise von leichten Zuckungen durchfahren. Kurz vor dem Aufwachen fügt der Therapeut hinzu:) Unmittelbar nachdem Sie den Traum zu Ende erzählt haben, werden Sie sich wieder recht müde fühlen, die Augen werden zufallen, und Sie werden von neuem zu schlafen beginnen; Sie werden dann etwas träumen können, was mit Ihrem jetzigen Traum zusammenhängen und Sie weiterbringen wird. (Gesamtdauer 6–7 Minuten)

5. Patient verhält sich entsprechend den obigen Anweisungen. Nach Beendigung der Schilderung seines Traumes bemerkt er vielleicht, wie müde er sich fühlt, und ohne weitere Suggestionen seitens des Therapeuten schläft er erneut ein. (Dauer ca. 5 Minuten)

6. Patient träumt zum zweiten Male. Das Traumerlebnis darf jetzt durch spezifische, situationsangemessene Suggestionen gesteuert werden, die Teile des vorherigen Traumes ins Zentrum seiner Aufmerksamkeit rücken oder anderes, therapeutisch relevantes Material miteinbeziehen.

Vor dem Aufwachen gibt der Therapeut noch posthypnotische Suggestionen zum Einschlafen und Träumen, analog zum 4. Schritt (Gesamtdauer 5–7 Minuten).

7. Patient verhält sich wie in 5. Mit ziemlicher Wahrscheinlichkeit hat er nach der zweiten oder dritten Wiederholung damit angefangen, aus eigener Kraft die symbolische Bedeutung des Traums oder der Träume in die Alltagssprache zu transformieren. (Dauer ungefähr 5 Minuten)

8. Zu diesem Zeitpunkt ist der Patient so gut eingeübt, daß er – wenn die Zeit ausreicht – dazu angeleitet werden kann, es
▶ sich bequem zu machen, einzuschlafen, und sofort wieder zu

träumen; dieser wunderbare, interessante und aufschlußreiche Traum, der mit den anderen sehr eng zusammenhängt und der Sie noch weiterbringt, passiert jetzt direkt vor Ihnen, und Sie beschreiben ihn einfach, während er vorbeizieht, und wenn er zu Ende ist, werden Sie aufwachen und sich wirklich entspannt und frisch fühlen; Sie werden einen ganzen Teil der Träume erinnern und verstehen, und Sie werden imstande sein, Ihre Erfahrung für viele ruhige, ausgeglichene Tage zu nutzen. (Gesamtdauer 5–10 Minuten)

9. Patient wacht auf und kommentiert die ganze Sitzung. Unter Umständen wird er noch den letzten Traum deuten.

Einen eindrucksvollen Wortlaut einer vollständigen Einsichtsgewinnung durch wiederholtes Träumen finden Sie bei Erickson (1967).

Zur Frage der Effektivität berichtet Sacerdote, er habe das Verfahren bei über 200 Patienten angewandt und schon in der Gruppe der mittelmäßig Hypnotisierbaren in mehr als 50% der Fälle relevante traumähnliche Erfahrungen aktivieren können; bei den gut Hypnotisierbaren sei der Prozentsatz noch höher ausgefallen. Einige der erfolgreichen Patienten hätten sogar zuvor den eigenen Angaben zufolge nur selten oder noch nie geträumt. Damit jedoch bei seinen Lesern keine falschen Erwartungen aufkommen, hebt Sacerdote gleichzeitig die Tatsache hervor, daß er niemals die Methode der Trauminduktion als einzige einsetze. Die Gesamtdauer der Behandlung läßt sich dadurch ohnehin nicht standardisieren: Er habe mit einigen Patienten nur eine oder zwei Wochen gearbeitet, während andere ein Jahr und länger benötigten.

Anläßlich eines Workshops mit Carter und Gilligan im Jahre 1978 lernte ich noch eine andere interessante Traumtechnik kennen. Das auffälligste Merkmal daran ist, daß die Träume nicht nacheinander, sondern ineinander induziert werden; auch wird die Lösung des im Traum erlebten Problems viel direkter angestrebt.

1. Tranceinduktion und -vertiefung durch beliebige Techniken. (Dauer 5–10 Minuten)

2. Imaginäre Etablierung eines sicheren Ortes, der mit der Metapher »Mitte von Nirgends« umschrieben wird:

▶ In Ihrer Vorstellung finden Sie jetzt den Ort, an dem Sie sich besonders wohl und sicher fühlen; er liegt genau da, in der Mitte von ... rechts ... links ... oben ... unten ... vorne ... hinten ... gestern ... morgen ... niemals ... immer ... in der Mitte von Nirgends; egal, wo Sie sich finden, Sie hören mich weiter. (Dauer 2–3 Minuten)

3. Instruktionen zur Ausdehnung der Zeitwahrnehmung:

▶ Jeder Mensch hat schon erlebt, daß sich die Uhrzeit in die Länge ziehen kann – Minuten werden zu Stunden, und die Stunden nehmen zu und nehmen kein Ende und dauern halbe Ewigkeiten; deshalb können dann auch zwei Minuten Uhrzeit reichen, um ein Problem vollständig zu wiederholen, egal, wann es wirklich begonnen hat. (Dauer ca. 4 Minuten)

4. Festlegung der Schlüsselworte, die die Träume einleiten und beenden sollen. Sie legen sich dafür drei Worte zurecht, die Sie mit absoluter Sicherheit nicht vorzeitig aussprechen werden, auf keinen Fall also Zahlen wie 1, 2 und 3. Meine eigenen Auslöser heißen hier »Sturm«, »Wasser« und »Glas«:

▶ Ich werde gleich das Wort »Sturm« aussprechen, und Sie werden dann in Ihrer Mitte einen Traum finden, der Ihnen alles geben wird, was mit dem ... (Problembezeichnung) ... verbunden ist. Sie werden genügend Zeit haben, um all die guten, die schlechten und die anderen Erfahrungen und Erlebnisse zu erkennen, die damit zusammenhängen. Am Ende des Traumes werde ich dann das Wort »Wasser« aussprechen, und Sie werden träumen, daß Sie tief eingeschlafen sind, und in dem Schlaf werden Sie einen neuen Traum bekommen – vielleicht andere Zeiten, andere Orte, andere Menschen vorfinden – einen Traum, der Ihnen die Lösung für das Problem aus dem ersten Traum geben wird; Sie lassen sich überraschen, was Sie da bekommen werden; sobald die Lösung gekommen ist, werden Sie die beiden Träume zusammenlegen und sehen, was sich daraus für Sie ergeben wird. Am Ende werde ich dann das Wort »Glas« aussprechen, und Sie werden wieder zu Ihrer Mitte zurückkehren und alles mitbringen, was Sie mitnehmen dürfen. Gut, wir fangen jetzt an. (Dauer etwa 3 Minuten)

5. Erstes Schlüsselwort. Anschließend schweigen Sie. (Dauer 2 Minuten)

6. Zweites Schlüsselwort. Erneutes Schweigen. (Dauer 1 Minute)

7. Drittes Schlüsselwort. Gleich danach geben Sie die Anweisung:

▶ Ganz entspannt und erfrischt wieder in der Mitte zurück; Sie haben alles mitgebracht, was Sie mitnehmen durften. (Dauer 1 Minute)

8. Beendigung der Trance. Dabei betonen Sie noch einmal die Frische und das Wohlbefinden (keine Kopfschmerzen!) nach Öffnen der Augen.

Mit Hilfe posthypnotischer Suggestionen lassen sich übrigens auch die Nachtträume in den Therapieprozeß gezielt integrieren. Sie brauchen dazu lediglich dem Klienten aufzutragen, er werde »in der kommenden Nacht einen Traum haben, der Ihnen noch mehr Klarheit über das Problem verschaffen wird; es ist gut möglich, daß Sie die Antwort nicht gleich vollständig verstehen werden, aber Sie werden den Traum auf jeden Fall vollständig behalten und ihn mir in der nächsten Sitzung erzählen können«.

Hypnoplastik

Die Vorteile, die sich aus der Einbeziehung *aller* Sinnesmodalitäten in die hypnotherapeutische Situation ergeben, wurden erst in den letzten Jahren zum Gegenstand systematischer Untersuchungen (Bandler und Grinder, 1975; Grinder, Delozier und Bandler, 1977). Zuvor wurde die Erkennung und die Nutzung vor allem der Intuition des einzelnen Therapeuten überlassen, und wohl kaum einer erreichte darin einen so hohen Grad der Kunstfertigkeit wie Erickson (1959).

Eine Ausnahme, bei der neben dem visuellen Aspekt der Wahrnehmung auch die taktil-kinästhetischen und die olfaktorisch-gustatorischen Empfindungen gezielt angeregt und eingesetzt werden, bildet die Methode der *Hypnoplastik*. Den Terminus führte Meares (1960b) ein. Er verstand darunter ein hypnoanalytisches Verfahren, bei dem das Modellieren mit Ton oder einer Knetmasse es dem hypnotisierten Patienten erlaubt, das verdrängte oder unterdrückte Material gegenständlich auszudrükken. In der anschließenden Phase verbalisiert der Patient die dargestellten Konflikte. Beides kommt unter direktiver und kontinuierlicher Anleitung des Therapeuten zustande.

Die Methode wurde bald darauf abgewandelt zur »sensorischen Hypnoplastik« (Raginsky, 1961, 1962, 1967). Während Meares jeweils nur eine Art des Materials zum Modellieren benutzt, geht Raginsky davon aus, daß die multiple Wahrnehmung (Synästhesie) und damit die individuelle Expression der Störung bedeutsam gesteigert wird, wenn der Ton in seiner Oberflächenbeschaffenheit, Temperatur, Farbe, Geruch und Festigkeit variiert und den inneren Wünschen und Bedürfnissen des Patienten möglichst optimal angepaßt wird. Das geschieht nach 2–3 hypnoplastischen Sitzungen mit neutralem Ton, wenn sich bei dem Patienten bestimmte psychoanalytisch relevante Tendenzen offenbaren. Zur Hervorbringung analer Erinnerungen z. B. sei sehr weicher, fast wässriger brauner, warmer Ton, dem gegebenenfalls ein Stückchen stark riechender Käse beigemischt wird, am besten geeignet (1962). Die einzige Anweisung, die der Therapeut dem Patienten gibt, lautet: »Sie haben etwas Knetmaterial in den Händen. Machen Sie damit alles, was Sie mögen. Sagen Sie alles, was Sie mögen. Lassen Sie sich einfach gehen, ich werde es verstehen.« Dann verhält sich der Therapeut bis zur Rückführung des Patienten passiv und still. Diese Passivität behält er auch nach der Rückführung bei. Eine aktivere Rolle übernimmt der Therapeut in späteren Stadien der Behandlung, wenn die Aufdekkung so weit fortgeschritten ist, daß eine neue Lösung des

Konfliktes und ihre Integration in die Gesamtpersönlichkeit des Patienten in den Vordergrund treten. Sensorische Hypnoplastik trägt (nach Raginsky, 1967) insbesondere zur Regression auf die oralen und analen Entwicklungsstufen in einem Maße bei, das bei derselben Intention kein anderes Verfahren zuläßt.

Eine weitere Variante brachte die völlige Loslösung von der Vorgabe einer konkreten Modelliermasse und das ausschließliche Arbeiten mit imaginärem Ton (Sacerdote und Sacerdote, 1969). Dieser sei viel einfacher zu handhaben als der wirkliche; außerdem könne es weder zu Fehlgriffen bei der Wahl des Materials noch zu Beschmutzung der Kleidung kommen. Etwa 50% der Patienten sprechen auf die »halluzinierte sensorische Hypnoplastik« positiv an, viele von ihnen bereits in der ersten oder zweiten Hypnosesitzung. Für das Zustandebringen therapeutisch bedeutsamer Imaginationen sei die Tiefe der Trance nicht entscheidend – so könnten viele Menschen in offensichtlich nur leichtem Stadium der Hypnose spontan oder auf Anweisung Empfindungsqualitäten wie warm-kalt, trocken-naß, rauh-glatt usw. erleben. Die Art der Strukturierung der aktuellen Situation wird dem Therapeuten nicht vorgeschrieben. Jener habe selbst zwischen aktiver Führung und passiver Begleitung des Patienten zu bestimmen. Ein eindeutiger Vorzug der halluzinierten Tongestaltung liegt für den Patienten in der Möglichkeit, nach eigenem Ermessen das gefundene Konfliktmaterial preiszugeben. Im Unterschied dazu nimmt Meares dem Patienten das geschaffene Objekt aus der Hand und hält es ihm als Auslöser für Verbalisierungen hin; bei Raginski ist außerdem die Auslese der Tonqualitäten und ihre Begründung oder Deutung zwingend. Sacerdote und Sacerdote beginnen die Sitzung mit einer üblichen Tranceinduktion, der sich eine zumindest partielle Levitation beider Hände anschließt. Dieser folgt die Anweisung zur Hypnoplastik (Sacerdote, 1974; Svoboda, 1981):

▶ Und jetzt kommen Ihre Hände noch näher zusammen . . . noch näher . . . und sie berühren schließlich einen großen Klumpen der Tonerde. Der Ton ist genauso, wie Sie ihn gerade brauchen. Sie können ihn sehen, spüren und riechen … und Ihre Hände beginnen nun, ihn so zu formen, daß es für Sie eine Bedeutung bekommt. Während die Hände weitermachen, geht jedes unangenehme Gefühl wie Ärger, Wut, Angst, Enttäuschung und Trauer aus Ihnen heraus … egal wie alt … jede Verspannung löst sich in Ihrem Bildwerk auf … je mehr Sie sich gehen lassen. (Etwas später, wenn die Aktion augenscheinlich zu Ende geht.) Ich werde gleich kurz auf die Tischplatte klopfen. Sie werden dann in einen tiefen, wohligen Zustand der Entspannung gehen. Etwas später werde ich von 5–1 zählen, und Sie werden bei 1 wieder in den Alltag zurückkommen.

Das Erlebte muß nicht unbedingt sofort nach der Rückführung zur Sprache gebracht werden. Es kommt auch vor, daß die Technik zu rein nonverbaler Spannungsentladung adaptiert wird. Auf diese Weise konnte eine ältere Klientin mit langjähriger massiver Magen-Darm-Problematik, die bisher ohne Befund blieb, in zwölf Sitzungen Beschwerdefreiheit erlangen.

Hypnosynthese

Seine Methode der Hypnosynthese stellte Conn, als er sie 1949 zum erstenmal beschrieb, als eine Herausforderung des klassischen Konzepts der Hypnotherapie dar, so wie es zu diesem Zeitpunkt die Hypnoanalyse repräsentierte. Danach hatte allein der Arzt zu entscheiden, was für den Patienten gut und wichtig ist, und der Patient hatte die Entscheidungen des Arztes zu befolgen. Die Hypnosynthese ist als kompromißloser Gegensatz zu der Hypnoanalyse zu sehen – die Suche nach traumatischen Kindheitserlebnissen wird zugunsten eines Umlernprozesses aufgegeben, in dem der Patient selbst die Verantwortung für all sein Tun übernimmt. Die Grundlagen der Hypnosynthese können so zusammengefaßt werden (Conn, 1971):
1. Der Patient wird in keiner Weise in Hypnose trainiert, wie es in den meisten Hypnoanalysen geschieht.
2. Dem Patienten wird gleich in der ersten Sitzung vermittelt, daß

er in der hypnotischen Trance nicht zu sprechen braucht, wenn er es nicht möchte, und daß er trotz seines Schweigens vollkommen genesen kann.

3. Es wird kein Versuch unternommen, eine möglichst tiefe hypnotische Trance zu etablieren, und es wird keine Amnesie suggeriert.

4. Das Wort »Hypnose« wird im Einführungsgespräch nicht benutzt, und auch später wird niemals darüber diskutiert, warum die Trance hilft oder nicht hilft.

5. Die Anzahl der Sitzung wird nie im voraus festgelegt. Sie wird in der Trance kontinuierlich vom Patienten selbst bestimmt, wobei jener meist ein- oder zweimal in der Woche kommen will.

6. Bei der Tranceinduktion wird niemals von Schlaf gesprochen. Die aktive Teilnahme des Patienten wird stets hervorgehoben; er wird auch dazu ermuntert, daß er sich der Fähigkeiten und Erfahrung des Therapeuten gemäß eigenen Bedürfnissen und Wünschen bedient, mithin die Therapie selbst gestaltet. Als Beispiel dafür nennt Conn einen Patienten, der nach 6 Monaten Therapie plötzlich in der Trance feststellt: »Diese Methode funktioniert bei mir doch gar nicht.« – Conn erwidert darauf: »Welche Methode? Sie sind es, der hier bestimmt, was er tun will. Und so wissen Sie auch, daß Sie es einfach verändern können, damit es Ihnen wieder paßt.« – Die Antwort des Patienten ist dann bezeichnenderweise: »Ich bin mir innerlich vollkommen im klaren darüber, daß ich meine Arbeitsstelle kündigen muß. Ich trage die Entscheidung schon seit langer Zeit mit mir. Heute war ich endlich imstande, es auszusprechen.« Derselbe Patient pflegte in den vier vorangegangenen Sitzungen sich hinzusetzen, sofort in Trance zu gehen, und zu sagen: »Heute habe ich nichts zu berichten«; der Rest der Sitzung wurde schweigend verbracht.

Eingeleitet wird die Hypnose durch Blickfixierung auf einen kleinen glänzenden Gegenstand (Pendel), der 20–30 cm entfernt etwas oberhalb von der Augenebene gehalten wird. Gleichzeitig werden Suggestionen zu fortschreitender, immer tieferer Entspannung und zum Schließen der Augen gegeben. Bei den letzteren wird der Gegenstand zu nonverbaler Verstärkung nach unten gesenkt. Die komplette Induktion dauert 3–5 Minuten. Dann wird dem Patienten die eigentliche therapeutische Anweisung gegeben. Sie lautet:

▶ Um sich wieder wohlzufühlen, brauchen Sie nicht unbedingt zu reden. Sagen Sie nichts, solange Sie sich dazu zwingen müßten. Erst wenn es ganz leicht und ohne Mühe kommt, so wie der Atem, ganz leicht, können Sie anfangen zu sprechen. Doch was Sie erzählen, ist dabei nicht so wichtig – viel wichtiger ist es, daß Sie nach Ihren echten Gefühlen und Bedürfnissen handeln. Sie können sich auch ganz still verhalten und so das vollständige Wohlbefinden wieder erfahren, wenn es das ist, was Sie sich in Ihrem Innersten wünschen. Das Wesentliche ist, daß Sie Ihre Gedanken auf Ihre Weise ausdrücken, und nicht in der Art, wie ich es vielleicht für richtig halten würde.

Die übliche Reaktion auf diese Instruktion ist eine kurze Schweigepause. Danach beginnt der Patient, entweder über spontane Regression verdrängtes Material zu erinnern oder seine gegenwarts- und zukunftsbezogenen Bedürfnisse und Wünsche zu schildern. In beiden Fällen reflektiert der Therapeut aufmerksam und einfühlsam die Ausführungen des Patienten und kann ihm im richtigen Moment unter Umständen sehr direktive Vorschläge machen wie: »Gehen Sie es jetzt zum letzten Male durch und dann vergessen Sie es einfach, so wie man die meisten Träume vergißt.«
Die Kunst des Psychotherapeuten besteht hier darin, eine effektive zwischenmenschliche Beziehung aufzubauen, in der der Patient seine Einzigartigkeit erfahren, seine Grenzen akzeptieren, und sich dennoch frei genug fühlen kann, um seine Möglichkeiten voll zu nutzen. Der Patient muß auch beginnen, die volle Verantwortung dafür zu tragen, was er weiß, was er jedoch bislang nicht zu erkennen und nicht auszusprechen vermochte. Diese Aufgabe wird ihm durch oder in Hypnose nicht abgenommen.

Andere aufdeckende Verfahren

Es sind aber nicht immer die komplex aufgebauten und theoretisch gut einzuordnenden Methoden, die den retrospektiv gehaltenen Therapieprozeß zu beschleunigen oder einen Widerstand zu überwinden helfen. So gibt es ebenfalls etliche Techniken, die sehr einfach strukturiert sind und denselben Zweck erfüllen. Im richtigen Augenblick eingesetzt, erweisen auch sie sich als ausgesprochen effektiv. Zu dieser Gruppe zählen:

Berühren des Kopfes

Die ursprüngliche, recht gewaltsame Form wurde bereits von Freud praktiziert. Der Therapeut drückt dabei mit flachen Händen den Kopf des Klienten beidseitig temporal beziehungsweise frontal/occipital und vergrößert dabei allmählich seinen Druck. Zugleich suggeriert er dem Klienten, je fester der Druck sei, desto klarer und bewußter werde ihm die Lösung seines Problems. Wenn der Druck dann plötzlich aufhöre (der Therapeut nimmt hier schlagartig seine Hände vom Kopf des Klienten weg), werde der Klient die gefundene Antwort laut aussprechen.
In der zeitgemäßen Abwandlung arbeitet man mit Stirnberührung durch eine Handfläche oder Fingerspitzen:

▶ Ich werde gleich meine Hand auf Ihre Stirn legen. Sie werden sie ganz deutlich spüren, so wie man ein Hindernis spürt. Dann werde ich von 1 bis 3 zählen und bei 3 meine Hand wegnehmen; das Hindernis verschwindet plötzlich, und Ihnen wird im selben Moment etwas einfallen, was Ihnen bei dem Problem weiterhelfen wird.

Verdinglichung

Bei Symbolinterpretation bewährte sich der Wortlaut:

▶ Schauen Sie es sich jetzt genauer an, noch genauer... Und nun beginnt es, sich zu verändern; langsam, ganz langsam verändert es sich, um noch mehr das zu sein, was es wirklich bedeutet. Es wird anders, es verändert sich; ganz langsam wird es zu dem, was es wirklich ist. Und Sie können alles einfach geschehen lassen und behalten.

Wenn der Klient plötzlich nicht weiter weiß, also auf einem toten Punkt angelangte, hilft oft die Anweisung:

▶ Sie beginnen, eine innere Kraft zu spüren, die immer größer und größer wird. Und je mehr Sie von dieser Kraft verspüren, desto deutlicher wird Ihnen, wie Sie ... (Umschreibung der Sperre) ... überwinden.

oder:

▶ Schauen Sie direkt vor sich hin. Sie werden in der Luft eine ganze Reihe von wirbelnden Punkten entdecken. Gleich fangen die Punkte an, wie vermischte, durcheinandergeratene Buchstaben auszusehen. Können Sie es sehen? – (Ja.) – Nun beginnen diese vermischten Buchstaben, sich einer nach dem anderen aus dem Gestöber herauszulösen, und Sie können sie einfach so ablesen, wie Sie sie bekommen.

Wenn es sich darum handelt, in einer Altersregression die Jahresangabe zu erhalten, spreche ich von einer Wolke aus Zahlen, die sehr schnell um die Mittelachse rotieren. Gleich werde die erste Zahl herausfallen, eine 1 werde es sein; danach die zweite Zahl, die Zahl 9; »nun haben Sie die zwei ersten Zahlen, und sie lauten Neunzehnhundert, und jetzt kommt die dritte Zahl hinzu, Neunzehnhundert, und die vierte, die letzte Zahl löst sich aus dem Kreisel heraus, Neunzehnhundert, und Sie haben das Jahr und sprechen es laut aus: Neunzehnhundert ...« (Klient ergänzt das Datum).

Ablesen einer Botschaft
Der Klient soll sich eine Tafel oder eine Wand vorstellen, auf die eine imaginäre Hand mit Kreide oder Kohle eine Botschaft schreibt. Er braucht den Text lediglich abzulesen. Mitunter erscheint es ebenfalls aufschlußreich, nach dem Menschen zu fragen, dem die Hand gehört.
In einer Abwandlung heißt es:

▶ Es tauchen Buchstaben auf. Aus den Buchstaben werden Silben, und die Silben formen Worte; Worte, die Ihnen mehr über Ihre ... (Name der Störung) ... verraten, als Ihnen bislang bewußt war.

Körperschema

Der Klient imaginiert seinen Körper als eine Schalttafel oder einen Weihnachtsbaum mit Lichtern, die seine Gefühle und Befinden von oder in Organen oder Gliedmaßen symbolisieren. So kann bei sexuellen Schwierigkeiten das Licht um Unterleib erloschen oder »schwarz« erlebt werden. Außerdem ist es möglich, neben der visuellen noch andere Sinnesmodalitäten anzusprechen. Im Rahmen einer Schmerztherapie entwickelte der Klient, ein Fernmeldetechniker, zu den optischen (statische Lichtquellen und bewegliche Lichtschranken) noch akustische (Klicken der Schaltrelais) Schmerzhalluzinationen. Im Verlauf der Therapie gewöhnte er sich sehr schnell an, deren Intensität von einem imaginären Schaltpult aus zu verringern und dadurch die Schmerzen zu lindern.

Automatisches Schreiben

Für die Durchführung wird eine Schreibunterlage benötigt, die sich der Klient am besten flach auf die Oberschenkel legt (Cheek und LeCron, 1968; siehe auch Mühl, 1952). Darauf wird eine Papierrolle so eingespannt, daß das Papier bei Bedarf mühelos abgerollt werden kann. Der Füller oder Filzstift sollte breitspurig schreiben, der Bleistift weich; gehalten wird das Schreibgerät aufrecht zwischen dem Daumen und dem Zeigefinger (nicht am Fingerknöchel abgestützt). Die Suggestion ist dann die:

▶ Die (rechte) Hand wird jetzt ganz taub; alle Empfindungen verschwinden daraus. Sie können die Hand immer weniger spüren, wenn ich sie jetzt berühre, bis sie gleich völlig verschwindet. Ganz taub, als würde sie nicht mehr zum Arm gehören. Wenn Sie jetzt den Arm hochheben, (um die Hand in die Schreibposition zu arrangieren) wird es sich so anfühlen, als wäre die Hand vollends weg und nicht mehr am Handgelenk befestigt. Einfach weg. Sie haben von nun an keine bewußte Kontrolle mehr über die Hand. Dennoch kann die Hand alles von innen, von Ihnen wiedergeben. Insbesondere solche Dinge, die Sie längst vergessen zu haben scheinen, erscheinen in neuem Licht, wenn die Hand sie aufschreibt. Es spielt dabei keine Rolle, wie schwer oder leicht Ihnen die Antwort sonst fallen würde – die Hand schreibt einfach alles auf, was für Sie wichtig ist zu wissen, ohne daß Sie jetzt wissen müssen, was es ist. Doch wenn Sie dann aus der Trance zurückkommen, werden Sie sofort erkennen, was da geschrieben steht.

Das Verfahren kann erweitert werden durch die posthypnotische Suggestion, der Patient werde sich zu Hause, wenn die Störung besonders stark zutage treten wird, ohne nachzudenken hinsetzen und »alles über die schlechten Empfindungen spontan niederschreiben, ohne es zu lesen; dann stecken Sie es in einen Briefumschlag und schicken es mir zu, ohne wissen zu müssen, was darin steht. Und Sie werden sich danach viel wohler fühlen« (Coulton, 1966). Eine sehr ähnliche kathartische Technik beschreibt auch J. G. Watkins (1949). Er nennt sie »Poison-Pen Therapy«, was soviel wie »Giftfüller-Therapie« bedeutet.

Abschließend möchte ich auf einige Autoren hinweisen, deren Arbeiten zu spezifisch sind, um hier im Detail vorgestellt zu werden; andererseits aber vermitteln sie dem Fachkundigen weitere interessante Aspekte der Einsichtsgewinnung und Konfliktaufarbeitung in hypnotischer Trance. Es handelt sich dabei um die Konzepte von Klemperer (1961), Kline (1968), Meares (1957), Raginsky (1969), Spear (1975) und Wolberg (1948).

13 Zukunfts- und gegenwartsbezogene Verfahren

Der schlafende Taifun muß lernen zu blasen.
(Kidlat)

Das Leitthema des vorangegangenen Kapitels war die Aufschlüsselung und die Überwindung von krankmachenden Vergangenheitsfixierungen. Es ist aber nicht immer möglich und sicher auch nicht in jedem Falle nötig, die persönliche Lebensgeschichte bis ins letzte Detail aufzudecken. Die Maxime, man müsse zuallererst der in der Bewußtseinsversenkung verborgenen, negativen Antriebskräfte habhaft werden, bevor man eine Lösung anstreben dürfe, hat nur eine relative Gültigkeit. Das bekannteste Gegenbeispiel ist das Autogene Training: Obgleich in seiner Standardform auf ein allgemeines Loslassen ausgerichtet und in keiner Weise symptomorientiert, kann es bereits nach Bewältigung der ersten Übungen der Unterstufe Krankheitslinderungen oder sogar Heilung mit sich bringen. Durch den Einsatz individuell abgestimmter formelhafter Vorsatzbildungen wird der positive, heilende Effekt dieser selbstsuggestiven Methode im Einzelfall noch wesentlich gesteigert.

Zwischen den vergangenheitsorientierten und den Techniken, die auf Gegenwart oder Zukunft bezogen sind, besteht somit – sieht man einmal von dem guten Glauben ihrer jeweiligen Anhänger ab – eine Gleichwertigkeit, die Selektion wird infolgedessen alleine aufgrund rein subjektiver Kriterien von seiten des Therapeuten getroffen. Dazu gehören seine theoretische Aufgeschlossenheit, die Plausibilität und die Nachvollziehbarkeit der Methode, die Leichtigkeit der Handhabung, der Vorbereitungsaufwand usw. Das einzige erwähnenswerte Unterscheidungsmerkmal ist eher sekundär: wurden bisher ausschließlich Möglichkeiten von hypnotischen Einzeltherapien besprochen, sind alle nun geschilderten Verfahren genauso gut für Anwendung in der Gruppe geeignet.

Ich-stärkende Suggestionen

Die Quintessenz der *Ich-Stärkung* wurde mit dem berühmten Spruch von Coué »Es geht mir jeden Tag in jeder Hinsicht immer besser und besser« schon in den zwanziger Jahren festgelegt. Auch in neuerer Zeit wird die Auffassung vertreten, daß es möglich ist, mit Hilfe einer Reihe von einfachen psychotherapeutischen Suggestionen alle Verspannungen, Befürchtungen, Sorgen und Ängste des Patienten schrittweise zu beseitigen und, im umgekehrten Maße dazu, seine Zuversicht in sich selbst und seine Fähigkeit, mit Problemen fertig zu werden, aufzubauen (Hartland, 1971). Und wenn es auch bisher unmöglich war, den Zuwachs an Ich-Stärke objektiv zu messen, sind die Suggestionen in der Tat als ein wertvolles therapeutisches Mittel zu bewerten, denn praktisch alle Menschen berichten nach solchen Sitzungen eine spürbare Zunahme der inneren Gelassenheit und des Selbstvertrauens (vgl. auch Stanton, 1977).

Der Text kann sofort nach der Vertiefung der Trance vorgetragen werden, man läßt dann den Klienten am besten von sich aus, im eigenen Tempo zurückkommen. Ebenso fruchtbar erweist sich die Ich-Stärkung im Anschluß an Regressionen, welche Unterlegenheitsgefühle wachriefen. Im Autogenen Training schließlich wirkt es ganz natürlich, wenn Sie die Anweisungen direkt nach den Übungen geben.

Ein Standardtext, den ich geringfügig modifiziert habe, leitet sehr diskret die Aufmerksamkeit des Klienten auf den nicht zu verleugnenden Selbstwert des Menschen. Der Vorgang läßt sich am ehesten mit der Implantation von rationalen Gedanken in der Rational-Emotiven Therapie vergleichen. Es geschieht nichts Artifizielles; alle Behauptungen treffen irgendwie zu:

▶ 1. In dieser Entspannung können Sie spüren, wie der Körper mit jedem Atemzug in jeder Hinsicht immer stärker und kräftiger wird. Sie werden erleben, daß Sie sich dabei innerlich sammeln und mit Energie füllen, wodurch Sie sich noch wacher ... offener ... tatkräftiger fühlen werden als sonst. Von nun an

werden Sie mit jeder Entspannung immer seltener müde . . .
immer seltener schlaff und abgespannt . . . immer seltener
schwermütig . . . immer seltener und seltener enttäuscht sein und
sich verloren vorkommen. Sie werden sich jeden Tag so stark
darauf konzentrieren, was Sie gerade tun . . . was um Sie herum
geschieht . . ., daß Sie sich dabei völlig von sich selbst lösen
können. Und so werden Sie immer weniger und seltener über sich
selbst nachgrübeln . . . immer seltener und kürzer bei sich selbst
und bei den eigenen Schwierigkeiten verweilen . . . und immer
seltener mit den eigenen, unangenehmen Gefühlen und mit den
eigenen, unangemessenen, negativen Gedanken beschäftigt sein.
Daher werden Sie mit jedem Tag innerlich fester . . . stärker . . .
belastbarer . . ., und Ihr Geist wird dabei klarer und ruhiger . . .
gelöster . . . gefaßter . . . voller Kraft. Von Tag zu Tag werden
Sie auch viel seltener aufgeregt oder verärgert sein . . . Sorgen
werden schwächer und schwächer . . . Ängste und Befürchtungen
treten zurück, lösen sich auf . . . Sie werden immer seltener und
weniger bedrückt, trübselig oder mißmutig sein.
2. Sie werden immer besser imstande sein, klar zu denken . . .
sich viel leichter zu konzentrieren. Deshalb werden Sie immer
besser in der Lage sein, Ihre gesamte, ungeteilte Aufmerksamkeit dem zuzuwenden, was Sie gerade tun . . . und dabei alles
andere außer acht zu lassen. Und so wird sich Ihr Gedächtnis
noch bessern . . . und Sie werden Dinge so sehen und erleben, wie
sie wirklich sind . . . ohne die eigenen Schwierigkeiten überzube-
tonen . . . ohne den Problemen überhaupt zu gestatten, zu groß zu
werden.
Mit jedem Tag werden Sie dann innerlich ruhiger und gelassener
. . . psychisch ausgeglichener . . . immer deutlicher und länger
das Gefühl der inneren Harmonie verspüren.
Und auch wenn Sie meine Stimme nicht mehr hören, wenn wir
nicht mehr zusammenkommen . . . werden Sie mit jedem Tag
und mit jeder Übung in Ihrem gesamten Sein entspannter und
gelöster als zuvor, denn Sie können mit jeder Wiederholung
merken, wie Sie sich dabei immer stärker auf sich selbst verlassen . . . und Sie werden noch mehr Vertrauen zu sich selbst

entwickeln ... mehr Zuversicht in die eigenen Fähigkeiten, auch Dinge zu tun, die Sie sich wünschen, die Sie möchten, und nicht nur das, was Sie müssen ... mehr Selbstvertrauen ... ohne dabei Angst vor Fehlern zu haben, denn aus Fehlern können Sie am besten lernen ... ohne Angst vor Folgen ... ohne unnötige Befürchtungen ... ohne sich dabei unwohl zu fühlen ... auch Dinge tun, die Sie selbst für richtig halten, die Ihnen wichtig sind.

Und deshalb werden Sie sich von Tag zu Tag immer freier finden ... immer selbständiger denken, fühlen und handeln ... egal, wie schwierig die Dinge erscheinen mögen, die Sie tun wollen.

3. So werden Sie mit jedem Tag ein immer stärkeres Gefühl von eigener Unabhängigkeit ... von innerer Freiheit ... von persönlichem Wohlempfinden und Wohlergehen ... von persönlicher Sicherheit, Schutz und Geborgenheit ... in einem Ausmaß verspüren, das Sie wohl so schon sehr lange nicht erfahren haben.

Und da all dies mit jeder Entspannung geschieht ... auf die Art und Weise, wie ich es Ihnen erzähle ... immer deutlicher ... immer stärker und spürbarer ... immer nachhaltiger ... werden Sie mit jeder Wiederholung viel zufriedener ... viel glücklicher ... viel sicherer als zuvor.

Schließlich werden Sie sich auch immer häufiger und stärker auf sich selbst ... auf die eigenen Erfolge ... auf die eigenen Meinungen ... auf die eigenen Entscheidungen verlassen und sich dabei wohlfühlen können. Und dadurch wird jegliches Gefühl einer einseitigen Abhängigkeit ... Ihrer Abhängigkeit ... Ihrer Unterlegenheit ... immer schwächer und schwächer ... bis es verschwindet ... vollkommen verschwindet ... und Sie Ihre Selbständigkeit voll leben und es genießen, Ihren persönlichen Wert entdeckt und anerkannt zu haben.

Bei etwa 70 Prozent der Patienten verschwinden – nach Erfahrungen von Hartland (1971) in eigener psychiatrischer Praxis – die Beschwerden allein durch Anwendung ich-stärkender Suggestionen, und das üblicherweise innerhalb von 20 Sitzungen.

Selbstverständlich ist es erlaubt, den Text weiter zu variieren oder in andere Methoden zu integrieren (Waxman, 1975; Araoz, 1979). Wenn er zu lang sein sollte, bietet sich eine getrennte Darbietung der drei aufeinander aufbauenden, in sich schlüssigen Passagen an.

Erfolgsvisualisierung und Projektionen in die Zukunft

Erfolgsvisualisierung ist mehr ein Sammelbegriff für eine Reihe von Verfahren als der Fachausdruck für eine bestimmte Methode. Das Grundprinzip besteht hier in der geistigen Erschaffung des eigenen Ebenbildes, das die momentan erst gewünschten und angestrebten Eigenschaften oder Ziele bereits besitzt oder erreichte. Derartige Übungen sind bei Maltz (1967), Silva und Miele (1977), Schwarz (1978) und Simonton u. a. (1982) in einem jeweils anderen, nicht-hypnotischen Kontext beschrieben, doch sind die Erfolgsvorstellungen in Selbsthypnose und Hypnose zum teil noch effektiver einsetzbar. Das Beispiel der *Gedächtnisleinwand,* die Schwarz als eine Vorübung für seine Lehre der Kreativen Meditation empfiehlt, soll das Vorgehen verdeutlichen:

▶ Lassen Sie vor Ihrem geistigen Auge den ganzen Tag wie einen Film auf einer Leinwand ablaufen – alles, was geschehen ist, was Sie gedacht und gefühlt haben usw. Fangen Sie mit dem Augenblick des Aufwachens an, und lassen Sie dann den Tag weiterlaufen. Sie wissen, daß Sie selbst der Projektor sind. Und gleichzeitig sind Sie der Betrachter, der objektiv und unbeeindruckt von den Ereignissen auf der Leinwand bleibt. Wenn sie nun etwas sehen, was Sie als negativ beurteilen, halten Sie den Film an. Schauen Sie sich den eingefrorenen Augenblick genauer an. Betrachten Sie dieses Einzelbild sehr sorgfältig und versuchen Sie, auch etwas Positives darin zu finden. Denken Sie daran, daß jedes Problem zu gleicher Zeit wie seine Lösung auf die Welt kommt. Erleben Sie die Lösung dieses Problems auf der

Leinwand. Nehmen Sie die Ganzheit der Situation wahr, indem Sie sich über Ihre Anfangs- oder Spontanbeurteilung hinwegsetzen, um anschließend ein Verständnis der positiven wie auch der negativen Teile der Situation in die Beurteilung hineinfließen zu lassen. Merzen Sie die Schuldgefühle aus, die Sie selbst durch eigene Vorwürfe haben aufkommen lassen. Erkennen Sie an, was Sie aus dieser Situation und aus Ihrem Verhalten darauf gelernt haben, und vergessen Sie sich selbst dabei. Dann lassen Sie den Film noch einmal mit der Korrektur ablaufen.

Meine eigene Methode der Erfolgsvisualisierung basiert auf der Idee, daß hinter der »Vertiefungstreppe« (siehe Kapitel 6 und 8) ein *Innenraum* erscheint. Der Raum strahlt unermeßliche Ruhe und Kraft aus. Der Klient betritt ihn mit der letzten Treppenstufe, und im selben Moment, wenn er die Tür zufallen läßt, ist er frei von allem Negativen. Er kann in dem Raum alles finden und tun, was er braucht, um in seinem Sinne und in absehbarer Zeit nachweislich Erfolg zu haben. Mit einer Gruppe von Übergewichtigen einigte ich mich z. B. auf folgende Imagination:

▶ ... einfach die Tür hinter sich geschlossen und damit alles, was sonst stört, hinter sich gelassen ... Sie sind jetzt alleine in einem Raum, dem Innenraum, dem Zauberraum, wo sie sich geborgen und wohl fühlen ... die Wände, die Decke und der Boden leuchten angenehm hell und weich ... die Ruhe und Gelöstheit nehmen noch zu. ... Direkt vor Ihnen steht ein Schrank. Sie öffnen ihn und finden darin das Kleid, (Hier kann die Aufzählung und detaillierte Beschreibung der vorher besprochenen Lieblingskleidungsstücke folgen, die nicht mehr passen) das Sie so gut kennen. Es hängt auf einem Kleiderbügel ... Sie befühlen es ... der ganze Körper kann es spüren. Und nun nehmen Sie es heraus ... halten es mit ausgestreckter Hand vor sich hin ... betrachten es voller freudiger Erregung ... und im nächsten Moment spüren Sie, wie der Körper ohne jegliche Schwierigkeiten in das Kleid hineinschlüpft ... es fühlt sich so gut an. Sie treten einen Schritt zur Seite und stehen vor einem großen Wandspiegel ... das Gesicht und auch dieser andere Körper aus einer alten und einer baldigen Zeit zugleich gehören Ihnen ... Sie erleben sich selbst ... und der Spiegel beginnt zu erzählen, wie Sie es geschafft haben ... die Augen sehen, die Ohren hören, die Zunge, die Nase, der Gaumen und die Haut spüren, was er Ihnen sagt ...

(An dieser Stelle können bewährte Verhaltensregeln zur Gewichtsreduktion in direkter Form suggeriert werden. Wenn es z. B. um das bewußte Kauen geht, schildere ich, wieviele Geschmäcker doch die Zunge in einem einzigen Bissen zu entdecken vermag.)

Wenn dann der Spiegel zu Ende gesprochen hat, wenn Sie nun wissen, wie Sie es geschafft haben, drehen Sie sich wieder um, gehen zum Schrank zurück und spüren, daß Sie es wirklich schaffen werden ... der ganze Körper spürt schon Ihren Erfolg. Sie legen jetzt das Kleid wieder ab und hängen es in den Schrank. Das Wissen aber haben Sie nicht abgelegt – Sie tragen es von nun an stets in sich. Und nun verlassen Sie voller innerer Kraft und Zuversicht den Raum und kommen mit meinem Zählen langsam in den Alltag zurück, wenn auch etwas anders als zuvor.

Als eine spezifisch hypnotische Variante der Erfolgsantizipation gilt die *Pseudo-Orientierung in Zukunft* (Erickson, 1954). Dabei wird der Klient in tiefer Trance in einen dissoziierten Zustand geleitet, in dem er glaubt, das bereits vollbracht zu haben, wozu er sich bislang außerstande sah. Zwei Voraussetzungen müssen für das Gelingen der positiv gestalteten Altersprogression gegeben sein (Yanovski, 1972): Der Klient muß in der Trance die »vollendete« Meisterung des Problems als Realität erleben und eine möglichst vollständige Amnesie für die Umstände entwickeln, die zur Hypnoseinduktion führten. Außerdem muß das therapeutische Vorgehen auf für ihn glaubwürdigen, wirklichkeitsnahen Phantasien aufbauen sowie die bewußt akzeptablen Zielrichtungen der rationalen Anteile seines Ego repräsentieren. Den Leitfaden für die Pseudo-Orientierung in Zukunft gibt Erickson folgendermaßen vor: Erzählen Sie dem Klienten, daß Sekunden, Minuten und Stunden vorbeiziehen; daß morgen naht, da ist, und wieder gestern wurde; und daß, wie die Tage passieren, diese Woche bald zu Ende geht und der nächste Monat viel eher der jetzige sein wird, als noch vor dieser Woche. Die temporäre Durchlässigkeit soll behutsam und in sich schlüssig dargeboten werden, damit der Klient keine angst- oder widerstandauslösenden Zeitsprünge oder -löcher erfährt. Die Zukunftsangabe soll vom Klienten selbst vorgenommen und dabei nicht zu exakt bestimmt werden; die zeitliche Distanz liegt am besten bei einigen Monaten. Wenn die Zukunftszeit momentan unbekannt ist, hilft es, den Klienten imaginär zum Fenster hinausschauen und ihn die Tageszeit, die Jahreszeit und die Lokalitäten beschreiben zu lassen (Wagenfeld & Carlson, 1979). Eine andere Phantasie, die Erickson sehr häufig benutzt, ist die Vorstellung einer Reihe von Kristallglaskugeln, in denen je eine bestimmte Episode der Zukunftsbewältigung in Form von Vergangenheitserlebnissen auftaucht. Der Klient verbalisiert sie in der Trance, doch nach der Trance erinnert er sie aufgrund von posthypnotischen Amnesiesuggestionen erst zu dem gewählten Zeitpunkt.

Eine Abwandlung des Verfahrens zur Behandlung von psychotischen und neurotischen Depressionen, denen unbewältigte Trauer zugrundeliegt, ist »Progression in den Himmel« genannt worden (Sexton und Maddock, 1979). Das therapeutische Ziel ist die Zusammenkunft mit der verstorbenen Bezugsperson und mit den höheren Mächten, die den Patienten von dem Versprechen lossagen, welches ihn an den Verblichenen bindet. Eine Grundform solcher Gelöbnisse lautet »Ich werde Dir bald folgen«. Diese Methode beinhaltet starke geistige und religiöse Elemente.

Roter Luftballon

Als eine hypnokathartische Technik zur Abreaktion von Schuldgefühlen, die in einsichtsorientierter Therapie nicht weiter aufgearbeitet werden können, ist die *Vorstellung des roten Luftballons* vorgeschlagen worden (Walch, 1976). Die Methode bewährt sich jedoch im nicht-aufdeckenden Kontext ebenfalls sehr gut (siehe auch Stanton, 1977, 1978a). Hierbei können im Prinzip alle störenden Empfindungen, Ideen und Verhaltensweisen durch diese Art hypnotisch induzierter visueller Halluzinationen beseitigt werden.

Die Basistechnik beginnt nach der Tranceinduktion mit der Konstituierung eines ruhigen und friedlichen Ortes:

▶ Sie finden sich plötzlich auf einer Wiese oder Waldlichtung ... oder es ist ein Garten, ich weiß es nicht. Einfach an einem Ort, wo Sie Ruhe und Frieden empfinden. Und dann ist eine Bank da, auf der Sie sich niederlassen. ... So sitzen Sie jetzt auf Ihrer Bank, inmitten dieser wunderbaren Ruhe, und wenn Sie hinabschauen, finden Sie direkt vor Ihren Füßen einen Behälter. Er ist offen und groß und fest genug, um all das aufnehmen zu können, was Sie schon seit langem von sich weggeben wollen. Und so beginnen Sie nun, die Schuldgefühle, die Selbstvorwürfe (usw.) hineinzuwerfen, die Sie nicht mehr brauchen, die Sie nicht mehr haben wollen.

(Gleichlautende Suggestionen zum Loswerden von möglichst allen nicht mehr benötigten, störenden Persönlichkeitselementen wiederholen Sie noch einige Male. Emotionale Beteiligung auf seiten des Therapeuten ist dabei von Vorteil, auch wenn Sie sich nicht so stark wie im Falle der stummen Abreaktion engagieren müssen. Bevor Sie dann weitermachen, können Sie eine Ruhepause einlegen.)

Gut, Sie haben jetzt alles hineingetan, was Sie nicht mehr in sich tragen wollen, und Sie spüren statt dessen eine innere Freiheit und Gelassenheit ... Erleichterung, während der Behälter voll und schwer geworden ist. Sie schließen nun den Deckel mit dem Schlüssel ab, der im Schloß steckt. Der Behälter ist jetzt fest verschlossen. Nichts von dem, was Sie hineinfallen ließen, kann entweichen. Es ist darin luftdicht und für immer eingeschlossen. Sie drehen sich dann zur Seite und entdecken dort einen riesigen roten Luftballon. Das Seil, an dem er hängt, ist an der Bank befestigt. Sie halten es mit einer Hand fest und lösen mit der anderen die Schleife. Danach drehen Sie sich wieder zurück, führen das freie Seilende durch den Tragegriff am Deckel hindurch, und verknoten es ganz fest. Und nun lassen Sie das Seil los. Der Luftballon ist so stark, daß er den Behälter mühelos emporträgt. Sie beobachten, wie er hochsteigt, und oben wartet bereits ein unendlicher blauer Himmel. Der rote Luftballon mit dem Behälter fliegt noch höher . . . noch höher, und wird dabei kleiner und kleiner . . . eine kleine rote Scheibe . . . ein winziger roter Tupfer . . . ein Nadelstich, der für immer in dem strahlend blauen Himmel verschwindet. Und sie bleiben da, voller Freude und Glück über die wiedergewonnene Freiheit, mit der Sie dann in den Alltag zurückkehren werden.

Die Technik ist beliebig modifizierbar. Für einen roten Luftballon habe Walch, wie sie berichtet, sich schlicht wegen seiner Signalwirkung entschieden. Durch entsprechend offengehaltene Suggestionen wird daneben mehrmalige Wiederholung ermöglicht, weil der Klient ja jeweils nur so viel abgeben soll, wieviel er zu entbehren imstande ist.

Wie schon angedeutet, ist das Verfahren außerdem universell einsetzbar, etwa zum Verschwindenlassen halluzinierter Stimmen bei einem Psychotiker (Walch, 1976), oder indem bei Rauchenentwöhnung der Klient veranlaßt wird, den Behälter mit Zigaretten und mit den daran fixierten Bedürfnissen und Wünschen zu füllen (Stanton, 1978a). Ich selbst erlebte in einer kurzen Sitzung, wie ein Alkoholiker seine Rattenphobie vollständig verlor, indem er sich vorstellte, daß die Tiere in einen tiefen, engen, glattwändigen Stahlcontainer hineinfallen und nicht mehr herauskommen. Interessant war hier der Hintergrund der Angst: Sie war dem Patienten in einer vorherigen mehrstündigen Psychotherapie in der Absicht einer Aversivkonditionierung gegen den Alkoholmißbrauch vermittelt worden. Entspannung war für ihn seither der Inbegriff von unsichtbaren Qualen, weil mit dem Moment des Augenschlusses die verhaßten und gefürchteten Nagetiere über ihn herstürzten. Die in hypnotischer Trance vorgenommene Korrektur erlaubte ihm endlich, den wahren Sinn von Entspannung zu erfahren, das heißt in ihr den Ort der inneren Sammlung zu entdecken.

Mit der Vorstellung des roten Luftballons in der Wirkung vergleichbar ist eine Technik, welche im Englischen »compartmentalising« heißt (Stanton, 1977). Sinngemäß handelt es sich um die *Vorstellung des geheimen Zimmers*. Das Zimmer liegt verborgen in einem alten Herrenhaus oder Schloß, und der Klient findet zu ihm über etliche Gänge, Treppen, Durchgangs- und Vorzimmer usw., die der Therapeut in seiner Anleitung recht plastisch beschreiben kann. Schließlich steht der Klient vor einer Wand, für die nur er die Losung kennt. Er öffnet sie und lädt in dem geheimen Raum alles ab, was ihn zum jetzigen Zeitpunkt nur unnötig belastet. Er kann es aber jederzeit von neuem aufgreifen, wenn er nämlich das Problem konstruktiv zu lösen vermag. Dann verläßt er das Zimmer, die Wand schließt sich hinter ihm, und er geht auf demselben Wege wieder aus dem Haus und aus der Trance hinaus.

Energietransfusion

Diese Vorgehensweise ist weitgehend nonverbal und stellt gewissermaßen das somatosensorische Gegenstück zu der Ich-Stärkung dar. In beiden Fällen wird eine allgemeine, nichtspezifische Kräftigung des Organismus angestrebt, wobei die *Energietransfusion* primäre visuelle und/oder taktil-kinästhetische Wahrnehmungen präferiert, wogegen die *Ich-Stärkung* mit viel komplexeren Strukturen auf der sehr hohen Abstraktionsstufe des Selbstbildes arbeitet.

Die visuelle Imagination der Kraftspeicherung benutzt das Bild einer Wolke aus purem weißen Licht, die sich direkt vor dem Gesicht des Klienten befindet. Das Licht strahlt tiefste Zufriedenheit und unbeschreibliches Wohlbefinden aus. Der Klient soll dieses Licht nach und nach einatmen, was aber nicht bedeutet, daß er die Wolke vollständig inhalieren müßte. Es ist durchwegs möglich, einen Großteil der Energie »draußen« zu lassen, denn entscheidend ist alleine der subjektive Sättigungsgrad des Klienten. Das Licht kann über die Nase und die Kehle schrittweise in den ganzen Körper geleitet werden, oder man konzentriert es auf bestimmte ermüdete oder erkrankte Körperstellen oder Organe. Die letztgenannte Alternative der positiven Selbstbeeinflussung von Heilungsprozessen tritt neuerdings ganz deutlich in der Krebstherapie nach Simonton (1982) zutage.

Die von mir eingeführte taktil-kinästhetische Variante der Kraftspeicherung geht von einem lokalen Hautkribbeln aus, dem wir oft auch in den ersten Übungen des Autogenen Trainings begegnen. Es beginnt meist in der Kopfhaut, und der Klient soll es behutsam und ohne Hast über den ganzen Körper »verstreichen«. Das Kribbeln bleibt aber nicht auf der Oberfläche, sondern es dringt immer tiefer ein, bis dann der gesamte Organismus von den wohligen Schwingungen und Vibrationen durchwirkt ist. Die Durchführungsdauer beträgt jeweils mindestens 5 Minuten.

Eine analoge Übung heißt im Yoga *Polarisierung* (Ostrander und Schroeder, 1980). Hierbei soll der Übende rein autosuggestiv jede Einatmung mit einer warmen, goldgelben Sonnenenergie und jede Ausatmung mit einer kühlen, blauen Mondenergie assoziieren. Die Sonnenenergie strömt durch den Kopf ein, fließt durch den Körper und entweicht durch die Fußsohlen; die Mondenergie bewegt sich in umgekehrter Richtung und verläßt den Körper durch den Kopfscheitel. Zu optimaler Einstimmung sei auch die Ausrichtung der Körperachse nach dem Magnetfeld der Erde von Bedeutung: Der Patient soll auf dem Rücken liegen, der Kopf soll nach Norden und die Füße nach Süden zeigen. Die Übung wirke durch die vermehrte Zufuhr der geistigen Energie (»Prana«) beruhigend und konzentrationssteigernd zugleich. Zu Beginn sei mit der Zeitdauer von etwa 15 Minuten zu rechnen.

Sensorische Imagination

Ein therapeutisches Vorgehen, bei dem durch eine *Konditionierung sensorischer Imagination* unmittelbar positiver Einfluß auf das autonome, trophotrope Nervensystem ausgeübt werden kann, schlagen Kroger und Fezler (1976) vor. Weil sie die Beseitigung des störenden Verhaltens grundsätzlich als einen Umlernprozeß verstehen, in dem das aktuelle Problem direkt angegangen wird, ohne daß vorher die möglichen Vergangenheitsfixierungen geklärt werden müssen, sprechen sie auch von einem *hypnobehavioralen* Therapiekonzept.

Das Kernstück der sensorischen Imagination bilden 25 strukturierte Standardvorstellungen, die der Reihe nach zunehmend komplexer werden. Die Standardvorstellungen unterscheiden sich ganz eindeutig von den sonst bekannten geleiteten Phantasien (Encounter, Gestalttherapie, Katathymes Bilderleben u. a.) in der Hinsicht, daß sie vor allem zum Erlernen von Kontrolle über verschiedene körperliche Feedback-Systeme herangezogen werden; traumatisches Material wird dabei höchstens tangiert. Sie dienen zunächst der Vertiefung von Entspannung oder Hypnose, in der das Umlernen des Problemverhaltens schneller, nachhaltiger und sicherer vonstatten geht als in klassischer Verhaltenstherapie oder bei Symptombeseitigung durch direkte Suggestionen. Es ist jedoch keinesfalls erforderlich, für eine Therapie alle Bilder zu benutzen, denn bei nicht weniger als 95 Prozent der Klienten kann – laut Kroger und Fezler – auf die Anwendung der kompletten Serie zugunsten einiger passender Standardvorstellungen verzichtet werden. In den klinischen Teilen ihres Buches geben die Autoren denn auch für einzelne Problemgebiete oder Symptome jeweils konkret an, welche Bilder sich nach ihren Erfahrungen für eine hypnobehaviorale Behandlung am besten bewähren. Ihre Absicht ist es, die Imagination nicht als ein Allheilmittel, sondern als eine therapeutische Alternative bekannt zu machen, mit deren Hilfe Angst verringert und Selbstkontrolle sowie hypnotische Konzentration (das heißt ein veränderter Bewußtseinszustand) entwickelt werden können.

Mit der Eingabe der Standardvorstellungen wird nach der Vermittlung und Einübung von Autohypnose begonnen, üblicherweise also in der zweiten Sitzung. Je Sitzung wird dann eine Situation vorgetragen, bei gut hypnotisierbaren Klienten auch zwei, mit denen der Klient (eventuell unterstützt durch eine Bandaufzeichnung) bis zum nächsten Treffen täglich üben soll. Die Bilder werden sofort nach der Tranceinduktion und -vertiefung vorgegeben und können in und nach der Trance diskutiert werden, vorausgesetzt, daß eine derartige Besprechung dem Therapeuten überhaupt sinnvoll erscheint. Selbstverständlich kann der Text individuell angepaßt werden, so daß die Standardimaginationen einem häufigen Wandel unterworfen sind. Kroger und Fezler empfehlen darüber hinaus die Anwendung von posthypnotischen oder autohypnotischen Suggestionen, welche die Wirkung der Imaginationen verstärken beziehungsweise auf das Symptom hin orientieren sollen.

Die Standardvorstellungen lassen sich ganz grob in drei Gruppen einteilen. Bei der ersten Gruppe (Nr. 1, 2, 4, 5, 9, 10, 13, 14) liegt der Hauptakzent auf der Wahrnehmung externer Reize und ihrer Kombinationen. Die drei Variablen sind hier die Temperatur (heiß–kalt), die Feuchtigkeit (trocken–naß) und der Druck (schwer—leicht). Als Beispiel sei die »Wüste« (Nr. 5) angeführt, die die Ziele einer Übertragung imaginärer Druckeinwirkung von außen (schwer) und eines extremen Temperaturwechsels (heiß–kalt) verfolgt:

▶ Es ist noch stockfinster. In der endlosen Dunkelheit ist alles vollständig aufgelöst; die Augen sehen nur eine undurchdringliche Schwärze. Und es ist warm. Sie sind barfuß. Unter den Füßen spüren Sie glattes, feinrissiges Felsgestein. Der Boden ist vollkommen eben. Und nun wird es heller. Mit jedem weiteren Atemzug wird der Himmel blauer und klarer. Und mit jedem Atemzug wird es auch wärmer und wärmer. Soweit das Auge reicht, entdecken Sie nichts anderes als den von der Sonne verbrannten Felsen, der vollkommen eben ist. Es gibt da keine Berge, keine Hügel, keine Pflanzen . . . nichts anderes als einen

Felsen, der bis zum Horizont reicht, wo er mit dem Himmel verschmilzt. Das Ganze sieht wie eine phantastische Landkarte aus. Und es wird wärmer und wärmer, heißer und heißer, 25 Grad, 28 Grad, 32 Grad, 35 Grad. Es wird glühend heiß. Im Nacken und in den Achselhöhlen sammeln sich die Schweißperlen. Das Haar juckt. Kleider kleben an der Haut. Die Augen brennen. Sie sind im Schweiß gebadet. Die Kehle ist ausgedörrt ... die Lippen sind ganz trocken ... die Zunge wird dick. Sie haben Schwierigkeiten zu schlucken.
Auf einmal stehen Sie am Ufer eines weiten Sees. Das Wasser ist kühl, frisch und rein. Sie ziehen sich aus und lassen sich in das Wasser hineingleiten. Es ist kristallklar. Sie trinken es und löschen sofort den Durst. Das Wasser trägt Sie sanft und behutsam. Sie liegen auf dem Rücken und schauen zum Himmel hinauf. Die Nacht kommt. Sie gehen aus dem Wasser. Die kalte Nachtluft berührt Ihren nassen Körper. Ein leichtes Frösteln durchzieht den Körper. Sie frieren immer mehr. Sie bekommen Gänsehaut. Gleich erreichen Sie das Ufer. Die Fußsohlen berühren den Sand, der noch von der Sonne warm ist. Sie legen sich hin. Eine sanfte Brise beginnt Ihren Körper mit einer warmen Decke aus Sand zu überziehen, Zentimeter um Zentimeter, Schicht um Schicht. Und Sie spüren den größer und größer werdenden Druck der Sandschichten, die Sie zudecken. Sie sind jetzt in einer festen warmen Hülle, wo es angenehm eng ist. Sie fühlen sich geschützt, sicher und geborgen, voller Friede und Ruhe unter den unbekannten Sternen.

Die sensorischen Vorstellungen der zweiten Gruppe (Nr. 15–24) tragen in unterschiedlichem Ausmaß dazu bei, eine *willentliche* Kontrolle über vier menschliche Basissysteme zu gewinnen: die Verdauung, die Ausscheidung, den Blutkreislauf und das Skelett. Die Beherrschung geschieht durch sukzessive Verinnerlichung der eingeübten außenbezogenen Wahrnehmungen und ihrer Kombinationen. Das Atemsystem dagegen wird nicht ausdrücklich konditioniert, weil jede Entspannung per se eine Ruhig- und Regelmäßigstellung der Atmung mit sich bringt. Das

»Tauchen« (Nr. 16), soll den Vorgang der Internalisierung der Empfindungskonfigurationen heiß–trocken, kalt–trocken, kalt–naß und heiß–naß auf den Blutkreislauf und auf das Skelett demonstrieren:

▶ Sie sind mit einem kleinen Boot in der Südsee unterwegs. Es ist sehr warm. Der Himmel ist tiefblau, die Sonne blendend gelb. Der Sandstrand brennt in der Sonne makellos weiß. Hinter dem Strandstreifen wachsen entlang der ganzen Küste saftig grüne Palmen und Büsche, die bunte Blüten und Früchte tragen. Sie haben eine Taucherausrüstung an: Brille, Schwimmflossen und Sauerstoffflaschen. Sie sitzen auf der Bordwandkante, mit dem Rücken zum Meer, bereit, im nächsten Augenblick einzutauchen. Dann lassen Sie sich einfach mit einem Rückwärtsüberschlag ins Meer fallen. Sie spüren, wie der Körper die Umdrehung vollzieht, und wie Sie überall an der Haut von dem warmen tropischen Wasser berührt werden. Und Sie sinken tiefer und tiefer, und das Wasser wird kühler und kühler. Sie sinken tiefer und tiefer, und es wird dunkler und dunkler. Sie schweben an lachsfarbenen Korallen und an märchenhaften Pflanzen vorbei, immer tiefer und tiefer. Nur noch einzelne Sonnenstrahlen erreichen diese Tiefe. Sie enthüllen Ihnen seltsame Fische mit wunderschönen Farbzeichnungen, die im nächsten Moment wieder in die Dunkelheit entschwinden. Jetzt entdecken Sie direkt vor sich ein helles, strahlend blaues, netzartiges Ding. Sie lassen sich ganz dicht herantreiben und berühren es. Es sendet einen angenehmen elektrischen Stoß durch Ihren Körper. Es tut unbeschreibbar gut. Es fühlt sich so an, als würde durch die Knochen Elektrizität fließen – und die Knochen werden dabei *heiß* und *trocken*.

Dann lassen Sie es los und sinken noch tiefer und tiefer, wobei es kälter und kälter, eiskalt wird. Sie werden vom Eis eingehüllt, eingefangen in einem Eisblock. Die Haut und der Körper werden taub und hölzern, ohne jede Empfindung. Der Eisblock beginnt nun, nach oben zu steigen, und er wird mit der nächsten Welle auf den heißen Sandstrand gespült. Dort zerschmilzt das Eis sehr schnell, und Sie sind wieder frei. Ihre Muskeln fühlen sich ganz schlapp und schwammig, wenn sie auftauen. Die Knochen aber sind noch immer festgefroren, *kalt* und *trocken*. Das Blut ist auch kalt, kalt wie Eiswasser, *naß* und *kalt* bahnt sich das Blut in Ihrem Körper den Weg durch die Blutgefäße. Sie fangen an zu frieren und zu zittern unter der ofenheißen tropischen Sonne. Plötzlich entdecken Sie eine Flasche, die auch ans Ufer gespült wurde. Sie heben sie auf, öffnen sie und riechen kräftiges Rumaroma. Sie setzen zum Trinken an. Mit jedem Schluck fühlen Sie sich ausgelassener und euphorischer. Das Blut ist ganz *heiß* und *naß,* es brennt, als hätte es Feuer gefangen. Sie legen sich flach in den Sand. All die bunten, klaren Farben ringsherum beginnen sich zu drehen und zu vermischen . . . alles dreht sich im Kreise. Es wird schneller und schneller. Sie empfinden das Kreiseln und Rotieren völlig aufgelöst und sehen überall dunkelrote, grüne und goldene Blitze. Dann wird alles ruhig, grau, und Sie schlafen ein.

Die dritte Gruppe der Standardimaginationen beinhaltet positive Geruchs- und Geschmackshalluzinationen (Nr. 3), Zeitausdeh-nung (Nr. 6 und 7), Zeitverdichtung (Nr. 11 und 12), vollstän-dige Körperdissoziation (Nr. 8) und Altersregression zum zwölf-ten Lebensjahr (Nr. 25), mithin ein ganzes Spektrum hypnoti-scher Phänomene.
Weil die einzelnen Vorstellungsbilder so differenziert aufgebaut sind, daß praktisch bei jedem Menschen irgendwelche individu-ellen Anteile angesprochen werden, können insbesondere bei Gruppenanwendungen immer wieder unerwartete, positive Nebeneffekte verzeichnet werden. Die Gartenszene (Nr. 3) z. B. rief bei einer etwa 65jährigen Teilnehmerin des Autogenen Trainings spontane Schmerzfreiheit des rheumatischen Schulter-gelenkes hervor, obgleich die Szene an sich keinerlei anästheti-sche Suggestionen bietet: Geschildert wird dabei ein Spaziergang durch einen Garten mit Orangen- und mit Zitrusbäumen, aus dem man in einen Park mit Rosenbüschen kommt, um anschließend eine Waldlichtung mit einem Lagerfeuer zu betreten. Zudem beschränkte sich die Anästhesie nicht nur auf die eine Sitzung,

sondern wurde von der Teilnehmerin durchgehend bis zum Ende des Kursus berichtet, also noch etwa einen Monat. Eine eindeutige Erklärung der Begebenheit war jedoch nicht möglich, weil sie für die Gesamtszene eine Totalamnesie erfahren hatte.

Andere umstrukturierende Verfahren

Die zweifelsohne bekannteste und zugleich ursprüngliche Form der Symptombehandlung ist die *direkte Symptombeseitigung* durch posthypnotische Suggestionen in der therapeut-zentrierten Hypnose. Sie trug auch wesentlich dazu bei, daß Hypnose von den älteren Therapeuten wiederholt aufgegeben wurde. Die Gründe für die Ablehnung sind zweierlei: Zum einen provoziert das Vorgehen geradezu Widerstände, zum anderen können davon keine dauerhaften Erfolge erwartet werden (Matheson, 1979). In einer solchen Beziehung gibt der Patient nämlich das Symptom nur auf, um dem Therapeuten zu gefallen; verliert er aber früher oder später den Glauben an die Allmacht des Therapeuten, taucht die Störung von neuem auf.
Schon durch eine simple Umgestaltung läßt sich dagegen eine effektive Abhilfe schaffen. Sie präsentieren dann die Suggestionen nicht als Formeln oder gar Befehle, sondern als Metaphern oder geleitete Phantasien. Bei schmerzbedingten Durchschlafstörungen veranlaßte ich einen Patienten zunächst dazu, Schmerzlinderung in Autohypnose am Tag zu erlernen. Das geschah bei ihm mittels Induktion einer strömenden Wärme in der dominanten Hand und der Übertragung dieser Empfindung per selbsttätiges Handauflegen auf die schmerzhaften Stellen (Hüft- und Kniearthrose rechts, Lumbalsyndrom). In der letzten Sitzung folgte schließlich eine Serie von Suggestionen, die zum Ziel hatten, daß das Unbewußte die Verantwortung für die Schmerzkontrolle im Schlaf übernimmt (vgl. Clawson und Swade, 1975):

▶ 1. Der Körper kann sich rechtzeitig genug umdrehen, und so brauchen Sie nicht mehr deshalb aufzuwachen; das Unbewußte wird es für Sie tun. Sie brauchen sich darum nicht mehr zu kümmern.

2. Das Unbewußte wird auch die Hand mit der Wärme zu den schmerzenden Stellen hinführen und sie berühren, bevor Sie aufwachen.

3. Die Wärme ist in der ganzen Hand, als hätten Sie einen Handschuh an. Von nun an werden Sie diesen befreienden Handschuh mit jedem Einschlafen anziehen; mit jedem normalen Aufwachen wird dann der Handschuh wieder verschwinden, ohne daß Sie darauf achten müssen.

Eine Reihe von Techniken zur Symptommanipulation stammt von Erickson (1954, 1959, 1965). In der Symptom-*Substituierung* wendet er bei Patienten, die ihre neurotischen Grundstrukturen trotz gravierender Beeinträchtigungen nicht aufgeben wollen und sich daher jeder aufdeckenden Psychotherapie gegenüber verschließen, das »Prinzip des kleineren Übels« an. Die Störung wird in ihrem Umfang gemindert und aus dem Fokus der Bewußtheit in die Peripherie verlegt, wie im Falle jenes Patienten, der statt hysterischer Paralyse des rechten Armes eine temporäre Lähmung des kleinen Fingers annahm.

Vom Ablauf her äußerlich kaum zu unterscheiden ist die Symptom-*Transformation,* bei der jedoch der Therapeut auf die der Erkrankung zugrundeliegenden Bedürfnisse eingehen kann, um für sie eine weniger schwerwiegende Ausdrucksmöglichkeit zu finden. Die Symptom-*Besserung* geschieht auf dem Wege einer schrittweise vorgegebenen Abnahme des Problemverhaltens. Manchmal wird sie auch durch anfängliche Verschlechterung des Krankheitszustandes eingeleitet (z. B. Häufigkeitszunahme einer Compulsion), um so eine Kontrolle über das Verhalten zu gewinnen.

An das einfachste Mittel, das schon an anderen Stellen genannt wurde, sei nun zum Abschluß noch einmal erinnert: eine kurzzeitige Angsttherapie durch *Stille* (Stanton, 1978b). Die Sitzungen werden dabei durch kurze Tranceinduktionen eingeleitet, und dann schweigt der Therapeut, bis etwa eine halbe Stunde vergeht. Nach vierwöchiger Behandlung war die Angst abgebaut.

Schluß: Gefahren und Kontraindikationen

Lange Zeit glaubte man, Hypnose berge spezifische, nur ihr eigene Gefahren in sich. Vor allem die Bühnenhypnose lieferte schnell »Bestätigungen« selbst für die schlimmsten Befürchtungen; außerdem gibt es immer wieder Menschen, die Hypnose unqualifiziert und verantwortungslos praktizieren. Diese Vorurteile sind noch immer sehr verbreitet; gleichzeitig setzt sich jedoch in der Fachwelt allmählich die Einsicht durch, daß moderne, klientenzentrierte Hypnose keine Gefahr für die Beteiligten darstellt (Kroger, 1977; Cheek und LeCron, 1968). Natürlich kann die Methode mißbraucht werden, um z. B. die Abhängigkeit der Patienten vom Therapeuten zu fördern. Doch daran ist sicher nicht die Hypnose als solche schuld – dergleichen läßt sich in jeder anderen zwischenmenschlichen Beziehung erreichen.

Ganz unterschiedlich beurteilt wird dagegen die Frage nach möglichen Kontraindikationen für den Einsatz von Hypnose in der Psychotherapie. Traditionell zählen zu den klaren, absoluten Gegenanzeigen alle Formen von Psychosen und Vergewaltigungserlebnisse, ferner engere persönliche Beziehungen zwischen Hypnotiseur und Hypnotisand (Leuner und Schroeter, 1975; Lohmann, 1979). Von neueren klinischen Studien, Fall- und Erfahrungsberichten wird allerdings auch dies zumindest in Frage gestellt.

Scagnelli-Jöbsis (1982) befaßt sich mit dem erstgenannten, meistzitierten Einwand und kommt zu dem Schluß, daß Hypnose bei psychotischen Patienten sowohl machbar, als auch sicher und therapeutisch effizient zu handhaben ist. Die von ihr ausgewerteten Arbeiten der vergangenen drei Jahrzehnte widerlegen die Lehrmeinung, daß a) Psychotiker nicht oder nur schwer zu hypnotisieren seien; b) Hypnose bei Borderline-Patienten Dekompensation in Psychose bewirke und bei Psychotikern die Störung noch verstärke; c) Psychotiker die Traumwelt der Trance der Realität vorzögen und folglich die Rückkehr verweigerten und d) Hypnose bei Psychotikern zu exzessiver Abhängigkeit führe.

Was die Vergewaltigungserlebnisse anbelangt, so möchte ich an dieser Stelle stellvertretend für einige andere auf folgende Therapie hinweisen: Eine etwa 30jährige Klientin, die unter einer Angstneurose litt, deckte bereits in der zweiten Sitzung durch ideomotorische Zeichen eine an ihr vom Großvater begangene Inzesthandlung auf, welche sich im fünften Lebensjahr ereignet hatte. Durch anschließende emotionale Korrektur über geleitete Phantasien gelang es ihr noch in derselben Sitzung, die Situation erlebensmäßig aufzuarbeiten. Damit leiteten wir eine sukzessive Aufhellung der persönlichen Geschichte ein, in der noch andere, ebenfalls schwer traumatisierende Ereignisse vorgekommen waren.

Schließlich ist auch der letztgenannte Vorbehalt, Hypnose sei bei zu enger Beziehung zwischen Hypnotiseur und Hypnotisand kontraindiziert, aufgrund der neuen Entwicklungen nicht mehr haltbar. In der klassischen, autoritären Hypnose schon vom Prestigebedürfnis her undenkbar, ist mit der indirekten, permissiven Hypnose sehr wohl eine gute Hilfestellung im Bekannten- und Verwandtenkreis möglich. Der tragende Grund ist hier nämlich nicht die Unterwerfung eines Menschen, sondern die Unterredung zweier Menschen. So gelang es einem Kollegen, seine Frau sehr erfolgreich auf eine ambulante Geburt vorzubereiten, indem er eine Zeitverschiebung einführte. Obgleich dann Wehen und Pausen fast durchgängig gleich lang zwischen 2 und 5 Minuten waren, empfand seine Frau nur die Wehen realistisch lang – die Pausen dauerten nach ihrer Aussage 10 bis 20 Minuten.

Womit wir bei der Kernfrage angelangt sind, die sich früher oder später jedem stellt, der mit Hypnose zu tun hat: Wie weit bin ich wirklich bereit, auf andere Menschen einzugehen?

Don't fear the insight. (Jack Schwarz)

Anhang

Messung von Hypnose

Ich werde Ihnen im folgenden das gesamte, wissenschaftlich abgesicherte und relevante Spektrum der Instrumente zur Messung von Hypnose vorstellen. Diese Skalen, die für die moderne Hypnoseforschung von großer Bedeutung sind, kamen hierzulande bisher kaum zur Geltung. Es handelt sich dabei fast ausschließlich um Skalen, die für die experimentelle Grundlagenforschung entwickelt wurden. In diesem Zusammenhang wurde eine Frage besonders heftig diskutiert: Ist die Messung von Hypnose identisch, wenn sie einmal als Teil eines Versuches und zum anderen im Rahmen einer Therapie stattfindet? Die Fachwelt ist sich bei der Beantwortung keinesfalls einig. Allerdings wird – vor allem in den letzten Jahren – immer stärker für die Einbeziehung der hypnotischen Skalen in die klinische Arbeit plädiert (Gruenewald, 1982; Frankel, 1979, 1982; Hilgard, 1982; Sacerdote, 1982). So verspricht man sich von dem klinischen Einsatz der Skalen unter anderem

● ein besseres Verständnis für das Phänomen Hypnose schlechthin, indem die Skalen situative Verzerrungen durch den Plazeboeffekt, die Wirkung der Entspannung per se und das Vertrauensverhältnis, herausfiltrieren;

● eine signifikante Entscheidungshilfe beim Planen des (hypno)-therapeutischen Vorgehens für die einzelnen Patienten;

● Möglichkeiten der Aufdeckung schwerer psychopathologischer Zustände (Spiegel und Spiegel, 1978; Stern u. a., 1979);

● eine Vorbereitung des Klienten auf die Therapie, indem gleiche Aufgaben beim Testen und später im klinischen Kontext benutzt werden.

Von Hypnose als einem besonderen Bewußtseinszustand wird in experimenteller wie klinischer Arbeit in drei Zusammenhängen gesprochen:

● wenn einem Menschen ein Induktions- und Vertiefungsverfahren dargeboten wurde und der Mensch danach entspannt wirkt;

- wenn sich der Mensch hypnotisiert verhält, also den Suggestionen offensichtlich Folge leistet;
- wenn der Mensch nach der Rückführung Erfahrungen schildert, die als hypnotisch eingestuft werden können, oder wenn er einfach behauptet, hypnotisiert gewesen zu sein.

Das bedeutet, daß das Zustandekommen einer hypnotischen Trance aufgrund der Beobachtungen und der Aussagen von externen Beurteilern (das ist hauptsächlich der Hypnotiseur) und aufgrund subjektiver Erlebnisse des hypnotisierten Menschen identifiziert wird. Entsprechend sind auch die verschiedenen experimentellen und klinischen Standardskalen zur Messung von Hypnose aufgebaut: Einige Verfahren legen die Bewertung ausschließlich in die Hände des Fremdbeobachters, andere lassen alleine den Probanden entscheiden (dazu gehören alle Gruppenverfahren), und dann gibt es Mischformen, die beides fordern.

Primäres Kriterium für die Wahl der geeigneten Skala ist aber nicht das Bewertungssystem, sondern das der Skala zugrundeliegende theoretische Konzept und die Genauigkeit der Skala in den Teilbereichen der Hypnose. Hier ist in erster Linie ganz streng zwischen der *hypnotischen Beeinflußbarkeit* oder *Hypnotisierbarkeit* (nach Weitzenhoffer, 1980, sind beide Begriffe synonym) und der *Tiefe der Trance* zu unterscheiden. Mit der hypnotischen Beeinflußbarkeit bestimmt man die Stärke der Reaktion auf hypnotische Suggestionen unter standardisierten Bedingungen, mit der Tiefe der Trance dagegen den augenblicklichen Grad der hypnotischen Trance. Demnach kann sich die Tiefe in einer hypnotischen Sitzung stets überall zwischen Null und dem individuellen Maximum bewegen, während die Beeinflußbarkeit am Ende der maßgeblichen Sitzung in Form eines relativ stabilen Einzelwertes ausgedrückt wird.

Die folgende Kurzdarstellung der heutzutage gebräuchlichen und in der einschlägigen Fachliteratur zitierten Skalen soll möglichst anschaulich und verständlich die wichtigsten Merkmale der angeführten Verfahren wiedergeben.

Stanford Hypnotic Susceptibility Scale / Forms A and B – SHSS/A+B

(Weitzenhoffer und Hilgard, 1959)

Allgemeines: Form A ist für die erstmalige Hypnose bestimmt, Parallelform B dann für weitere Experimente mit oder in Hypnose.

Aufbau: Beide Formen beinhalten je 12 Testaufgaben. Am Anfang steht eine Wachsuggestion (Nr. 1), gefolgt von hypnotischer Induktion, die mit Schließen der Augen endet (Nr. 2). Im Trancezustand werden ohne Unterbrechung 9 Tests durchgeführt (Nr. 3–11), und nach der Beendigung der Trance wird die Amnesie überprüft (Nr. 12). Die Einzelaufgaben der beiden Formen wurden einander gegenübergestellt (Halder u. a., 1972):

Test	Form A	Form B	Kriterium
1. Rückwärtsfall	in beiden Formen gleich		Verlieren des Gleichgewichts
2. Augenlidschluß	in beiden Formen gleich		ohne Zwang erfolgt
3. Senken der Hand	links	rechts	mind. 15 cm
4. Unbeweglichkeit des Armes	rechts	links	weniger als 2,5 cm
5. Händefalten	vor der Brust	über dem Kopf	unvollständige Trennung in 10 Sek.
6. Steifheit des Armes	links	rechts	weniger als 5 cm gebeugt
7. Bewegung der Hände	zusammen	auseinander	mind. 15 cm Abstand
8. Sprechhemmung	Name	Heimatort	kein Aussprechen
9. Akustische Halluzination	Fliege über dem Kopf	Mücke an der Hand	jede Reaktion
10. Augenkatalepsie	in beiden Formen gleich		kein Öffnen der Augen
11. Posthypnotischer Auftrag	Platz wechseln	aufstehen strecken	eine Bewegung nach dem Signal
12. Amnesie	in beiden Formen gleich		nur 3 oder weniger Aufgaben erinnert

Registrierung: Der Hypnotiseur stellt anhand vorgegebener Kriterien fest, ob die Testperson jede einzelne Aufgabe durchführte (+) oder nicht durchführte (−). Der Höchstwert ist 12.

Normen: Die Trance wird mit »schwach« (Gesamtwerte 0–4) bei 45%, »mittelmäßig« (5–7) bei 39% und »hoch« (8–12) bei 19% differenziert bewertet. Der Versuch wurde an 124 Universitätsstudenten durchgeführt (N = 124).

Die Normen wurden später verfeinert. Es werden 6 Kategorien vorgeschlagen: »keine Antwort« (0–1) bei 10%, »schwach« (2–4) bei 32%, »mittelmäßig« (5–7) bei 28%, »hoch« (8–10) bei 19%, »sehr hoch« (11) bei 7% und »komplette Trance« (12) bei 4%, bei N = 533 Universitätsstudenten (Orne und Hammer, 1974).

Harvard Group Scale of Hypnotic Susceptibility, Form A – HGSHS/A
(Shor und Orne, 1962)

Die Skala stellt eine Modifikation der SHSS/A dar. Die Aufgaben Nr. 1, 8, 11 mußten geringfügig geändert werden, damit sie in einer Gruppe durchgeführt werden konnten. Auch die Registrierung mußte den neuen Erfordernissen angepaßt werden: Jede Testperson erhält einen versiegelten Fragebogen, den sie erst nach der Beendigung der hypnotischen Sitzung öffnen darf. Sie soll dann retrospektiv ihr eigenes Verhalten so beurteilen, wie es ein Fremdbeobachter getan hätte. Solche Selbstbewertung hat sich in der Praxis sehr gut bewährt (Hilgard, 1979).

Stanford Hypnotic Susceptibility Scale / Form C – SHSS/C
(Weitzenhoffer und Hilgard, 1962)

Allgemeines: Form C wurde entwickelt, um der Vielfalt der Erfahrungen in Trance gerecht zu werden und sie der Forschung zugänglich zu machen. 6 Aufgaben wurden aus der Form B übernommen und 6 wurden neu gebildet.

Aufbau:
  0. Schließen der Augen
  1. Senken der rechten Hand
  2. Bewegung der Hände auseinander
  3. Akustische Halluzination (Stechmücke)
  4. Geschmackshalluzination
  5. Steifheit des rechten Armes
  6. Traum
  7. Altersregression (Schule)
  8. Unbeweglichkeit des linken Armes
  9. Riechunfähigkeit (Essig)
  10. Stimmen hören
  11. Negative optische Halluzination
  12. Posthypnotische Amnesie

Registrierung: Aufgabe Nr. 0. wird nicht berücksichtigt; sonst wie SHSS/A und B.
Normen: »schwach« (0–4) bei 46%, »mittelmäßig« (5–7) bei 30%, »hoch« (8–10) bei 18% und »sehr hoch« (11–12) bei 6%, bei N = 203 Universitätsstudenten.

Revised Stanford Profile Scales of Hypnotic Susceptibility – SPS, Forms I and II
(Weitzenhoffer und Hilgard, 1967)

Allgemeines: Die SPS sollen individuelle Differenzen in hypnotischer Beeinflußbarkeit detaillierter erfassen, als es die SHSS vermögen. Die Testpersonen können dann für ganz bestimmte Forschungsaufgaben (z. B. Altersregression) gemäß den erforderlichen Fähigkeiten ausgewählt werden. Damit ein sinnvolles Profil aufgestellt werden kann, müssen die beiden SPS und die SHSS/A (oder die HGSHS/A) angewendet werden. Personen mit Werten von weniger als 4 auf der SHSS/A eignen sich nicht für weiteres Testen mit den SPS, da diese Skalen zumindest mittelmäßige Hypnotisierbarkeit voraussetzen.
Aufbau: Zur Induktion der hypnotischen Trance wird die Handlevitation eingesetzt, allerdings ohne jede Suggestionen der Müdigkeit und des Schlafes, wie es bei den SHS-Skalen der Fall ist. Danach werden der Testperson je 9 Aufgaben präsentiert:

201

SPS I	SPS II
1. Analgesie der Hand	1. Hitzehalluzination
2. Musikhalluzination	2. Selektive Taubheit
3. Anosmie bei Ammoniak	3. Halluzinierter Ammoniak
4. Regression zur Mahlzeit	4. Regression zum Geburtstag
5. Halluziniertes Licht	5. Nicht-sehen des Uhrzeigers
6. Traum eigener Wahl	6. Traum über Hypnose
7. Agnosie für Häuser	7. Agnosie für Scheren
8. Rechenschwäche	8. Persönlichkeitsveränderung
9. Posthypnotische Sprechhemmung	9. Posthypnotisches automatisches Schreiben

Registrierung: Die Leistungen der Testperson werden vom Hypnotiseur nach vorgegebenen Kriterien mit 0–3 (bei motorischen Aufgaben mit 0–4) Punkten bewertet. Da es den Autoren nicht gelungen sei, annähernd gleich schwierige Aufgaben zu finden, transformierten sie die Rohwerte in Standardwerte. So hat jede Testaufgabe ein Mittelwert von 50 und eine Standardabweichung von 10.

Children's Hypnotic Susceptibility Scale – CHSS
(London, 1963)

Allgemeines: Die CHSS wurde aus den SHS-Skalen entwickelt, um hypnotische Suggestibilität auch bei Kindern objektiv zu überprüfen. Sie liegt in zwei Ausführungen vor (für die Altersgruppen 5–12 und 13 bis 16 Jahre), die sich voneinander nur in der Formulierung einiger Instruktionen unterscheiden.
Aufbau: Die Skala setzt sich aus zwei Teilen (I und II) zusammen, die insgesamt 22 Aufgaben bieten. Teil I besteht aus 12 Tests der SHSS/A + B, im Teil II werden dann 10 Aufgaben gestellt, welche aus der SHSS/C und aus den SPS stammen.
Registrierung: Es werden drei einander ergänzende Bewertungssysteme empfohlen – das offene Verhalten (Overt Behavior – OB), die persönliche Beteiligung (Subjective Involvement – SI) und die Gesamtsumme (Total – T). In den OB-Werten drückt sich die sichtbare Übereinstimmung zwischen den Anweisungen des Hypnotiseurs und den Reaktio-

nen des Kindes aus. Die Resultate werden entweder dichotom (0/1) oder – verfeinert – auf einer 4-Punkte-Skala (0–3) erfaßt, wobei Null jeweils ein Nicht-Erfolgen der Reaktion bedeutet. Mit SI-Werten wird versucht, die Echtheit des durch die Suggestionen verursachten Verhaltens festzuhalten. Die SI-Werte repräsentieren den Eindruck des Hypnotiseurs, ob das Kind nur mitspielte (= 1), oder ob es an dem hypnotischen Verhalten teilweise (= 2) oder vollständig (= 3) innerlich beteiligt war. T schließlich erhält man durch Multiplizieren des OB- und des SI-Wertes, für jede Aufgabe getrennt. Durch T wollte der Autor der klinischen Situation Rechnung tragen, in der jede OB-Wertung eine SI-Wertung praktisch einschließt. Der höchste Wert für OB und SI beträgt je 66 Punkte, bei T sind 198 Punkte möglich.

Normen: Es wurde festgestellt, daß sich die Hypnotisierbarkeit mit dem Alter verändert, doch sind die Beziehungen zu kompliziert, um sie in diesem Rahmen wiederzugeben (siehe London und Cooper, 1969; Cooper und London, 1979).

Stanford Hypnotic Clinical Scales – SHCS

Allgemeines: Die SHS-Skalen waren reine Forschungsinstrumente. Dies zeigt sich vor allem in dem Zeitaufwand, der zu ihrer Durchführung erforderlich ist. Sie (wie auch ihre Abwandlungen) dauern etwa eine Stunde, was für klinische Belange eine meist zu lange Zeitspanne ist. Außerdem zeigte sich, daß die vielen motorischen Aufgaben bettlägrige Patienten einfach überfordern.

Wenn man also eine Skala zur Feststellung hypnotischer Beeinflußbarkeit haben wollte, die sich ausgesprochen gut für den klinischen Einsatz eignete, mußten bei ihrer Konstruktion folgende Merkmale berücksichtigt werden: a) Sie darf den Patienten nicht ermüden, d. h. ihre Durchführung dauert maximal 20 Minuten; b) sie muß therapierelevante Daten liefern und zugleich den Patienten durch die Art der Erlebnisse motivieren; und c) speziell bei Kindern sollen die Aufgaben einerseits stark genug variieren, um jedem Kind ein Erfolgserlebnis zu ermöglichen, andererseits jedoch soll es die Skala erlauben, ausreichend zuverlässig die individuelle Hypnotisierbarkeit zu bestimmen.

Als Endergebnis der Suche wurden die SHC-Skalen vorgestellt.

I. *SHCS/Adult* – Form für Erwachsene
(Hilgard und Hilgard, 1975)
Aufbau: Nach einer Induktion über passive progressive Muskelentspannung bei von Beginn an geschlossenen Augen werden dem Patienten 5 Testaufgaben gestellt:
1. Bewegung der Hände zusammen
1a. Senken der Hand (wenn nur eine Hand mobil ist)
2. Ein beliebiger Traum
3. Altersregression (4. Schulklasse)
4. Posthypnotische Suggestion (Räuspern/Niesen)
5. Amnesie (weniger als 2 Aufgaben erinnert)
Registrierung: Wie SHSS dichotom (+/−).
Normen: »schwach« (0–1) bei 26%, »mittelmäßig« (2–3) bei 37%, und »hoch« (4–5) bei 37%, bei N = 111 Studenten (Morgan und Hilgard, 1979).

II. *SHCS/Child* – Form für Kinder
(Morgan und Hilgard, 1979)
Von dieser Skala gibt es zwei Versionen – für die Altersstufen 6–16 Jahre und 4–8 Jahre.

Aufbau: In der Form für die 6–16jährigen wird mit einer üblichen Augenschluß-Induktion durch Fixierung eines Gegenstandes begonnen (empfohlen wird ein lustig bemalter Fingernagel). In der Form für die 4–8jährigen ist es jedoch anders: Weil sich Kleinkinder von 3–4 Jahren nicht entspannen mögen und die Augen nicht geschlossen halten wollen, und weil für sie die Grenzen zwischen Realität und Phantasie verschwommen sind, wird hier eine Induktion über aktive, geleitete Phantasie bei offenen Augen vorgeschlagen. Die Wende kommt dann mit 7–8 Jahren, wo entsprechende Suggestionen in mehr als 90% der Fälle zum Augenschluß führen.
Nach der Induktion folgen 7 Aufgaben (6 in der Form für die 4–8jährigen), denn die 5 Tests der Erwachsenen-Form erwiesen sich als nicht ausreichend trennscharf. Zeitlich fällt die Erweiterung kaum ins Gewicht, die Skala dauert dadurch nur etwa eine Minute länger.

1. Senken der Hand
2. Steifheit des Armes
3. Visuelle Halluzination (TV-Programm)

4. Akustische Halluzination (TV-Programm)
5. Ein beliebiger Traum
6. Altersregression (den Zeitpunkt bestimmt das Kind selbst)
7. Posthypnotische Suggestion (sofortige Trance auf ein Signal hin) –
   fehlt in der Form für die 4–8jährigen.

Registrierung: Wie SHSS dichotom (+/−).
Normen: Wurden nicht angegeben.

Diagnostic Rating Scale – DRS
(O'Connell, Orne und Shor, 1966)

Allgemeines: Zur Beurteilung der Hypnotisierbarkeit der Testperson
werden dem Hypnotiseur 5 Kategorien vorgegeben, für die er von Fall
zu Fall individuell konkrete Testaufgaben zu wählen hat.
Aufbau (nach Orne und O'Connell, 1967):

Wert	Kriterium
1	keine Reaktion
2	ideomotorische Reaktion (z. B. Augenschluß)
3	Herausforderungsaufgabe mit persönlicher Beteiligung (z. B. Sprechhemmung)
4	Halluzination
5	Amnesie und echte posthypnotische Reaktion

Die Kriterien sind kumulativ – der persönlich erreichte Höchstwert
impliziert, daß die Testperson auch allen darunter liegenden Kriterien
genügt.
Normen: Aufgrund statistisch belegter Übereinstimmung zwischen
DRS und SHSS/A nahm Hilgard (1979) eine Schätzung der Normen
vor. Demnach bedeutet 1 auf der DRS »nicht hypnotisierbar« (20%), 2
»sehr schwach« (20%), 3 »schwach« (30%), 4 »mittelmäßig« (25%)
und 5 »hoch« hypnotisierbar (5% und weniger).

Barber Suggestibility Scale – BSS
(Barber, T. X. und Glass, 1962, und Barber, T. X., 1965)

Allgemeines: Das auffälligste Merkmal der BSS ist, daß sie zu mehreren Zwecken verwendet werden kann. Sie kann zunächst mit einer beliebigen hypnotischen Induktion als eine Skala zur Feststellung hypnotischer Beeinflußbarkeit eingesetzt werden. Läßt man hingegen die Induktion weg, so eignet sich die BSS zur Überprüfung der Vorstellungskraft. Neu ist auch die Einbeziehung der Selbsteinschätzung der Testperson in die Untersuchung.

Aufbau: Die Skala besteht aus 8 Aufgaben, deren Wortlaut auch zeitlich festgelegt ist.

Aufgabe	Kriterien	Wertung
1. Senken des Armes	mind. 10 cm	1
2. Armlevitation	mind. 10 cm	1
3. Händefalten	keine Trennung nach 5 Sek.	½
	keine Trennung nach 15 Sek.	1
4. Durst-»Halluzination«	Mundbewegungen	½
	+ subjektives Durstgefühl	½
5. Sprechhemmung (Name)	5 Sek.	½
	15 Sek.	1
6. Steifheit des Körpers	5 Sek.	½
(nicht aufstehen können)	15 Sek.	1
7. »Posthypnotisch-artige«	Husten oder Räuspern	1
Reaktion (Husten)	sofort nach dem Signal	
8. Selektive Amnesie	für die 2. Aufgabe	1

Registrierung: Der Höchstwert bei der Fremdbeobachtung sind 8 Punkte, bei der Selbstbewertung in ihrer revidierten Form (vgl. Barber, T. X. und Wilson, 1979) beträgt der Höchstwert 24 Punkte. Der letztere kommt dadurch zustande, daß bei der Selbstbewertung die Echtheit und die Stärke des Erlebens jeder einzelnen Aufgabe auf einer 4-Punkte-Skala (0–3) angegeben wird.

Einschließlich der Selbstbewertung werden für die Anwendung der BSS ohne hypnotische Induktion 10–12 Minuten veranschlagt.

Normen: Hypnotische Beeinflußbarkeit wurde mit Hilfe der BSS (Barber, T. X., 1965, und Barber, T. X., und Wilson, 1979) nach einer Induktion per Blickfixierung und Müdigkeitssuggestionen wie folgt aufgeschlüsselt:

Hypnotisier-barkeit	Fremdbeobachtung (1965)	Selbstbeobachtung (1979)
schwach	8% (0–1,5)	34% (0–5)
mittelmäßig	18% (2–4,5)	29% (6–9)
hoch	74% (5–8)	37% (10–24)

Creative Imagination Scale – CIS
(Wilson und Barber, T. X., 1978; Barber, T. X. und Wilson, 1979)

Allgemeines: Die CIS soll die BSS ablösen, da die BSS zu autoritär gehalten ist, der Testperson also zu wenig Eigenständigkeit und Entfaltung schöpferischer Potentiale erlaubt. Mit der CIS glauben die Autoren, eine Skala konstruiert zu haben, die experimentell und klinisch, individuell und in der Gruppe, und mit und ohne eine hypnotische Induktion eingesetzt werden kann.

Aufbau:

Aufgabe	Klinischer Schwierig-keitsgrad
1. Armschwere	4
2. Handlevitation	9
3. Fingeranästhesie (Novokain-Spritze)	10
4. Wasser-»Halluzination« (Wasser trinken)	6
5. Geruch-Geschmack-»Halluzination« (Orange)	5
6. Musik-»Halluzination«	3
7. Temperatur-»Halluzination« (Sonnenstrahl)	8
8. Zeitverlangsamung oder -ausdehnung	7
9. Altersregression (Grundschule)	2
10. Allgemeine körperlich-geistige Entspannung (Sonnenbad auf einem Sandstrand)	1

Die Autoren (1979) schlagen vor, in der klinischen Situation die Aufgaben gemäß ihrem klinischen Schwierigkeitsgrad (1 = am leichtesten) umzuordnen, um die Motivation und die Erwartungen der Patienten zu maximieren.

Registrierung: Die CIS-Aufgaben werden nur in Selbstbeobachtung bewertet. Die Testperson soll jede einzeln auf einer 5-Punkte-Skala hinsichtlich der Übereinstimmung der suggerierten mit einer realen Erfahrung einschätzen. »0« heißt dabei »überhaupt nicht wie...«, und »4« bedeutet »fast genau gleich wie...«. Der Höchstwert beträgt 40 Punkte.

Die Gesamtdauer der CIS liegt zwischen 20–25 Minuten.

Normen: Sie liegen für die CIS-Anwendung im hypnotischen Kontext (d. h. zur Bestimmung der Hypnotisierbarkeit) nicht vor. Das mag auch einen ganz einfachen, profanen Grund haben: Aus den bis dahin veröffentlichten Studien wurde der Schluß gezogen, daß die CIS zwar für die Messung der Imagination bestens geeignet sein möge, für die Messung von Hypnose jedoch offensichtlich unbrauchbar sei (Bowers, 1981).

Hypnotic Induction Profile – HIP
(Spiegel, 1978 und Spiegel und Spiegel, 1978)

Die Skala wurde als eine Novität im Bereich der Messung hypnotischer Beeinflußbarkeit eingeführt. Drei Grundannahmen sind mit ihr assoziiert: a) HIP messe klinisch relevante Hypnotisierbarkeit bei einer Gesamtdauer von 5–10 Minuten; b) HIP könne dabei helfen, Personen mit schwerer Psychopathologie zu erkennen; und c) HIP erlaube Rückschlüsse auf bestimmte Persönlichkeitsstile (Stern u. a., 1979).

Eine verständliche Darstellung des HIP ist allerdings ohne eine vollständige Wiedergabe des Übungstextes praktisch unmöglich, weil die Skala in Aufbau, Durchführung, Registrierung und Auswertung sowie den damit verbundenen Anforderungen an den Hypnotiseur so stark von dem üblichen Stanford-Schema abweicht. Daher will ich hier nur die besonders prägnanten Merkmale erörtern.

a) Die bestimmenden Komponenten des HIP sind der Augenroll-Test (vgl. Kapitel 5), die Armlevitation (die Geschwindigkeit, mit der der Arm im posthypnotischen Zustand hochsteigt) und das Kontroll-Differential (der Unterschied, den man empfindet, wenn man Kontrolle über den steigenden und den anderen Arm ausübt).

b) Dem Augenrolltest (Eye Roll – ER) wird ein besonderer Stellenwert zugewiesen, indem angenommen wird, daß sich durch ihn die potentielle hypnotische Leistungsfähigkeit manifestiert. Dieses Potential wird als biologisch festgelegt betrachtet; es sei aller Wahrscheinlichkeit nach angeboren.

c) Aus den registrierten Daten werden zwei Größen gewonnen: der *Induktionswert* und die *Profilkonfiguration*. Der Induktionswert wird als Indikator dafür angesehen, ob das hypnotische Potential zum Ausdruck gebracht werden kann oder nicht. Mit der Profilkonfiguration wird anhand fünf verschiedener Muster die Art der Beziehung zwischen der potentiellen hypnotischen Leistungsfähigkeit und ihrem Ausdruck definiert. Eines der Profilmuster zeige zuverlässig relativ schwere psychische Störungen an.

d) Nach dieser 2-Faktoren-Theorie ist eine klinisch nutzbare Hypnotisierbarkeit nur dann gegeben, wenn sowohl das Potential (ER) als auch sein Ausdruck (Induktionswert) registriert werden konnten.

e) Den Normen von HIP liegen Daten von mehr als 4000 Patienten zugrunde, die von H. Spiegel zwischen 1969 und 1976 getestet wurden. Den Darstellungen seiner Befürworter zufolge ist das HIP ein sicheres diagnostisches Mittel, das den Anforderungen der klinischen Praxis derzeit am besten entspricht. Seinen Kritikern gemäß offenbart das HIP aber bei genauerer Überprüfung gravierende Mängel, welche die daran geknüpften Erwartungen in keiner Weise rechtfertigen:

● Logische Analysen empirischer Untersuchungen ergeben, daß die Armlevitation der einzige Teil des HIP ist, der eine Hypnotisierbarkeit mißt (Hilgard, 1981). Von daher betrachtet gleiche das HIP anderen Skalen, die auf nur einer Aufgabe basieren – sie erfassen lediglich einen Bruchteil des hypnotischen Gesamtverhaltens und messen deshalb keine allgemeine Hypnotisierbarkeit.

● Trotz wiederholter Versuche konnte bisher kein objektiver Zusammenhang zwischen dem ER und der Hypnotisierbarkeit (definiert nach den SHSS) festgestellt werden. Nicht einmal zwischen dem ER und dem Induktionswert des HIP bestehen statistisch relevante Korrelationen, so daß der Wert des ER eigentlich illusorisch sei (Hilgard, 1981; Bowers, 1981).

Außerdem gibt es bei der Registrierung des ER beachtliche Unterschiede, je nachdem ob die Beurteiler von Spiegel persönlich ausgebildet waren oder ob sie den ER alleine anhand der Anweisungen einschätzten (Weitzenhoffer, 1980; Leva und Rywick, 1979).

● Eine Untersuchung der Beziehung zwischen dem Induktionswert und den SHSS ergab allenfalls mäßige Zusammenhänge (Orne, Spiegel,

Hilgard u. a., 1979). Denn obwohl man recht hohe statistische Übereinstimmungen annehmen durfte, kamen hier nur mittelmäßige und niedrige Korrelationswerte zustande. Hilgard (1979) sieht die Ursache dafür in den Anwendungspraktiken des HIP: Das Verfahren sei etlichen Testpersonen zu schnell und überfordere sie, statt sie zu fördern; durch die Einschränkung bei der Auswertung werden nicht alle registrierten Daten verarbeitet, was zu beachtlichen Signifikanzverlusten bei der Testvalidität führe; und anderes mehr.

Selbsteinschätzung der Tiefe der Hypnose

Die erste derartige Skala stammt von LeCron (1953; 1977). Er berichtet, er sei imstande, die Tiefe der hypnotischen Trance mühelos und beliebig oft zu messen. Dazu weise er die Klienten lediglich an, die momentane Tiefe der Trance auf einer 100-Punkte-Skala einzuordnen. Für die Richtigkeit der Zuordnung »garantiere« das Unbewußte. LeCron trägt den Klienten auf, alles von alleine geschehen zu lassen – immer dann, wenn er sie nach der Tiefe der Trance fragen werde, werde das Unbewußte eine Zahl blitzartig in das Bewußte schicken, und sie brauchten dann nur jene Zahl laut auszusprechen.

Die Hauptmerkmale der bekannten Selbsteinschätzungs-Skalen gibt Tart (1970) in einer Übersicht wieder:

Skala	Definierte Werte (Umfang; Stufen)		Antwort
LeCron	0	= wach	sofort
	1–20	= leichte Trance	
	10–40	= mittlere Trance	
	40–60	= tiefe Trance	
	60–80	= vollkommene Trance	
	80 +	= stuporöse Trance	
North Carolina	0	= wach	sofort
	1–12	= entspannt, gelöst; ideomotorische Bewegungen	
	20	= Analgesie	

	25 =	Träume	
	30 =	Amnesie; innere Ru-he; sehr hohe Sugge-stibilität	
	40 =	alle Erlebnisse voll-kommen echt, wirk-lich	
	50 + =	innere Trägheit (»mind sluggish«)	
Brief Stanford	0 =	sehr wach	sofort
	1 =	gerade noch wach	
	2 =	mittlere Trance	
	3 =	tiefe Trance	
	4 =		
Long Stanford	0 =	sehr wach	sofort
	1 =	gerade noch wach	
	2 =	leichte Trance	sofort u. frei-willig
	5 =	tiefe Trance	
	10 =	sehr tiefe Trance; sehr hohe Suggestibi-lität	
Harvard Discrete	1 =	wach	freiwillig
	10 =	so tief wie möglich	
Harvard Continuous	1–10 =	wach bis so tief wie möglich	freiwillig, un-unterbrochen

Außerdem erwähnt Tart den Hypnotic Depth Indicator (HDI), bei dem der Proband entsprechend dem Zu- und dem Abnehmen der Tiefe seiner Trance mit den Händen ununterbrochen eine Scheibe entlang einer Richtlinie bewegt (1970; 1979).

Es ist jedoch sehr schwierig, diese Skalen miteinander zu vergleichen, weil sie in mehrfacher Hinsicht unvereinbare Charakteristika aufwei-sen. Die erste solche Dimension ist das Konzept der hypnotischen Tiefe selbst, wie es der Versuchsleiter versteht, und das Ausmaß, in welchem er dem Probanden seine Meinung ausdrücklich (formale Anweisungen) und implizit (unbewußt) vermittelt. Die zweite ist der Grad der Formalisierung der Skala – das eine Extrem (HDI und Harvard Scales) definiert nur den Wach- und den Trancezustand, das andere (North Carolina) gibt auch einzelne hypnotische Phänomene vor, welche die Probanden erleben können. Die dritte ist die Menge und die Güte vorheriger Erfahrungen mit Hypnose, welche die Probanden erfahren konnten. Viertens unterschieden sich die Skalen im Bewertungsmodus, die Probanden können entweder bewußt, freiwillig oder aber automatisch, unmittelbar die Tiefe bestimmen. Die fünfte Dimension schließlich ist die Anzahl der Berichte aus einer Sitzung. Sie variiert zwischen einer Aussage überhaupt (Harvard Discrete), einer Aussage zu jedem einzelnen Phänomen (North Carolina) und einer kontinuierlichen Selbstbeobachtung der Trancetiefe (Tart, 1970 und 1979).

Literatur

Abkürzungen besonders häufig genannter Zeitschriften:
AJCH: American Journal of Clinical Hypnosis
IJCEH: International Journal of Clinical and Experimental Hypnosis

Araoz, D. L.: Hypnosis in Group Therapy. IJCEH, 1979, Bd. 27, 1–13
Arons, H.: The New Master Course in Hypnotism. So. Orange, New Jersey: Powers Publ.; 1961
Bandler, R. & Grinder, J.: Patterns of the Hypnotic Techniques of M. H. Erickson, Bd. I. Cupertion, Calif.: Meta Publ.; 1975
Barber, J.: Rapid Induction Analgesia: A Clinical Report. AJCH, 1977, Bd. 19, 138–147
Barber, J.: Hypnosis and the Unhypnotizable. AJCH, 1980, Bd. 23, 4–9
Barber, T. X.: The Concept of »Hypnosis«. Journal of Psychology, 1958, Bd. 45, 115–131
Barber, T. X.: Measuring »Hypnotic-like« suggestibility with and without »Hypnotic Induction«; Psychometric Properties, Norms, and Variables Influencing Response to the Barber Suggestibility Scale (BSS). Psychological Reports, 1965, Bd. 16, 809–844, Monograph Suppl. 3-V16
Barber, T. X.: Hypnosis: A Scientific Approach. New York: Van Nostrand; 1969
Barber, T. X. & Glass, L. B.: Significant Factors in Hypnotic Behavior. Journal of Abnormal and Social Psychology, 1962, Bd. 64, 222–228
Barber, T. X., Spanos, N. P. & Chaves, J. F.: Hypnotism, Imagination and Human Potentialities. New York: Pergamon Press; 1974
Barber, T. X. & Wilson, S. C.: Hypnosis, Suggestions and Altered States of Consciousness: Experimental Evaluation of the New Cognitive-Behavioral Theory and the Traditional Trance-State Theory of »Hypnosis«. In: Edmonston, W. E., jr. (Hrsg.), 1977, 34–47
Barber, T. X. & Wilson, C. S.: The Barber Suggestibility Scale and the Creative Imagination Scale: Experimental and Clinical Application. AJCH, 1979, Bd. 21, 84–108
Bowers, K. S.: Has the Sun Set on the Stanford Scales? AJCH, 1981, Bd. 24, 79–88
Boyes, D.: Autogenes Yoga. München: Heyne; 1978
Braid, J.: Neuropnylogy; or the Rationale of Nervous Sleep. In: Tinterow, M. M.: Foundations of Hypnosis. From Mesmer to Freud. Springfield, Ill.: Thomas; 1980
Breuer, J. & Freud, S.: Studien über Hysterie. Frankfurt/M.: Fischer; 1970 (Original Wien; 1895)
Cheek, D. B.: Some Applications of Hypnosis and Ideomotor Questioning Methods for Analysis and Therapy in Medicine. AJCH, 1962, Bd. 5, 92–104
Cheek, D. B.: Sequential Head and Shoulder Movements Appearing with Age-Regression in Hypnosis to Birth. AJCH, 1974, Bd. 16, 261–266

Cheek, D. B.: Maladjustment Patterns Apparently Related to Imprinting at Birth. AJCH, 1975, Bd. 18, 75–82

Cheek, D. B. & LeCron, L. M.: Clinical Hypnotherapy. New York: Grune & Stratton; 1968

Chertok, L.: Hypnose. Theorie, Praxis und Technik eines psychotherapeutischen Verfahrens. München: Kindler; 1973

Chiasson, S. W.: A Syllabus on Hypnosis. Am. Soc. Clin. Hypnosis, Education and Research Foundation, 1973

Clawson, T. A. & Swade, R. H.: The Hypnotic Control of Blood Flow and Pain: The Cure of Warts and the Potential for the Use of Hypnosis in the Treatment of Cancer. AJCH, 1975, Bd. 17, 160–169

Coe, W. C. & Sarbin, T. R.: Hypnosis from the Standpoint of a Contextualist. In: Edmonston, W. E., jr. (Hrsg.), 1977, 2–13

Conn, J. H.: Hypnosynthesis: Hypnosis as a Unifying Interpersonal Experience. Journal of Nervous and Mental Diseases, 1949, Bd. 109, 9–24

Conn, J. H.: Hypnosynthesis. AJCH, 1971, Bd. 13, 208–221

Cooper, L. M. & London, P.: The Children's Hypnotic Susceptibility Scale. AJCH, 1979, Bd. 21, 170–185

Coulton, D.: Writing Techniques in Hypnotherapy. AJCH, 66, Bd. 8, 287–298

Crasilneck, H. B. & Hall, J. A.: Clinical Hypnosis. Principles and Applications. New York: Grune & Stratton; 1975

Deikman, A. J.: Bimodal Consciousness. Archives of General Psychiatry, 1971, Bd. 25, 481–489

Edmonston, W. E., jr. (Hrsg.): Annals of the New York Academy of Sciences: »Conceptual and Investigative Approaches to Hypnosis and Hypnotic Phenomena«. New York: N. Y. Academy of Sciences, 1977, Bd. 296.

Erickson, M.H.: Special Techniques of Brief Hypnotherapy. (I)JCEH, 1954, Bd. 2, 109–129

Erickson, M. H.: Further Clinical Techniques of Hypnosis: Utilization Techniques. AJCH, 1959, Bd. 2, 3–21

Erickson, M. H.: Historical Note on Hand Levitation and Other Ideomotor Techniques. AJCH, 1961, Bd. 3, 196–199

Erickson, M. H.: The Use of Symptoms as an Integral Part of Therapy. AJCH, 1965, Bd. 8, 57–65

Erickson, M. H.: Experiential Knowledge of Hypnotic Phenomena Employed for Hypnotherapy. AJCH, 1966, Bd. 8, 299–309

Erickson, M. H.: Laboratory and Clinical Hypnosis: The Same or Different Phenomena? AJCH, 1967, Bd. 9, 166–170

Erickson, M. H.: Hypnosis: Its Renascence as a Treatment Modality. AJCH, 1970, Bd. 13(2), 71–89

Erickson, M. H. & Rossi, E. L.: Autohypnotic Experiences of M. H. Erickson. AJCH, 1977, Bd. 20, 36–54

Frankel, F. H.: Scales Measuring Hypnotic Responsivity: A Clinical Perspective. AJCH, 1979, Bd. 21, 208–218

Frankel, F. H.: Hypnosis and Hypnotizability Scales. IJCEH, 1982, Bd. 30, 377–392

Freud, S.: Die Freudsche psychoanalytische Methode. In: Gesammelte Werke 5, Frankfurt a. M.: S. Fischer, 1972[5]

214

Fromm, E.: Activity and Passivity of the Ego in Hypnosis. IJCEH, 1972, Bd. 20, 235–251

Fromm, E.: An Ego-Psychological Theory of Altered States of Consciousness. IJCEH, 1977, Bd. 25, 372–387

Fromm, E., Brown, D. P., Hurt, S. W., Oberlander, J. Z., Boxer, A. M. & Pfeifer, G.: The Phenomena and Characteristics of Self-Hypnosis. IJCEH, 1981, Bd. 29, 189–246

Gill, M. M.: Hypnosis as an Altered and Regressed State. IJCEH, 1972, Bd. 20, 224–237

Gill, M. M. & Brenman, M.: Hypnosis and Related States. New York: Int. Universities Press, 1959

Greenleaf: E.: Defining Hypnosis During Hypnotherapy. IJCEH, 1974, Bd. 22, 120–130

Grinder, J., Delozier, J. & Bandler, R.: Patterns of the Hypnotic Techniques of M. H. Erickson, Bd. II. Cupertion, Calif.: Meta Publ.; 1977

Gruenewald, D.: Problems of Relevance in the Application of Laboratory Data to Clinical Situation. IJCEH, 1982, Bd. 30, 345–353

Halder, P., Junkers, G. & Latka, H.: Die Stanford-Skala zur Erfassung der hypnotischen Suszeptibilität. Diagnostica, 1972, 141–158

Hartland, J.: The Value of »Ego Strengthening« Procedures Prior to Direct Symptom-Removal Under Hypnosis. AJCH, 1965, Bd. 8, 89–93

Hartland, J.: Medical and Dental Hypnosis and Its Clinical Applications. London: Baillière-Tindall; 1971[2]

Hilgard, E. R.: Hypnosis. Annual Review of Psychology, 1975, Bd. 26, 19–44

Hilgard, E. R.: The Problem of Divided Consciousness: A Neo-Dissociation Interpretation. In: Edmonston, W. E., jr. (Hrsg.), 1977, 48–59

Hilgard, E. R.: The Stanford Hypnotic Susceptibility Scales as Related to Other Measures of Hypnotic Responsiveness. AJCH, 1979, Bd. 21, 68–83

Hilgard, E. R.: The Eye Roll Sign and Other Scores of The Hypnotic Induction Profile (HIP) as Related to the Stanford Hypnotic Susceptibility Scales, Form C (SHSS:C): A Critical Discussion of a Study by Frischholz and Others. AJCH, 1981, Bd. 24, 89–97

Hilgard, E. R.: Hypnotic Susceptibility and Implications for Measurements IJCEH, 1982, Bd. 30, 394–403

Hoskovec, J.: A Critical Evaluation of Pavlovian Theory of Hypnosis. In: Chertok, L. (Hrsg.): Psychological Mechanism of Hypnosis. Berlin: Springer; 1969

Hull, C. L.: Hypnosis and Suggestibility. New York: D. Appleton-Century Crofts, 1933

Janet, P.: Psychological Healing. London: G. Allen & Unwin Ltd., 1925 (Original Paris; 1919)

Janov, A.: Primal Scream: A Revolutionary Cure for Neurosis. New York: Putnam; 1970

Jencks, B.: Utilizing the Phases of the Breathing Rhythm in Hypnosis. In: Frankel, F. H. & Zamansky, H. S.: Hypnosis at Its Bicentennial. New York & London: Plenum Press; 1978 (169–182)

Kaim, B.: Some Dangerous Techniques of Hypnotic Induction. AJCH, 1963, Bd. 5, 171–176

215

Klemperer, E.: »Shortest Distance« Therapy in Hypnoanalysis. IJCEH, 1961, Bd. 9, 63–77

Kline, M. V.: Sensory Hypnoanalysis. IJCEH, 1968, Bd. 16, 85–100

Kroger, W. S.: Clinical and Experimental Hypnosis in Medicine, Dentistry and Psychology. Philadelphia, Toronto: J. B. Lippincott Co.; 1977[2]

Kroger, W. S. & Fezler, W. D.: Hypnosis and Behavior Modification: Imagery Conditioning. Philadelphia, Toronto: J. B. Lippincott Co., 1976

LeBaron, G. I., jr.: Ideomotor Signalling in Brief Psychotherapy. AJCH, 1962, Bd. 5, 81–91

LeCron, L. M.: A Method of Measuring the Depth of Hypnosis. (I)JCEH, 1953, Bd. 1, 4–7

LeCron, L. M.: A Hypnotic Technique for Uncovering Unconscious Material. (I)JCEH, 1954, Bd. 2, 1–3

LeCron, L. M.: Techniques of Hypnotherapy. New York: Julian Press; 1961

LeCron, L. M.: Selbsthypnose. Ihre Technik und Anwendung im täglichen Leben. München: Goldmann; 1977

Leuner, H. & Schroeter, E.: Indikation und spezifische Applikationen der hypnotischen Behandlung. Ein Überblick. Bern–Stuttgart–Wien: Huber; 1975

Leva, R. A. & Rywick, T.: HIP Eye-Roll: High Scoring by Untrained Raters. AJCH, 1979, Bd. 22, 91–94

Lohmann, R.: Hypnose. In: Uexküll, T. v. (Hrsg.): Lehrbuch psychosomatischer Medizin. München: Urban & Schwarzenberg, 1979 (411–414)

London, R.: Children's Hypnotic Susceptibility Scale. Palo Alto, Calif.: Consulting Psychologists Press, 1963

London, R. & Cooper, L. M.: Norms of Hypnotic Susceptibility in Children. Developmental Psychology, 1969, Bd. 1, 113–124

Maltz, M.: Psycho-Cybernetics. Engelwood Cliffs, N. J.: Prentice-Hall Inc., 1967

Matheson, G.: Modification of Depressive Symptoms Through Posthypnotic Suggestion. AJCH, 1979, Bd. 22, 61–64

Matheson, G. & Grehan, J. F.: A Rapid Induction Technique. AJCH, 1979, Bd. 21, 297–299

Meares, A.: Hypnography. A Study in the Therapeutic Use of Hypnotic Painting. Springfield, Ill.: Ch. Thomas, Publ.; 1957

Meares, A.: A System of Medical Hypnosis. Philadelphia: W. B. Sanders; 1960a

Meares, A.: Shapes of Sanity. Springfield, Ill.: Ch. Thomas Publ.; 1960b

Morgan, A. H. & Hilgard, J. R.: The Stanford Hypnotic Clinical Scale for Adults. AJCH, 1979, Bd. 21, 134–147

Morgan, A. H. & Hilgard, J. R.: The Stanford Hypnotic Clinical Scale for Children. AJCH, 1979, Bd. 21, 148–169

Morris, F.: Self-Hypnosis in Two Days. New York: Dutton & Co.; 1975

Mühl, A. M.: Automatic Writing and Hypnosis. In: LeCron, L. M. (Hrsg.): Experimental Hypnosis. New York: Macmillan Co., 1952 (426–438)

O'Connell, D. N., Orne, M. T. & Shor, R. E.: A Comparison of Hypnotic Susceptibility as Assessed by Diagnostic Ratings and Initial Standardized Test Scores. IJCH, 1966, Bd. 14, 324–332

216

Orne, M. T.: The Nature of Hypnosis: Artifact and Essence. Journal of Abnormal and Social Psychology, 1959, Bd. 58, 277–299

Orne, M. T.: Hypnosis, Motivation and Compliance. Amer. Journal of Psychiatry, 1966, Bd. 122, 721–726

Orne, M. T.: The Simulation of Hypnosis: Why, How and What It Means. IJCEH, 1971, Bd. 19, 183–210

Orne, M. T.: The Construct of Hypnosis: Implications of the Definition for Research and Practice. In: Edmonston, W. E., jr. (Hrsg.), 1977, 14–33

Orne, M. T. & O'Connell, D. N.: Diagnostic Ratings of Hypnotizability. IJCEH, 1967, Bd. 15, 125–133

Orne, M. T. & Hammer, A. G.: Hypnosis. In: Encyclopaedia Britanica, 1974, 133–140

Orne, M. T., Hilgard, E. R., Spiegel, H., Spiegel, D., Evans, F. J., Crawford, H. J., Orne, E. C. & Frischholz , E. J.: The Relation Between the Hypnotic Induction Profile and the Stanford Hypnotic Susceptibility Scales, Forms A and C. IJCEH, 1979, Bd. 27, 85–102

Ostrander, S. & Schroeder, L.: Super-Learning. Bern–München–Wien: Scherz; 1980

Pawlow, I. P.: Auseinandersetzung mit der Psychologie. Ausgewählte Arbeiten. München: Kindler; 1973

Powers, M.: Advanced Techniques of Hypnosis. Los Angeles: Wilshire Book Co., 1953

Raginsky, B. B.: The Sensory Use of Plasticine in Hypnoanalysis (Sensory Hypnoplasty). IJCEH, 1961, Bd. 9, 233–247

Raginsky, B. B.: Sensory Hypnoplasty with Case Illustrations. IJCEH, 1962, Bd. 10, 205–219

Raginsky, B. B.: Rapid Regression to the Oral and Anal Levels through Sensory Hypnoplasty. IJCEH, 1967, Bd. 15, 19–30

Raginsky, B. B.: Hypnotic Recall of Aircrash Cause. IJCEH, 1969, Bd. 17, 1–19

Rossi, E. L. in: Erickson, M. H, Rossi, E. L. & Rossi, S. J.: Hypnotic Realities. The Induction of Clinical Hypnosis and Forms of Indirect Suggestions. New York: Irving Publ.; 1976

Rossi, E. L.: Hypnosis and Ultradian Cycles: A New State(s) Theory of Hypnosis? AJCH, 1982, Bd. 25, 21–32

Sacerdote, P.: Therapeutic Use of Hypnotic Dreams. AJCH, 1967, Bd. 10, 1–9

Sacerdote, P.: Induced Dreams. Additional Contributions to the Theory and Therapeutic Applications of Dreams Hypnotically Induced. AJCH, 1968, Bd. 10, 167–173

Sacerdote, P.: An Analysis of Induction Procedures in Hypnosis. AJCH, 1970, Bd. 12, 236–253

Sacerdote, P.: Convergence of Expectations: An Essential Component for Successful Hypnotherapy. IJCEH, 1974, Bd. 22, 95–115

Sacerdote, P.: Teaching Self-Hypnosis to Patients with Chronic Pain. Journal of Human Stress, 1978, Bd. 4, 18–21

Sacerdote, P.: Teaching Self-Hypnosis to Adults. IJCEH, 81, Bd. 29, 282–299

Sacerdote, P.: Further Reflections of the Hypnotizability Scales: A Comment. IJCEH, 1982, Bd. 30, 393

Sacerdote, P. & Sacerdote, P.: Some Projective Techniques in Hypnotherapy: Induction of Dreams and Real Versus Hallucinated Sensory Hypnoplasty. AJCH, 1969, Bd. 11, 253–264

Sarbin, T. R.: Contributions to Role-Taking Theory: I. Hypnotic Behavior. Psychological Review, 1950, Bd. 57, 255–270

Sarbin, T. R. & Coe, W. C.: Hypnosis: A Social Psychological Analysis of Influence Communication. New York: Holt, Rinehart & Winston; 1972

Sarbin, T. R. & Slagle, R.: Psychophysiological Outcomes of Hypnosis. In: Burrows, G. D. & Dennerstein, L. (Hrsg.): Handbook of Hypnosis and Psychosomatic Medicine. Amsterdam–New York–Oxford: Elsevier/North-Holland Biomedical Press; 1980 (53–66)

Scagnelli-Jöbsis, J. M.: Hypnosis With Psychotic Patients: A Review of the Literature and Presentation of a Theoretical Framework. AJCH, 1982, Bd. 25, 33–45

Schafer, D. W.: The Recognition and Hypnotherapy of Patients with Unrecognized Altered States. AJCH, 1981, Bd. 23, 176–183

Schultz, J. H.: Hypnose-Technik. Stuttgart: Piscator; 1965[5]

Schwarz, J.: Voluntary Controls. Exercises for Creative Meditation and for Activating the Potential of the Chakras. New York: Dutton & Co.; 1978

Sexton, R. O. & Maddock, R. C.: Age Regression and Age Progression in Psychotic and Neurotic Depression. AJCH, 1979, Bd. 22, 37–41

Sheehan, P. W. & Perry, C. W.: Methodologies of Hypnosis. A Critical Appraisal of Contemporary Paradigms of Hypnosis. Hillsdale, N. J.: L. Erlbaum Ass., Inc.; 1976

Shor, R. E. & Orne, E. C.: Harvard Group Scale of Hypnotic Susceptibility, Form A. Palo Alto, Calif.: Consulting psychologists press 1962

Shor, R. E.: The Fundamental Problem in Hypnosis Research as Viewed from Historic Perspectives. In: Fromm, E. & Shor, R. E. (Hrsg.): Hypnosis: Research, Developments, and Perspectives. Chicago, New York: Aldine-Atherton; 1972

Silva, J. & Miele, Ph.: The Silva Mind Control Method. New York: Pocket Books, 1977

Simonton, C. O., Matthews-Simonton, S. & Creighton, J.: Wieder gesund werden. Hamburg: Rowohlt; 1982

Spear, J. E.: The Utilization of Non-Drug Induced Altered States of Consciousness in Borderline Recidivists. AJCH, 1975, Bd. 18, 111–126

Spiegel, H.: An Eye-Roll Test for Hypnotizability. AJCH, 1972, Bd. 15, 25–28

Spiegel, H.: The Hypnotic Induction Profile: A Review of Its Development. In: Edmonston, W. E., jr. (Hrsg.), 1977, 129–142

Spiegel, H.: Manual for the Hypnotic Induction Profile, 1st Edition, 4th Revision. New York: Basic Books, 1978 (Original New York: Soni Medica, Inc., 1974)

Spiegel, H. & Spiegel, D.: Trance and Treatment. New York: Basic Books; 1978

Stampfl, T. G. & Levis, D. J.: Essentials of Implosive Therapy: A Learning-Theory-Based Psychodynamic Behavioral Therapy. Journal of Abnormal Psychology, 1967, Bd. 72, 496–503

Stanton, H. E.: Therapy, Hypnosis, and Thought Control. Australian Journal of Clinical Hypnosis, 1977, Bd. 5, 119–128

Stanton, H. E.: A One-Session Hypnotic Approach to Modfying Smoking Behavior. IJCEH, 1978a, Bd. 26, 22–29

Stanton, H. E.: A Simple Hypnotic Technique to Reduce Anxiety. Australian Journal of Clinical Hypnosis, 1978b, Bd. 6, 35–38

Stern, D. B., Spiegel, H. & Nee, J. C. M.: The Hypnotic Induction Profile: Normative Observations, Reliability and Validity. AJCH, 1979, Bd. 21, 109–133

Svoboda, T.: Kognitive Verhaltenstherapie(en) und Hypnose. Theoretische Grundlagen und eine klinische Pilot-Studie. Würzburg, 1979 (unveröffentlichte Dissertation)

Svoboda, T.: Hypnoplastik. Unveröffentlichtes Manual, 1981

Suzuki, D. T. in Fromm, E., Suzuki, D. T. & de Matino, R.: Zen-Buddhismus und Psychoanalyse. Frankfurt/M.: Suhrkamp; 1972

Tart, Ch. S.: Self-Reports Scales of Hypnotic Depth. JJCEH, 1970, Bd. 18, 105–125

Tart, Ch. S.: Quick and Convenient Assessment of Hypnotic Depth: Self-Report Scales. AJCH, 1979, Bd. 21, 186–207

Van Lysebeth, A.: Die große Kraft des Atems. Die Atemschule des Pranayama. Bern–München–Wien: Scherz/O. W. Barth; 1977[3]

Vogt, O.: Zur Kenntnis des Wesens und der psychologischen Bedeutung des Hypnotismus. Zeitschrift für Hypnotismus, 1894–95, Bd. 3, 277

Wagenfeld, J. & Carlson, W. A.: Use of Hypnosis in the Alleviation of Reading Problems. AJCH, 1979, Bd. 22. 51–53

Wain, J. J.: Pain Control Through Use of Hypnosis. AJCH, 1980, Bd. 23, 41–46

Walch, S. L.: The Red Ballon Technique of Hypnotherapy: A Clinical Note. IJCEH, 1976, Bd. 24, 10–12

Watkins, H. H.: The Silent Abreaction. IJCEH, 1980, Bd. 28, 101–113

Watkins, J. G.: Poison-Pen Therapy. American Journal of Psychotherapy, 1947, Bd. 1, 436–442

Watkins, J. G.: Hypnotherapy of War Neuroses. New York: Ronald; 1949

Watkins, J. G.: The Affect Bridge. IJCEH, 1971, Bd. 19, 21–27

Waxman, D.: Hypnosis in the Psychotherapy of Neurotic Illness. British Journal of Medical Psychology, 1975, Bd. 48, 339–348

Welch, L.: A Behavioristic Explanation of the Mechanism of Suggestion and Hypnosis. Journal of Abnormal and Social Psychology, 1947, Bd. 42, 359–364

Weitzenhoffer, A. M.: General Techniques of Hypnotism. New York: Grune & Stratton, 1957

Weitzenhoffer, A. M: Hypnotic Susceptibility Revisited. AJCH, 1980, Bd. 22, 130–146

Weitzenhoffer, A. M. & Hilgard, E. R.: Stanford Hypnotic Susceptibility Scales, Forms A and B. Palo Alto, Calif.: Consulting Psychologists Press; 1959

Weitzenhoffer, A. M. & Hilgard, E. R.: Stanford Hypnotic Susceptibility Scale, Form C. Palo Alto, Calif.: Consulting Psychologists Press; 1962

Weitzenhoffer, A. M. & Hilgard, E. R.: Revised Stanford Profile Scales of

Hypnotic Susceptibility, Forms I and II. Palo Alto, Calif.: Consulting Psychologists Press, 1967 (Original 1963)

Wilson, S. C. & Barber, T. X.: The Creative Imagination Scale as a Measure of Hypnotic Responsiveness: Applications to Experimental and Clinical Hypnosis. AJCH, 1978, Bd. 20, 235–249

Wiseman, R. J. & Reyher, J.: A Procedure Utilizing Dreams for Deepening the Hypnotic Trance. AJCH, 1962, Bd. 5, 105–110

Wolberg, L. R.: Medical Hypnosis, Bd. I and II. New York: Grune & Stratton, 1948

Yanovski, A.: Pseudo-Orientation in Time and Anticipated Parental Death. AJCH, 1972, Bd. 14, 156–166

Register